VÉRITÉS ET MYTHOLOGIES DU 11 SEPTEMBRE

MODESTE CONTRIBUTION AUX CÉRÉMONIES OFFICIELLES DU Xe ANNIVERSAIRE

Du même auteur

Contre la société de communication (avec Christophe Devouassoux), éditions de l'Aire, 1989.
À demain Karl : pour sortir de la fin des idéologies (avec Jean Ziegler), éditions Régine Deforges/Ramsay, 1991.
Duel aux sommets : la montagne à l'épreuve de la démocratie (avec Christophe Devouassoux), éditions Syros-Alternatives, 1992.
Les dollars de la terreur : les États-Unis et les islamistes, éditions Grasset, 1998.
Bethléem en Palestine (avec Pierre Péan), éditions Fayard, 1999.
Oussama Ben Laden ou le meurtre du père – États-Unis, Arabie Saoudite, Pakistan, éditions Favre, 2001.
Les coulisses de la terreur, éditions Grasset, 2003.
Le grand retournement – Bagdad-Beyrouth, éditions du Seuil, 2006.
Bernard-Henri Lévy ou la règle du Je (avec Bruno Jeanmart), éditions Le Temps des cerises, 2007.
La bataille du Grand Nord a commencé… (avec François Thual), éditions Perrin, 2008.
La Tuerie d'Ehden ou la malédiction des Arabes chrétiens, éditions Fayard, 2009.
The Lebanon Wars, Osprey/Oxford University Press, 2010.
Quand la Syrie s'éveillera (avec Talal el Atrache), éditions Perrin, 2011.

Contributions à des ouvrages collectifs :
Dictionnaire mondial de l'islamisme, sous la direction des Cahiers de l'Orient, éditions Plon, 2002.
Guerre et économie, sous la direction de Jean-François Daguzan et Pascal Lorot, éditions Ellipses, 2003.
Atlas de l'islam radical, sous la direction de Xavier Raufer, éditions du CNRS, 2007.

Dans la collection « Les enquêteurs associés » :

Franck Renaud, *Les diplomates – Derrière la façade des ambassades de France,* 2010.
Thibault du Manoir de Juaye, *Les robes noires dans la guerre économique*, 2011.
Clarisse Lucas, *Le lobby breton*, 2011.

Édition : Sabine Sportouch
Corrections : Bessie Leconte
Maquette : Patrick Leleux PAO (Caen)

21, square St Charles – 75012 Paris
ISBN : 978-2-84736-626-6
Dépôt légal : septembre 2011
Imprimé en France par EMD
N° imprimeur : 25370

Richard Labévière

VÉRITÉS ET MYTHOLOGIES DU 11 SEPTEMBRE

MODESTE CONTRIBUTION AUX CÉRÉMONIES OFFICIELLES DU Xe ANNIVERSAIRE

nouveau monde éditions

COLLECTION « LES ENQUÊTEURS ASSOCIÉS »

Les enquêteurs associés : Des spécialistes de l'investigation, journalistes ou écrivains, qui privilégient le travail de terrain et revendiquent l'indépendance d'esprit, la liberté du ton et la finesse de la plume.

Leur ambition ? Mener par la voie du livre les enquêtes prolongées que les médias écrits traditionnels ne peuvent assurer faute de temps ou de moyens, et qu'Internet ne permet pas faute de recul.

Les enquêteurs associés : Une collection dirigée par Roger Faligot et Rémi Kauffer, auteurs, ensemble ou séparément, d'une trentaine d'ouvrages d'enquête.

Chez Nouveau Monde éditions, Roger Faligot a publié *Les services secrets chinois, de Mao aux JO.* Il a également codirigé avec Jean Guisnel *L'histoire secrète de la Ve République* (La Découverte). Rémi Kauffer est membre du comité éditorial du magazine *Historia.*

Aux soldats français tombés en Afghanistan,
à Salah Hamouri le prisonnier oublié,
et aux sapeurs-pompiers de France – volontaires
et professionnels –, morts en accomplissant leurs
missions de secours.

PROLOGUE

Le cheikh DTT, les benêts et l'Orient compliqué...

Cet anniversaire a pour moi comme un goût de rappel à l'ordre : Oussama Ben Laden a encombré vingt ans de ma vie professionnelle : dix ans avant le 11 Septembre, dix ans après. Je dis « encombré » parce que le temps passé à démêler l'écheveau des « dollars de la terreur[1] » aurait certainement été mieux employé à investir d'autres champs moins morbides du monde arabo-musulman comme ses langues, ses architectures ou ses cuisines. Les voies d'accès à l'Orient compliqué sont souvent révélatrices des perceptions ultérieures et le temps qui passe finit par les rendre irréversibles.

Après des années d'Amérique latine et de Nations unies entre New York et Genève, c'est l'assassinat de l'ambassadeur de France au Liban – Louis Delamare[2] – qui m'a fait basculer dans le chaudron des guerres proche et moyen-orientales[3]. Quelques années plus tard, un autre assassinat,

1. Richard Labévière, *Les dollars de la terreur – Les États-Unis et les islamistes*, éditions Grasset, Paris, 1998.
2. Louis Delamare a été assassiné le 4 septembre 1981 à Beyrouth.
3. Le Proche-Orient désigne l'aire géographique qui correspond aux mandats français et britannique (1920-1945) : Syrie, Liban, Jordanie, Irak, Palestine, Israël et

aux conséquences elles aussi très personnelles, m'a ramené au Maghreb et plus précisément à l'Algérie qui a bercé mon enfance évianaise.

Un jour, errant dans les couloirs de la Commission des droits de l'homme à Genève, j'entends – par les portes ouvertes de la séance plénière – prononcer le nom de mon ami d'enfance algérien. Peu après la première guerre d'Irak, Ali S. a été tué sur une route entre Alger et une petite ville de l'ouest algérien. Il fut l'une des premières victimes des tristement célèbres GIA (Groupes islamiques armés) algériens. Sa femme et ses trois filles vivent toujours en Algérie. Imprimeur, intellectuel arabisant et francophone, mon ami était profondément religieux, quoique farouchement opposé aux islamistes « mutilant sa religion et trahissant son pays », comme il le répétait à qui voulait l'entendre.

Et dans cette grande salle, à moitié vide, de la nouvelle aile du Palais des nations, j'écoute attentivement – médusé – la suite de l'intervention du porte-parole d'une ONG algérienne basée à Lausanne. Celui-ci explique qu'il est parfaitement légitime de « prendre la vie des intellectuels francophones », parce qu'ils soutiennent un « régime apostat ». Avant la fin de cette apologie des meurtres de civils algériens qui avaient commencé dans l'indifférence générale dès 1982 avec l'apparition des premiers groupes Bouyali[1], je me précipite au secrétariat de

Égypte. Il se différencie de l'appellation « Moyen-Orient », traduction de l'expression anglo-saxonne « Middle East » qui apparaît au début du XXe siècle pour désigner la zone médiane entre Proche et Extrême-Orient, centrée sur le golfe Persique.

1. Le premier groupe islamique armé qu'a connu l'Algérie, au début des années 1980, est le « Mouvement Islamique armé algérien ». Celui-ci a été fondé par

l'Ecosoc[1] pour vérifier le nom, les coordonnées et la composition de cette curieuse ONG. Mon destin professionnel venait brusquement de prendre une tournure inattendue.

Dans mon enquête à Genève, j'ai ainsi retrouvé la trace, presque par hasard, de plusieurs membres de l'organisation ayant revendiqué l'assassinat. Ces derniers avaient facilement obtenu l'asile politique en Suisse, d'où ils poursuivaient leurs activités politiques grâce à la protection et à l'argent de bienfaiteurs saoudiens. Au fil du temps, l'argent saoudien s'est révélé le fil conducteur de mon enquête. La suite des événements de la décennie 1990 allait rendre d'autant plus nécessaire la poursuite de ce travail qu'à la fin de la première guerre d'Irak[2] les attentats attribués à l'islam sunnite radical ne cessèrent de monter en puissance année après année.

Mustapha Bouyali, un ex-militant du FLN reconverti à l'islamisme après le rejet de sa candidature aux élections législatives de 1982 par ce même parti. Le second de Bouyali, Khaled Ali Kendoucin – un commerçant en pièces détachées de Mostaganem – a organisé les premières actions, dont l'attaque perpétrée le 22 août 1985 contre l'entreprise DNC de Aïn Naâdja (Alger) – pour faire main basse sur la somme de 850 000 dinars – et celle de l'École de police de Soumaâ (Blida), durant la nuit du 26 au 27 août 1985. Cette attaque s'est soldée par la mort d'un brigadier, le vol d'armes, de munitions et d'un lot de tenues de police, ainsi que par la saisie d'explosifs dans la carrière de Cap Djennat (Boumerdes).

1. Le Conseil économique et social (Ecosoc) est, selon la Charte des Nations unies, l'organe principal de coordination des activités économiques et sociales de l'organisation. Au fil du temps, ses activités se sont surtout centrées sur les différents aspects de promotion et de respect des droits de l'homme, conformément à l'article 62 de la Chartes de l'Onu. Cet organisme accrédite les ONG qui participent chaque année aux travaux de la Commission des droits de l'homme, devenu aujourd'hui le Conseil des droits de l'homme.
2. Février 1991.

Le 17 novembre 1997, 63 personnes sont tuées sur les marches du temple d'Hatshepsout[1], dans la vallée des rois de Louxor, par un commando islamiste. Enquêtant sur les mobiles et les commanditaires de ce massacre pour le magazine *Temps Présent* de la Télévision suisse romande (TSR), mes recherches m'ont invariablement ramené vers l'Arabie saoudite. À de nombreuses reprises, diplomates et fonctionnaires arabes, américains et européens m'ont conseillé de suivre la piste des « dollars de la terreur ». En effet, c'est en suivant les circuits de l'argent du terrorisme que l'on a une chance d'entrevoir la vraie nature, l'idéologie et l'organisation formelle des mouvements islamistes qui ont occupé le devant des scènes proche et moyen-orientales à partir du début des années 1990. À chaque détour, je suis retombé sur les organismes officiels et occultes de la finance saoudienne. À chaque détour, j'ai été confronté à la Confrérie des Frères musulmans. En Égypte, mais aussi en Afrique, en Asie et en Europe, les représentants de cette secte travaillent à la « dawa'a » – la propagation de l'islam sunnite – et à la promotion des intérêts de la monarchie saoudienne.

C'est dans ce contexte que j'ai entendu prononcer, pour la première fois, le nom d'Oussama Ben Laden, à Londres par des banquiers libanais, puis à Say'un en 1993, la « ville au million de palmiers », au bout du Wadi Hadramaout[2],

1. Hatchepsout est une reine-pharaon, le cinquième souverain de la XVIIIe dynastie de l'Égypte antique.
2. Le Hadramaout est la région orientale désertique du Yémen. Située au sud de la péninsule Arabique, elle s'ouvre sur le golfe d'Aden. Elle est frontalière de la région de Dhofar du sultanat d'Oman.

la plus grande vallée du Yémen. C'est en dehors de l'oasis, sur l'une des terrasses ombragées de sa grande demeure qui surplombe le lit caillouteux d'un oued improbable, au milieu de ses livres et d'archives innombrables, que le cheikh DTT m'a reçu avec une certaine curiosité et beaucoup de réserve. Plusieurs entretiens furent nécessaires pour briser la glace. Après avoir écouté attentivement les motivations de ma visite, après avoir fait contrôler mes diverses recommandations, cet homme prudent, issu d'une lignée prestigieuse, acceptait de me raconter la saga de la famille Ben Laden qu'il avait bien connue, pour de multiples raisons qu'il est inutile d'exposer ici, mais qui en font certainement – aujourd'hui encore – l'un des meilleurs connaisseurs de cette histoire.

Au fil des rencontres et des entretiens, le cheikh DTT s'est révélé aussi savant que protecteur, avant de devenir un ami sûr, l'une de mes sources les plus fiables, jamais prise en défaut d'affabulation, d'exagération ou de manipulation. De 1993 au 10 septembre 2001, il a accompagné les recherches, les doutes et les avancées de mon travail avec un désintéressement sans faille, me ramenant toujours aux rouages essentiels de la compréhension de l'Orient compliqué.

Et puis survinrent les attentats de New York et de Washington. « Les benêts vont nous embêter avec ça pendant cent ans... », dit-il alors avec un mélange de détachement et de lassitude, « les benêts qui apprennent aujourd'hui l'existence d'Oussama vont nous livrer toutes les fables possibles et imaginables susceptibles de justifier tous les *a priori* idéologiques, et surtout le maintien du monde arabo-musulman sous les tutelles économiques, politiques et culturelles des puissants. »

La prédiction du cheikh DTT se réalisa, à un rythme et dans des proportions exponentielles, symptomatiques de ce qu'était devenue la « mondialisation ». En « Benladenologie », les benêts se mirent à proliférer. Il y eut d'abord les avocats des victimes des attentats, prêts à toutes les torsions émotionnelles pour satisfaire leurs clients. Vinrent ensuite les chercheurs, jusqu'alors spécialisés dans l'étude de la guerre froide, s'auto-proclamant experts de « l'hyper-terrorisme », le nouveau monstre qui avait brusquement remplacé l'hydre communiste. Des journalistes, capables du meilleur comme du pire, alimentèrent une chronique très inégale. Enfin arrivèrent les sauveurs de l'Humanité, les droits-de-l'hommistes toujours sur la brèche et leurs moralistes patentés pour dire le bien et le mal et ce qu'il faut en penser.

Loin de faciliter une compréhension raisonnable et raisonnée des attentats du 11 septembre 2001, la mort d'Oussama Ben Laden – survenue dans la nuit du dimanche 1er mai 2011 – a relancé les ardeurs des benêts. Même s'ils sont très bruyants et envahissants, ils n'ont pas réussi à occuper la totalité des espaces médiatiques et universitaires consacrés à ces événements. Heureusement, d'autres journalistes, chercheurs et fonctionnaires ont fait correctement leur métier. Leurs travaux nous ont beaucoup apporté. Ils sont répertoriés en fin de volume dans notre « bibliographie très sélective », qui au-delà de toute mauvaise polémique veut proposer une « certaine idée » des attentats du 11 septembre 2001.

Il ne s'agit pas ici de produire une contre-enquête exhaustive, d'autant que la plupart des faits importants sont désormais connus et que la rentrée littéraire de septembre 2011 livrera ce genre d'ouvrages et beaucoup d'autres plus fantaisistes. Les cérémonies du Xe anniversaire ne nous épargneront pas les « vérités interdites » ou les confidences intimes de la ixième belle-sœur du chef d'Al-Qaïda ou les mémoires du garde du corps du jardinier d'Oussama Ben Laden. Dans cette ambiance, nous n'échapperons pas non plus aux manifestes des nouveaux chiens de garde du nouvel ordre mondialisé, à leurs reconstructions politiquement correctes et leurs leçons de morale.

C'est pour nous démarquer de leurs mythologies, pour clore une séquence de 20 ans d'enquête, que le cheikh DTT m'a conseillé d'écrire cette modeste contribution aux cérémonies officielles du Xe anniversaire. En pleins bouleversements yéménites et régionaux, je lui adresse tous mes remerciements et gratitudes, ainsi que le renouvellement de ma fidèle amitié. Je remercie également Alain Chouet, Marie-Noël Rio, Anouchka Ferney, Roland Barthes et Régis Debray.

Ehden, le 13 juin 2011

INTRODUCTION

Comprendre le 11 Septembre...

Voilà 10 ans que quatre attentats-suicides ont été perpétrés simultanément sur le sol des États-Unis.

Le matin du mardi 11 septembre 2001, dix-neuf terroristes détournent quatre avions de ligne. Deux appareils sont projetés sur les tours jumelles du World Trade Center (WTC) à Manhattan et le troisième sur le Pentagone à Washington. Les deux tours s'effondrent moins de deux heures plus tard en provoquant la destruction de deux autres bâtiments. Volant en direction de Washington, le quatrième avion s'écrase en rase campagne à Shanksville en Pennsylvanie, après une vaine tentative des passagers et des membres d'équipage pour en reprendre le contrôle. Le bilan est lourd : 2 995 tués dont 343 sapeurs-pompiers, 60 policiers new-yorkais et les 19 pirates de l'air. Plusieurs milliers de personnes sont blessées.

Chacun se souvient de l'ampleur du choc, de l'explosion, de l'incendie, des corps précipités et gesticulant le long des parois de verre rectilignes, de l'effondrement des gratte-ciels et des trombes de fumée s'engouffrant comme des ouragans dans les rues avoisinantes. L'émotion nationale et internationale est évidemment considérable. Au-delà du choc, la surprise est totale. Pendant quarante-huit heures, l'exécutif de la première puissance du monde est aux abonnés absents. La consternation est générale, le traumatisme sera durable, les questions innombrables.

Dix ans plus tard, la commémoration destinée à rappeler le souvenir de l'événement, des victimes et des circonstances s'annonce exponentielle et risque de tourner, sans surprise, à la reconstruction officielle. Des milliers de livres[1], de documentaires et d'émissions de télévision ont été programmés pour l'occasion. On peut s'attendre à une prolifération de vérités, de dévoilements, de révélations et d'analyses. Ce moment particulier s'annonce ambivalent et contradictoire, mêlant l'obscénité du voyeurisme, l'autosatisfaction narcissique de certains décideurs à la fulgurance de certaines critiques et la volonté de comprendre. La chouette de Minerve s'envole toujours au crépuscule et dans son sillage peuvent éclore le meilleur et le pire. Sous les ailes du rapace nocturne se déploie l'allégorie d'une histoire qui s'écrit souvent dans les cimetières. Entre les tombes émergent et s'enchevêtrent les récits les plus divers, où le mythe et la réalité engagent de nouvelles batailles. Le mythe transforme les idées en autant de formes approximatives produisant une histoire à la fois vraie et irréelle. Il ne cache rien. Sa fonction est de déformer, non de faire disparaître – de s'afficher, d'occuper le terrain, voire d'occulter la raison. La raison dans l'histoire ne s'impose pas

1. Échantillon : *La face cachée du 11 Septembre* ; *Le 11 Septembre, un événement planétaire* ; *11 Septembre : les vérités cachées* ; *11 questions sur le 11 Septembre*, etc.

d'elle-même, la compréhension non plus. Les cérémonies officielles se dérouleront à l'aune de cette volonté d'en maîtriser l'événement aléatoire, d'en dire le sens et de le contester.

Le présent ouvrage participe lui aussi à ce déferlement qui verra certainement un pugilat entre mythe et réalité. Reprenant les conclusions d'une enquête engagée dix ans avant les attentats[1] et continuée les dix années qui suivirent, notre contribution se veut radicalement libre de toute contrainte commémorative. Elle entend proposer quelques éléments de réponse aux mythologies et aux énigmes toujours imparfaitement résolues quant aux commanditaires, aux exécutants et aux conséquences de ces actes terroristes, qui ont défrayé la chronique mondiale parce qu'ils attentaient à la toute puissance des États-Unis.

Que n'a-t-on lu et entendu sur les attentats du 11 septembre 2001, Oussama Ben Laden, Al-Qaïda et le terrorisme islamiste ? Touchant le territoire physique des États-Unis, détruisant l'un des symboles de la puissance américaine dans un quartier placé en permanence sous l'œil des caméras des grandes chaînes de télévision du pays, les attaques contre le World Trade Center comme celle ayant ciblé le Pentagone ont immédiatement produit un effet loupe d'amplification mondiale, générant les conséquences médiatiques, politiques et géopolitiques les plus invraisemblables.

Conformément au vieux principe du « kilomètre/mort », selon lequel le sort de victimes proches géographiquement et

1. Richard Labévière, *Les dollars de la terreur – Les États-Unis et les islamistes*, éditions Grasset, Paris, 1998.

culturellement nous touche davantage que celui des populations exotiques de latitudes plus éloignées, les 3 000 morts du 11 septembre 2001 ont immédiatement occupé une centralité aveuglante, causant de nombreux malentendus et contresens. Le traitement « hyper-médiatique » de l'événement n'est pas étranger à ces dérapages. Dans tous les cas de figures, il ne justifie sans doute pas la pertinence du qualificatif très inapproprié d'« hyper-terrorisme ». Inspiré de la notion d'« hyper-puissance », inventée par l'ancien ministre français des Affaires étrangères Hubert Védrine pour désigner les États-Unis, ce glissement sémantique confond l'effet et la cause, les mots et les choses et fait prendre des vessies pour des lanternes...

On a même vu des gens pourtant sensés prétendre que des dirigeants américains eux-mêmes avaient organisé les attentats, certains ont voulu démontrer qu'aucun avion n'était tombé sur le Pentagone, d'autres encore ont prétendu qu'une catégorie d'employés du World Trade Center avait été avertie de l'imminence de l'attaque... : autant de variantes négationnistes, autant de versions d'un complot fomenté par quelque grand Mamamouchi du mal absolu. Depuis toujours, un ennemi transcendantal cherche à s'en prendre aux États-Unis.

Cette perception paranoïaque est d'autant plus partagée que – depuis la guerre d'indépendance et mise à part la guerre de Sécession – le territoire américain a presque toujours échappé à des attaques physiques directes. La brève campagne du révolutionnaire Pancho Villa et son incursion au Nouveau Mexique en 1916 s'apparentent plus à une péripétie qu'à un véritable péril ; les sabotages à la dynamite de 1917 commis par les services du Kaiser sans autres dégâts que matériels, aussi. Le raid de Pearl Harbor du 7 décembre 1941 et les opérations japonaises de la Seconde Guerre mondiale se sont déroulés en dehors du continent américain. Les attentats du 11 septembre 2001 sont bien les seules opérations militaires constituant une attaque physique, mécanique et délibérée commise sur le sol des États-Unis.

Réactions à l'hyper-représentation, les débordements négationnistes sont-ils à mettre au compte de la seule émotion ou relèvent-ils davantage de tentatives irrationnelles destinées à répondre aux mythologies consensuelles américaines ? Dans ces conditions, à défaut de correspondre à une fabrication humaine déchiffrable, la menace peut aisément s'identifier à un montage relevant d'un ennemi absolu et universel qui nécessite qu'on le combatte de manière absolue et universelle. Au lendemain du 11 septembre 2001, le président George W. Bush donne immédiatement cette dimension à la riposte qu'il entend mener, non seulement au nom du peuple américain, mais aussi au nom du monde entier, au nom des valeurs supérieures dont les États-Unis pensent être les seuls dépositaires : « L'Amérique est unie. Les pays épris de liberté sont à nos côtés. Ce sera un combat monumental du Bien contre le Mal. Mais le Bien l'emportera (…) Maintenant que la guerre a été déclarée, nous conduirons le monde à la victoire[1]. » Dès le 12 septembre 2001, au panthéon des acronymes militaires

1. 12 septembre 2001.

s'ajoute ainsi naturellement celui qui sert à désigner la nouvelle guerre totale : GWOT, pour « Global War on Terror[1]. »

Parce que l'événement atteint le cœur de l'hyper-puissance mondiale, il déclenche un phénomène polymorphe d'hyper-représentation. Celui-ci ne concerne pas seulement sa version médiatique mais suscite bon nombre de réflexes idéologiques, autant de décisions politiques et de réponses militaires qui généreront et entretiendront la GWOT. Suivra la mise en chantier d'une espèce de plan Marshall géopolitique baptisé « Grand Moyen-Orient », dont la nouvelle guerre d'Irak du printemps 2003 constituera l'étape fondatrice. La hiérarchie des priorités stratégiques aux Proche et Moyen-Orient sera inversée : la centralité du conflit israélo-palestinien se verra supplantée par la GWTO qui placera désormais les pays sur un « axe du mal ». Ceux qui « ne sont pas avec nous sont contre nous », ajoutera George W. Bush, tandis que sa secrétaire d'État Condoleezza Rice classera les États de la région entre « pays arabes modérés » et pays qui soutiennent le terrorisme.

Dans l'enchaînement de ces boursouflures, Oussama Ben Laden se verra gratifier des qualificatifs de « nouvel Hitler », d'« ennemi public numéro 1 » et d'« incarnation du mal absolu ». Élevée au niveau de « menace globale », Al-Qaïda prendra des allures d'Orchestre vert et de véritable « Internationale islamiste », n'étant pas sans rappeler l'Internationale communiste dissoute par Staline en 1943. Et le terrorisme

1. En 2005, il sera remplacé par l'appellation « Long War », lorsque les stratèges du Pentagone comprendront enfin l'incapacité de leur puissance à réduire rapidement les causes profondes du terrorisme islamiste.

islamiste arrivera à point nommé pour remplacer l'ennemi communiste disparu. La menace que représentent Ben Laden et la nébuleuse Al-Qaïda nourriront une nouvelle croisade de la « civilisation contre la barbarie », du « bien contre le mal » et des « démocraties contre les dictatures ».

En définitive, les attentats du 11 septembre 2001 ont été souvent commentés, sinon reconstruits aux normes d'un événement aussi important que la chute du Mur de Berlin, comme s'il y avait un avant et un après, comme s'il s'agissait d'une « coupure historique » faisant que le monde serait désormais foncièrement différent. L'amplification des conséquences réelles, ou supposées telles, a déformé une juste évaluation des causes immédiates et plus profondes de cet événement, dont les signes avant-coureurs montaient en puissance depuis février 1991, depuis la fin de la première guerre d'Irak.

En fait, et bien que les conséquences des attentats du 11 septembre 2001 aient largement outrepassé les plus folles espérances de leurs initiateurs, il faut regarder d'où viennent Oussama Ben Laden et ses complices et quels étaient initialement leurs objectifs. Il faut interroger aussi les ripostes politiques et militaires apportées à ces attentats afin de dresser un bilan provisoire de la mal nommée guerre contre la terreur. À un mauvais diagnostic correspond immanquablement un mauvais traitement. Et l'une des questions récurrentes est justement d'évaluer si le remède ne fut pas pire que le mal lui-même, contribuant à entretenir, sinon à fabriquer une « menace globale » en perpétuelle résurgence, déplacement et recomposition (mythologie 1).

Pour revenir au réel et essayer de comprendre les attentats du 11 septembre 2001 – leurs mobiles, leur déroulement et leurs conséquences –, nous enchaînerons l'ordre des raisons, comme disait René Descartes, à travers onze mythologies, en commençant par interroger celles qui mettent en scène les causes immédiates et plus lointaines de cet événement extraordinaire.

Une fois ce cadre éclairci s'imposent les deux sujets les plus enclins à nourrir l'imaginaire : qui est Oussama Ben Laden (mythologie 2) ? Al-Qaïda, qu'est-ce que c'est (mythologie 3) ? Ensuite, il sera nécessaire de chercher à savoir comment et pourquoi les États-Unis se sont laissés surprendre (mythologie 4) ? Dans le prolongement de cette interrogation, on finit toujours par revenir au rôle central de l'Arabie saoudite (mythologie 5). Cette centralité conduit au thème de la multiplicité des acteurs politiques, diplomatiques, militaires et économiques américains impliqués dans la gestion des intérêts de l'hyper-puissance aux Proche et Moyen-Orient, afin de dresser un bilan de la GWOT (mythologie 6). À ce stade, c'est le dossier des conséquences politiques et géopolitiques des attentats du 11 Septembre dans le monde arabo-islamique qui doit être abordé (mythologie 7), avec celui de la traque improbable des dollars de la terreur, serpent de mer révélateur de la part maudite de notre système économique (mythologie 8).

Les trois dernières mythologies ramènent à l'actualité immédiate, sinon à un avenir électoralement proche : Oussama Ben Laden est-il vraiment mort au plan politico-religieux (mythologie 9) ? La menace que représente toujours le terrorisme islamiste est susceptible de justifier tous les agendas politiques possibles. Les différentes configurations de riposte qui amènent à différencier l'antiterrorisme du contre-terrorisme peuvent se prêter aussi à d'autres objectifs que la recherche de la sécurité (mythologie 10). Enfin, comment la France d'aujourd'hui, menacée directement par Al-Qaïda au Maghreb islamique (AQMI), se retrouve-t-elle en première ligne comme le prétendent les plus hautes autorités de l'État (mythologie 11) ?

À l'orée de ce chemin, les récents coups de boutoir qui frappent plusieurs pays des Proche et Moyen-Orient nous mettent en garde – par avance – contre le risque d'une commémoration consensuelle. D'autres événements, aussi extraordinaires que les attentats du 11 septembre 2001 – les départs successifs de Ben Ali et d'Hosni Moubarak, les confrontations en cours en Libye, au Yémen, à Bahreïn, en Jordanie et en Syrie –, opèreront-ils les ajustements politiques et culturels nécessaires aux progrès de la justice, de la sécurité et de la prospérité ?

Si les factions de l'islam sunnite – des plus radicales aux plus modérées – sont restées relativement discrètes dans le déroulement des « printemps arabes », cela ne signifie pas qu'elles en furent totalement absentes. Chant du cygne ou retour d'Al-Qaïda, l'attentat meurtrier commis le 28 avril 2011 en plein centre de Marrakech a valeur de rappel à l'ordre. Maintes fois annoncé par des essayistes plus ou moins bien inspirés, l'échec de l'islam politique est-il inscrit dans la disparition physique d'Oussama Ben Laden ? Nos onze mythologies tracent des lignes qui se croisent et interagissent dans le contexte nouveau créé par les « printemps arabes ». Il s'agira en effet, pour ne pas conclure, d'évaluer les conséquences ultimes des attentats du 11 septembre 2001 sur les évolutions en cours dans le monde arabo-islamique.

À ce stade, au-delà de la figure obligée des commémorations officielles, des courses à l'audience et aux chiffres de ventes en librairie, peut-on espérer que ce dixième anniversaire puisse être aussi l'expression d'un rêve, voire d'une ambition ? Cela, plus que l'accompagnement froid de « révolutions arabes » dont on ne sait pas si elles seront de vraies révolutions aptes à rompre avec les ordres anciens, demande en premier lieu l'établissement, la reconnaissance et la sécurisation d'un État palestinien viable territorialement, ouvert politiquement. La part immédiate de ce rêve, de cette ambition, est de voir la fin du dernier ordre colonial à l'œuvre aujourd'hui dans le monde. Comme le fut le démantèlement de l'*Apartheid*, ce serait, non seulement une grande fête mais aussi l'acte réparateur des 63 ans d'un conflit de portée universelle, qui nourrit l'une des causes les plus lancinantes des attentats du 11 septembre 2001 et de bien d'autres violences meurtrières dans le monde.

À événement extraordinaire, pensée extraordinaire, sinon radicale. Entre la réalité et le mythe, la fatalité est toujours au croisement de ces deux lignes de force. De même, la pensée radicale est au croisement violent de la réalité et du mythe, du sens et du non-sens, de l'histoire et de l'idéologie, de la continuité du monde et de la continuité du rien…

MYTHOLOGIE 1

Les mille et une nuits du Quincy

Pour commencer à comprendre les attentats du 11 septembre 2001, un petit détour historique s'impose. Après la disparition du Califat en 1924, la conquête du pouvoir en 1932 et l'exploitation des premiers gisements pétrolifères d'Arabie à partir de mars 1938, la tribu des Saoud reste en quête d'une légitimité qui ne va pas de soi, très contestée par les autres grandes familles, notamment les Hachémites[1]. La tribu du Nejd[2] va alors consolider son pouvoir à partir de deux piliers : le wahhabisme[3] et la protection américaine.

1. La dynastie des Hachémites, ou Banû Hâchim (le clan d'Hâchim, les descendants d'Hâchim), est issue d'un clan de la tribu des Quraychites. Les Hachémites ont longtemps été les gardiens de la ville sainte de la Mecque. L'actuelle famille royale de Jordanie descend des Hachémites qui ont régné sur le royaume d'Irak jusqu'à la révolution républicaine de 1958.
2. Le Nejd ou Najd est une région du centre de la péninsule arabique : un plateau situé entre 762 et 1 525 mètres d'altitude. La capitale de l'Arabie saoudite, actuelle Riyad, est sa principale agglomération. La partie orientale comprend plusieurs localités établies à partir des oasis, tandis que le reste du plateau est occupé par des bédouins nomades.
3. Le wahhabisme est une doctrine islamique issue du hanbalisme, élaborée vers 1745 par Mohammed ibn Abd el-Wahhâb (1703 – 1792). Son projet est

En effet, c'est grâce au parrainage des États-Unis que le wahhabisme – interprétation ultra-réactionnaire de l'islam – va s'affirmer comme la doctrine officielle de l'Arabie saoudite avant de se propager dans l'ensemble du monde arabo-musulman grâce aux pétro-dollars et à la bienveillante protection de Washington. Non seulement ce conte américain des mille et une nuits ne se démentira jamais, mais il survivra aux attentats du 11 septembre 2001. Sans refaire toute l'histoire de la péninsule arabique et de la saga de l'agent britannique Lawrence d'Arabie, il faut pour la comprendre remonter à l'acte fondateur de cette politique des États-Unis aux Proche et Moyen-Orient : le pacte du Quincy, une histoire de pétrole, de sécurité et de puissance.

Spéculant sur la défiance que nourrissait la jeune monarchie saoudienne à l'encontre des vieilles puissances coloniales, c'est en 1933 que la Standard Oil of California obtint la première concession pétrolière sur toute la région orientale de l'Arabie saoudite, contre le versement de 50 000 livres sterling-or, pour une période de 70 ans. Pour la même période, la compagnie américaine obtiendra en 1939 une nouvelle concession, l'ensemble représentant plus de 1 200 000 kilomètres carrés dans l'est du pays. En 1944, la Standard Oil of California s'allie à la Texaco pour constituer un consortium baptisé Aramco (Arabian American Oil Company). En 1948, Mobil

de ramener l'islam à sa pureté d'origine. Ses adeptes rejettent toute tradition extérieure au Coran et à la Sunna. Ils refusent le culte des saints. La plupart des musulmans se désolidarisent de ce mouvement qu'ils considèrent comme sectaire et extrémiste.

Oil (Socony) et la Standard Oil of New Jersey entreront à hauteur de 40 % dans l'Aramco, bouclant ainsi la constitution définitive de son capital. On n'insistera jamais assez sur l'importance du pétrole dans les orientations de la politique étrangère américaine : c'est bien connu, les États-Unis n'ont pas de politique étrangère mais surtout des intérêts à défendre.

La Seconde Guerre mondiale a démontré l'importance vitale du pétrole dans l'effort de guerre des Alliés, pour le fonctionnement de l'économie de guerre et pour la croissance économique tout court. La hantise de l'état-major américain de voir s'épuiser ses réserves énergétiques avant la fin du conflit demeurera l'une des obsessions des responsables américains après la guerre. L'économie moderne, redéployée à travers le plan Marshall, s'accompagne de la poursuite de la guerre par d'autres moyens. Et cet effort apparaît d'autant plus essentiel qu'Américains et Soviétiques viennent de se partager le monde en février 1945, lors de la conférence de Yalta.

Obsession de guerre, obsession de paix, le pétrole s'impose alors comme l'une des dimensions majeures de l'économie des États-Unis. Les Américains, qui ne représentent aujourd'hui que 5 % de la population de la planète, consomment pourtant à eux seuls presque le quart de la production mondiale. La seule facture pétrolière contribue pour plus du tiers au déficit commercial américain ; le pétrole irrigue toujours l'infrastructure de l'économie du pays. La prospection, l'extraction, le transport, le raffinage et la distribution se traduisent en équations financières stratégiques devenues, au fil du temps, autant de questions domestiques et de sécurité intérieure de première importance.

Mais autant qu'un « inconscient économique », le pétrole est devenu un « fait social total » de la société américaine. « Le secteur des transports absorbait en 1990 plus de 60 % de la consommation, dont 42 % pour les seules voitures particulières qui bénéficient du prix de l'essence le plus bas du monde industrialisé[1]. » Cette consommation produit un imaginaire quotidien, une véritable culture, facteur de fierté et d'unité nationale générant un certain complexe de supériorité. Comme la conquête de l'Ouest, la maîtrise de cet or noir est vécue et médiatisée comme un facteur, sinon « le » facteur de puissance, sur le mode de l'épopée d'une nouvelle frontière sans cesse repoussée. Elle produit sa légende, ses héros et ses westerns hollywoodiens comme le film Lawrence d'Arabie[2] l'a été pour la grande révolte arabe contre les Turcs.

Au panthéon de la légende de ces « faiseurs d'Amérique », le président Franklin Roosevelt occupe une place originale et particulière, puisqu'il y incarne le rôle d'un des pères de la grande aventure pétrolière de la nation. Quelques semaines avant la conférence de Yalta, le président américain avait lu avec la plus grande attention le rapport du sénateur Landis consacré aux intérêts américains au Proche-Orient. Ce texte capital qui deviendra le manifeste de la Maison Blanche

1. Louis Blin, *Le Pétrole du Golfe, guerre et paix du Moyen-Orient*, éditions Maison-Neuve & Larose, 1996.
2. Du Britannique David Lean, le film *Lawrence d'Arabie* est sorti en 1962.

en matière d'affaires arabes, préconise l'éclatement de la « zone sterling » et l'établissement de relations directes entre Washington et les pays du Golfe. De retour de Yalta[1], le président Roosevelt – qui fait escale en Égypte – demande au consul américain à Djeddah d'organiser une rencontre avec le roi d'Arabie saoudite Abdel Aziz Ibn Saoud. Celle-ci a lieu le 14 février 1945 à bord du Quincy, un croiseur qui mouille dans le grand lac Amer entre Port-Saïd et l'embouchure du canal de Suez. C'est au grand connaisseur des mondes arabo-musulman et turc, Jacques Benoist-Méchin, que l'on doit le récit le plus circonstancié de cette rencontre[2], qui devait mettre fin à un siècle et demi de chasse gardée de Sa Majesté britannique sur la péninsule arabique.

Avec tous les honneurs dus à un chef d'État de premier plan, Ibn Séoud gravit la coupée du croiseur ancré au large de Djeddah. Une toile de mousseline blanche a été tendue sur le pont supérieur pour permettre au roi de s'assoupir en plein air durant la traversée de la mer Rouge. Très sûr de l'effet que ce décorum ne manquera pas de produire sur le vieux chef bédouin, Roosevelt lui tend les deux mains en lui lançant : « *So glad to meet you*... Que puis-je faire pour vous ?

1. La conférence de Yalta s'est tenue du 4 au 11 février 1945 dans le palais de Livadia situé dans les environs de la station balnéaire de Yalta, sur la côte de la mer Noire en Crimée. La conférence réunit les chefs de gouvernement de l'Union soviétique (Joseph Staline), du Royaume-Uni (Winston Churchill) et des États-Unis (Franklin D. Roosevelt). Il s'agit d'adopter une stratégie commune afin de hâter la fin de la guerre, de régler le sort de l'Europe après la défaite du IIIe Reich et de garantir la stabilité du monde au-delà de la victoire.
2. Jacques Benoist-Méchin, *Fayçal roi d'Arabie*, éditions Albin Michel, Paris, 1975. Le pacte du Quincy a été reconduit en 2005 pour 60 ans.

– Mais c'est vous qui avez demandé à me voir, rétorque le vieux guerrier nullement impressionné, ajoutant : je suppose que c'est vous qui avez quelque chose à me demander ! »

Après cette entrée en matière quelque peu rugueuse, les deux hommes parlèrent plusieurs heures à l'ombre des pièces d'artillerie du bâtiment de guerre. Le roi Ibn Séoud demeura inflexible sur le sort futur des juifs de Palestine. Roosevelt lui demandait d'admettre cet apport de population en lui faisant observer qu'il ne constituait qu'un très faible pourcentage de la population globale du monde arabe environnant. Le président américain revint deux ou trois fois à la charge sur des modes différents, mais se heurta chaque fois à un refus total et déterminé.

Pour essayer de détendre l'atmosphère, Roosevelt aborda un deuxième sujet : les besoins d'infrastructures portuaires du haut commandement de l'armée américaine dans le golfe arabo-persique. Le roi se fait plus conciliant, tout en sollicitant de nombreuses contreparties. Enfin, le président américain amorce la question la plus importante : le pétrole. Il souhaite que le royaume accorde aux États-Unis le monopole de l'exploitation de tous les gisements découverts en Arabie saoudite.

Ibn Séoud, qui avait soigneusement préparé l'entrevue, discute âprement chacune des demandes américaines. Finalement, la discussion débouche sur un accord que l'histoire retiendra sous le nom de « pacte du Quincy ». Celui-ci s'articule autour de cinq thématiques qui font toujours référence, tout en délimitant la préhistoire dans laquelle s'enracinent les attentats du 11 septembre 2001 :

1) La stabilité du royaume fait partie des « intérêts vitaux » des États-Unis. À lui seul, le royaume détient 26 % des réserves pétrolières mondiales prouvées à ce jour. Son importance comme fournisseur d'hydrocarbures s'est imposée aux États-Unis durant la Seconde Guerre mondiale, tandis que les autres sources d'approvisionnement étaient coupées par l'occupation japonaise. Optant traditionnellement pour une politique de prix modérés, le royaume saoudien garantit ainsi l'essentiel de l'approvisionnement énergétique américain. En retour, les États-Unis lui assurent une protection inconditionnelle contre toute menace extérieure éventuelle – en 1991, l'engagement américain dans la guerre du Golfe constitue une spectaculaire illustration du « pacte du Quincy ». Ibn Séoud n'aliène aucune parcelle du royaume. Les compagnies concessionnaires ne sont que locataires des terrains. La durée des concessions est de soixante ans. « À l'expiration des contrats, c'est-à-dire en l'an 2005, les puits, les installations et le matériel reviendraient en totalité à la monarchie régnante. La prime versée au roi serait portée de 18 à 21 cents, pour chaque baril de pétrole exporté d'Arabie. La concession de l'Aramco (Arabian American Oil Company) serait étendue à un territoire couvrant 1 500 000 kilomètres carrés[1]. »

2) Par extension, la stabilité de l'ensemble de la péninsule Arabique fait aussi partie des « intérêts vitaux » des États-Unis. En effet, le soutien américain à la monarchie saoudienne concerne non seulement sa qualité de fournisseur de pétrole

1. Jacques Benoist-Méchin, *Ibn Séoud ou la naissance d'un royaume*, éditions Albin Michel, Paris, 1955.

à prix modéré, mais aussi celle de puissance hégémonique et stabilisatrice de toute la sous-région du Golfe. Les États-Unis cogèrent ainsi la charge prioritaire de la « diplomatie arabe » de la maison Saoud : garantir la stabilité du Golfe et, par extension, de l'ensemble du monde sunnite. « Depuis le début de l'exploitation des premiers puits », précise un expert pétrolier, « l'Aramco, compagnie pétrolière gouvernementale américaine, assurait au royaume toutes sortes d'assistances juridiques, voire militaires, dans les contentieux opposant les Saoud aux autres émirats de la Péninsule. » S'étant étendue aux secteurs sécuritaires les plus divers, cette assistance est plus que jamais et toujours d'actualité, malgré le traumatisme durable des attentats du 11 septembre 2001.

3) Un partenariat économique, commercial et financier quasiment exclusif continue à lier les deux pays depuis l'adoption du pacte du Quincy. Les États-Unis augmentent leurs achats de pétrole et livrent toujours plus d'armes américaines. Au lendemain de la guerre du Golfe, ils ont ainsi pu signer les contrats les plus juteux – et ce sur des critères exclusivement politiques – au détriment des autres membres de la coalition anti-irakienne. Cette « préférence » américaine ne s'applique pas seulement au secteur de l'armement. On peut citer l'exemple du contrat de modernisation du réseau téléphonique saoudien, attribué à une firme américaine en 1994, sur un simple « coup de fil » du président William Clinton, alors que d'autres partenaires étaient objectivement beaucoup plus compétitifs… En raison des pressions de l'administration américaine, le contrat de renouvellement des avions de

Saudia Airlines en 1995 a donné une préférence infondée, tant sur le plan technologique que sur le plan économique, à Boeing et McDonnell Douglas. En retour, les experts estiment à quelque 750 milliards de dollars l'ensemble des fonds saoudiens – publics et privés – directement investis aux États-Unis, notamment en bons du Trésor américain. On peut aisément considérer que le royaume saoudien gère cette « préférence américaine » comme une « police d'assurance ».

4) La non-ingérence américaine dans les questions de politique intérieure saoudienne constitue le revers de la préférence américaine en matières économiques, financières et commerciales. Habituellement si prolixe dès qu'il est question des droits de l'homme n'importe où dans le monde, l'administration américaine observe ici un mutisme aussi gêné qu'absolu. « La plus puissante démocratie libérale du monde se trouve en effet alliée à une monarchie absolue de droit divin », commente un diplomate européen, « monarchie qui est, en matière sociale et politique, l'un des régimes les plus obscurantistes qui soient sur terre… » Les États-Unis ne pourront pas faire l'impasse indéfiniment sur cette question qui risque à tout moment de mettre leur administration en porte-à-faux avec des opinions publiques désormais mondialisées, promptes à s'enflammer au gré d'indignations médiatiquement sélectionnées. Ce constat est d'autant plus d'actualité depuis le début de la "révolution de jasmin" en Tunisie (février 2011) et l'extension du mouvement à l'Égypte et d'autres pays arabes. Nous y reviendrons. Toujours est-il que « la monarchie des Saoud n'est, aujourd'hui, guère plus

défendable que ne l'était celle des Pahlavi en Iran, à la veille de la révolution islamique », ajoute le diplomate. À défaut d'être en mesure de fournir une réponse adéquate sur ce sujet sensible, l'administration américaine s'efforce de minimiser, sinon de nier la question qui revient régulièrement en « procédure confidentielle » au Conseil des droits de l'homme de l'ONU. Par ailleurs, force est de constater que les grands médias américains et occidentaux, habituellement si attentifs à cette problématique, ne s'agitent pas beaucoup sur le sujet dès lors qu'il est question de la monarchie pétrolière. Celle-ci fait ainsi figure de « dictature la plus protégée du monde », écrit, sous pseudonyme, un diplomate français[1].

5) Seule zone d'ombre au pacte du Quincy, la question palestinienne représente une limite au partenariat américano-saoudien. En effet, alors que le président Roosevelt n'avait pu arracher au roi Ibn Séoud son accord sur une augmentation de l'immigration juive en Palestine, le royaume n'a jamais pu obtenir de Washington le moindre fléchissement à sa politique de soutien inconditionnel à l'État d'Israël, à l'occupation et à la colonisation des territoires palestiniens. Si l'administration américaine appuie totalement la maison des Saoud dans sa gestion hégémonique de la péninsule arabique, elle ne lui laisse qu'une marge de manœuvre très réduite dans le processus israélo-palestinien. C'est pourtant dans cette marge étroite que s'effectue le financement des mouvements islamistes. Nous y reviendrons aussi.

1. Jean-Michel Foulquier, *Arabie séoudite – La dictature protégée*, éditions Albin Michel, Paris, 1995.

La discussion porta ensuite sur la construction du Trans-arabian-pipeline, un tuyau de quelque 2 000 kilomètres destiné à relier le gisement pétrolier du Hasa à un port de la Méditerranée orientale. Et Jacques Benoist-Méchin conclut que « malgré le tour un peu âpre que la conversation avait pris à ses débuts, Roosevelt et Ibn Séoud se quittèrent enchantés l'un de l'autre. Ils avaient tous deux l'impression d'avoir fait une excellente affaire ».

Excellente affaire, alliance indéfectible et vieille histoire, le pacte scellé à bord du Quincy marque une rupture décisive dans l'histoire des relations internationales de l'après-guerre. Plus rien ne sera jamais comme avant. En évinçant l'influence britannique, ce pacte installe durablement les États-Unis comme pôle dominant du jeu proche-oriental, au détriment des États européens. Enfin, il entérine un marchandage, dont les modalités qui perdurent serviront de modèle à d'autres arrangements du même type, notamment en Asie centrale.

Ce marchandage historique s'avère lourd de conséquences : l'or noir contre la sécurité, la survie et la continuité dynastique d'une des monarchies théocratiques les plus réactionnaires du monde et, qui plus est, gardienne des lieux saints de l'islam.

Cette dernière clause est, elle aussi, doublement stratégique : en contenant l'émergence des nationalismes arabes laïcs, la protection délivrée par les États-Unis à l'Arabie saoudite permet d'assurer la sécurité de l'État d'Israël. Ces deux impératifs peuvent sembler contradictoires alors qu'au contraire, ils relient les deux versants d'un même processus. Le sunnisme radical est le fil rouge souvent meurtrier qui l'accompagne. Après le renversement du roi Farouk en Égypte par les Officiers libres, vers le milieu des années 1950 lorsqu'il incarne la montée en puissance du nationalisme arabe, Nasser opte pour Moscou et noue une alliance stratégique avec le Pacte de Varsovie. Washington actionnera alors pleinement la dimension stratégico-religieuse du pacte du Quincy : armer, former et canaliser les factions sunnites les plus radicales contre les régimes et les représentants de ce nationalisme arabe qui viennent de faire le choix de l'Union soviétique. Les principaux leviers de cette instrumentalisation théologico-politique seront la Confrérie égyptienne des frères musulmans et la myriade d'organisations wahhabites financées par Riyad, les grandes banques islamiques et la plupart des organisations non gouvernementales saoudiennes[1].

À bord du Quincy, le président américain et le roi d'Arabie saoudite n'ont pas seulement conclu « une excellente affaire ». Ils ont aussi noué une indéfectible alliance qui les amènera, l'un et l'autre, ainsi que leurs successeurs, à devenir les vrais parrains de l'islamisme sunnite radical et de ses dérives terroristes. Si ce pacte a assuré la stabilité du ravitaillement énergétique mondial et la prospérité économique occidentale, parfois au détriment des intérêts des autres producteurs du tiers-monde, il n'a pas pour autant aidé à faire progresser les revendications arabes, notamment au sujet de la question palestinienne.

1. Voir Mythologie 8 : La traque des dollars de la terreur.

Répétons-le, jusqu'à aujourd'hui le pacte du Quincy n'a jamais été démenti, y compris aux lendemains des attentats du 11 septembre 2001 lorsque, médusée, l'opinion américaine apprendra que 15 des 19 pirates de l'air, auteurs des attentats, sont saoudiens ou d'origine saoudienne. 10 ans après et en dépit des différentes révélations concernant les responsabilités saoudiennes dans les attentats du 11 septembre 2001, les bonnes affaires continuent, le conte des mille et une nuits meurtrières aussi…

Le 23 septembre 2010, à l'occasion de la fête nationale saoudienne célébrant la fondation du royaume, l'Arabie saoudite et les États-Unis s'acheminent vers la conclusion de l'un des plus importants contrats d'armement de l'histoire, un contrat qui s'élève à quelque 90 milliards de dollars. Celui-ci concerne la modernisation de la flotte aérienne et de la marine saoudiennes. 60 milliards de dollars sont affectés à l'achat de 87 chasseurs bombardiers F-15, de 70 hélicoptères de combat Apache, de 72 hélicoptères Black Hawk, de 36 hélicoptères Little Bird AH-6, avec leurs armements : bombes et missiles, y compris la bombe JDAM guidée par GPS, produite par Boeing comme le missile à guidage laser Hellfire. 30 milliards de dollars complémentaires sont alloués à l'achat de bâtiments de guerre et d'un système de défense balistique, compatible avec le système de missiles Patriot. Une clause annexe prévoit le reconditionnement des anciens appareils de l'armée de l'air et de la marine.

Ce contrat, qui permettra le maintien de 75 000 emplois dans l'industrie militaire américaine, est une « anomalie économique » qui témoigne de « cette relation spéciale, sinon de vassalité que l'Arabie saoudite entretient avec son suzerain américain depuis la signature du pacte du Quincy », souligne Jean-Michel Foulquier[1].

Le *Wall Street Journal*[2], qui rapporte l'information, précise que la transaction vise à « renforcer les capacités combatives du Royaume face à l'Iran » sans faire peser de risques sur Israël : les avions saoudiens seront privés d'armes de longue portée, afin de sécuriser l'espace aérien israélien. Leurs performances – tant sur le plan des équipements que sur celui de la maniabilité – seront en tout état de cause inférieures au nouvel appareil que les États-Unis envisagent de vendre à Israël : 20 chasseurs-bombardiers américains F-35 *Lightning II* (JS F-35), le super bombardier de dernière génération dont le coût est estimé à environ 113 millions de dollars l'unité.

« Ce nouveau contrat militaire de 90 milliards de dollars témoigne de cette servitude volontaire de l'Arabie saoudite à l'égard des États-Unis. Alors qu'une importante armada américaine est déployée dans la zone du golfe Persique/océan Indien et qu'un important cordon sanitaire a été déployé autour de l'Iran à travers, notamment un chapelet de bases (Bahreïn, Abou Dhabi, Koweït, Massirah, Diego Garcia et Djibouti), ce contrat du siècle vise non pas à doter l'Arabie saoudite d'une défense tous azimuts, mais à renforcer ses capacités face à l'Iran, puissance du seuil nucléaire. Cet

1. Entretien avec l'auteur le 2 décembre 2010.
2. 13 septembre 2010.

arsenal n'est surtout pas destiné à menacer Israël, puissance nucléaire de plein exercice et de surcroît puissance occupante de la Palestine et de Jérusalem, le troisième lieu saint de l'islam », écrit le politologue René Naba[1].

À cet héritage diplomatico-stratégique vieux de 66 ans, à ses logiques, ses pesanteurs et ses intérêts va se mêler le destin d'un homme : Oussama Ben Laden.

1. René Naba, *Le pacte du Quincy, une relation spéciale et de vassalité* [*www.palestine-solidarite.org/analyses]*.

MYTHOLOGIE 2

Oussama ou l'ennemi public numéro 1 !

Un malentendu fondateur prévaut dès lors qu'il est question d'Oussama Ben Laden. Les États-Unis l'ont transformé en « ennemi public numéro 1 », en une figure historique toute puissante, à l'instar d'un Staline ou d'un Hitler, alors qu'il n'était certainement qu'un « sociopathe ordinaire[1] », enfant gâté d'une famille argentée très en cour à Riyad. La fortune des Ben Laden a tracé sa voie de financier et d'entrepreneur du terrorisme international. Son attirance pour la religion l'a orienté, sinon prédestiné à fréquenter certains milieux et certaines personnes, mais sa vie eut été très différente, évidemment, s'il était né chamelier dans le Nejd, paysan de l'Asir ou pêcheur du Tihamah.

Oussama Ben Laden n'est pas un self-made-man doué d'un talent particulier. Il n'a ni culture, ni grand dessein, ni pouvoir réel sur les forces dont il deviendra le porte-drapeau. Il n'est ni un théoricien religieux, ni un chef militaire, et l'aura dont il bénéficie dans le monde est largement le fait des

1. Expression employée par Alain Chouet, ancien chef du renseignement de sécurité de la DGSE, dans plusieurs entretiens avec l'auteur.

États-Unis, qui l'ont transformé en icône christique comme ils l'avaient fait de Che Guevara dans les années 1960. Son destin s'est forgé dans l'argent de sa famille, dont les Frères musulmans ont vite mesuré l'opportunité qu'elle représentait pour leurs activités à l'étranger, notamment en Afghanistan, en Afrique et en Europe. En définitive, cette mythologie pourrait s'intituler : Oussama Ben Laden ou l'histoire tragique d'un enfant gâté de la jet-set saoudienne.

Un deuxième malentendu concerne ses relations avec les États-Unis. Dès 1979, année de l'entrée de l'armée soviétique en Afghanistan[1], Oussama Ben Laden a été « traité » par les services américains alors qu'il représentait la société familiale Bin Laden Group à Istanbul en Turquie. C'est là qu'il a commencé à collecter de l'argent et à enrôler des volontaires pour la résistance afghane engagée contre l'armée soviétique. Nombre de journalistes, de biographes et d'observateurs en service plus ou moins commandé nient cette collusion confirmée par les meilleurs experts de plusieurs services de renseignement arabes et européens. Un bel exemple de cette dénégation s'exprime dans l'ouvrage[2] du journaliste américain Jonathan Randal qui prend bien soin de gommer toute

1. La première guerre d'Afghanistan de l'histoire contemporaine a opposé, du 27 décembre 1979 au 15 février 1989, l'armée de l'Union des républiques socialistes soviétiques (URSS), aux Moudjahidine des différentes composantes politiques et tribales de la résistance afghane. Durant dix ans, cette guerre a ravagé l'Afghanistan. Du fait de l'implication des États-Unis et de l'URSS, cette guerre est considérée comme la dernière crise de la guerre froide.
2. Jonathan Randal, *Osama – The Making of a Terrorist*, Hardcover, août 2004.

espèce de trace financière et opérationnelle attestant que Ben Laden est l'enfant légitime des services saoudiens et de leurs parrains américains. À un niveau intermédiaire, on rencontre aussi des chercheurs-diplomates qui ne travaillent qu'à partir de sources américaines parce que, selon eux, ce sont les plus sérieuses et les seules dignes d'intérêt. Accumulant nombre de contresens, ils sont les propagandistes européens les plus zélés de l'idéologie de « l'ennemi public numéro 1 » et de la doctrine du « jihad global[1]. » Dans la gamme du florilège mythologique, on trouve d'autres perles rares : « Contrairement aux rumeurs les plus folles, Ben Laden n'a jamais été un agent de la CIA. Il était « traité » par l'allié des Américains, le prince Turki al-Fayçal, à l'époque patron des services saoudiens et proche de sa famille[2]. » Ici, la question n'est pas de taxer ou non Ben Laden du qualificatif d'« agent » de la CIA, mais d'éclairicir les raisons qui l'ont amené à collaborer avec elle dès 1979. Ce sont d'ailleurs ces mêmes services américains qui ont créé leurs homologues saoudiens. La coopération entre espions américains et saoudiens n'a jamais cessé.

C'est en effet à la demande de la CIA que le prince Turki a « traité » Oussama Ben Laden à partir de 1979. Il aurait mis fin officiellement à sa mission en juillet 1994, lorsque le terroriste a été déchu de la nationalité saoudienne. Contrairement à cette version, plusieurs sources autorisées affirment

1. Voir Mythologie 10 : Nouvelles menaces/nouvelles ripostes.
2. Mohamed Sifaoui dans *Choc*, numéro hors-série : « Ben Laden, comment il en est arrivé là ! », mai-juin 2011.

qu'au contraire le patron des services saoudiens a entretenu cette relation au moins jusqu'en juillet 2001, date à laquelle il aurait organisé la fameuse rencontre de Dubaï entre Ben Laden et un émissaire américain.

Avant d'y revenir et sans avoir ici prétention de déconstruire toutes les couches du registre mythologique, on peut lire utilement le petit livre de l'écrivaine indienne Arundhati Roy, *Ben Laden, secret de famille de l'Amérique*[1] : « Ben Laden possède le privilège d'avoir été créé par la CIA et d'être recherché par le FBI. En une quinzaine de jours, il est passé du statut de suspect à celui de suspect numéro 1 (...) Mais qui est vraiment Oussama Ben Laden ? Ou pour le dire autrement ; qu'est-ce qu'Oussama Ben Laden ? C'est le secret de famille de l'Amérique. Le double noir de son président. Le jumeau sauvage de tout ce qui se targue de beauté et de civilisation. Le rejeton d'un monde ravagé par la politique étrangère de l'Amérique : par sa diplomatie de la canonnière, son arsenal nucléaire, sa volonté – comme il est dit vulgairement – de s'arroger une “domination sans partage”, par son effroyable mépris de vies qui ne sont pas américaines, par ses interventions barbares, son soutien à des régimes despotiques et dictatoriaux, son programme économique impitoyable, prompt à ne faire qu'une bouchée de pays pauvres comme s'il s'agissait d'une nuée de sauterelles. Sans parler de ses multinationales en maraude qui gouvernent l'air que nous respirons, le sol

1. Arundhati Roy, *Ben Laden, secret de famille de l'Amérique*, éditions Gallimard, Paris, 2001.

que nous foulons, l'eau que nous buvons et les pensées que nous avons. »

Alors qui est vraiment Oussama Ben Laden ?

Oussama Ben Laden (Usāma, ben Mohammed ben Awah ben Lāden), a vu le jour le 10 mars 1957 à Riyad en Arabie saoudite. Il est mort le 2 mai 2011, exécuté par un commando américain à Abbottabad au Pakistan[1]. Cet islamiste milliardaire d'origine saoudienne a été le chef spirituel du réseau jihadiste Al-Qaïda. Il a revendiqué l'idée et la responsabilité des attentats du 11 septembre 2001. À partir de juin 1999, le FBI l'a placé sur sa liste des dix criminels les plus recherchés à la suite des attentats des ambassades américaines au Kenya et en Tanzanie[2]. Sa vie peut être reconstituée à partir de cinq séquences : les origines dorées, la guerre contre les Soviétiques, son exil soudanais, sa réussite d'entrepreneur du terrorisme international et les attentats du 11 septembre 2001. Et, pour ne pas conclure, nous reviendrons sur la fameuse « rencontre de Dubaï. »

Des origines dorées

Issu d'une famille ordinaire du Wadi Hadramaout au Yémen, le père a émigré en Arabie saoudite au début des années 1950. Oussama a ainsi passé sa petite enfance entre

1. Voir Mythologie 9 : Une mort à géométrie variable.
2. 7 août 1998.

Médine et La Mecque, les deux villes saintes de l'islam. Le patriarche, cheikh Mohamed Ben Awad Ben Laden fonde le Bin Laden Construction Group. Cette entreprise de bâtiment et travaux publics va s'imposer, dans la branche, comme l'une des plus importantes du monde. Détenteur de contrats d'exclusivité avec la famille royale, Cheikh Mohamed va pouvoir ainsi construire routes, palais, aéroports et mosquées. On lui doit les deux nouvelles mosquées de La Mecque et de Médine, ainsi que la restauration du Dôme de Jérusalem. La fortune de la famille est estimée à une dizaine de milliards de dollars. Au fil du temps, le groupe s'est diversifié. Devenu le Saudi Binladen Group, il a développé de nombreuses sociétés offshore et filiales dans différents secteurs d'activité dont les télécom : la Bin Laden Telecommunications est devenue en 1999 la Saud Telecom Company (BTC Networks).

D'une grande beauté, la mère d'Oussama, Aliya Ghanem est syrienne. Ses parents se séparent juste après sa naissance. Infatigable coureur de jupons, et même s'il n'a jamais eu plus de quatre femmes en même temps – quota légal –, cheikh Mohamed a eu plus de vingt épouses légitimes qui lui ont donné 54 enfants. Par conséquent, Oussama Ben Laden a 53 demi-frères et demi-sœurs. Lui-même a eu une vingtaine d'enfants. De cette immense fortune, Oussama aurait hérité d'une trentaine de millions qui fructifieront vite en suivant la même stratégie d'investissement et de diversification du groupe familial, le faisant accéder au club des milliardaires[1].

1. Voir Mythologie 8 : La traque des dollars de la terreur.

Le père d'Oussama meurt dans un accident[1] d'avion lorsqu'il a 10 ans. L'année suivante – en 1968 – il est admis au collège Al-Thaghr de Djeddah, établissement pilote pour la jet-set princière destiné à former les élites locales. Sur le modèle des institutions anglo-saxonnes, les élèves portent un uniforme strict. L'enseignement est dispensé en langue anglaise et les matières d'enseignement général ont comme un parfum de laïcité en comparaison des autres établissements du pays. Seule concession à l'islam : la prière de l'après-midi est accomplie en commun.

Interviewé par le *New Yorker*[2], le professeur d'anglais Brian Fyfield-Shayler se souvient d'un élève « atypique », du haut de son mètre quatre-vingt, dominant le reste de ses camarades, sans personnalité affirmée, plutôt rêveur et s'asseyant toujours près de la fenêtre donnant sur les terrains de sport. « J'essayais de le faire sortir de sa réserve d'introverti, de le pousser à s'exprimer davantage pour qu'il apprenne les subtilités de la langue anglaise », raconte le professeur, « mais il restait cloîtré dans sa timide réserve, craignant de faire des fautes. Par ailleurs, il était plutôt bon élève et ne posait pas de problème ». L'un de ses camarades d'Al-Thaghr apporte un autre témoignage : « C'était un élève ordinaire se maintenant dans une juste moyenne, plutôt replié sur lui-même, mais toujours d'une honnêteté scrupuleuse. Pour éviter de se faire chiper ses affaires ou ses friandises, on les confiait à

1. Le 3 septembre 1967, son bimoteur Beechcraft, piloté par un Américain, s'écrase dans les environs de Djeddah.
2. *New Yorker* du 12 décembre 2005.

Oussama. Avec lui, aucun risque, aucune surprise, aucune fantaisie. Il était posé et toujours très sérieux. Il ne copiait jamais sur le voisin, mais ne cachait pas sa copie au cas où le voisin aurait voulu y jeter un œil… Il aimait les westerns, les films de karaté et les séries à la télé. Il montait à cheval et pratiquait l'escalade. »

Au collège Al-Thaghr, Oussama fait une rencontre déterminante qui va, sans doute orienter le reste de sa vie, celle d'un professeur de gymnastique. Après les cours d'éducation physique, celui-ci dispense un enseignement plus spirituel à un petit groupe d'élus dont fait partie Oussama. D'origine syrienne, ce professeur est un pur produit des Frères musulmans et c'est avec lui qu'Oussama s'initie, à l'âge de 14 ans, au devoir que Dieu exige des vrais croyants : le jihad.

Pour attirer ses adeptes, le professeur leur promet de les former à devenir footballeurs professionnels. Mais au début de chaque séance les joueurs doivent réciter des versets du Coran. Une fois l'entraînement terminé, la leçon se poursuit dans la chambre de l'enseignant-gourou autour d'une bougie posée au centre de la pièce, à commenter les Hadiths, la vie du Prophète et à raconter des histoires extraordinaires. Cette ambiance de *Grand Meaulnes*[1] fascine les adolescents, d'autant que le professeur-gourou a un vrai talent. L'un d'eux se souvient : « Il nous racontait l'histoire d'un garçon de notre âge qui avait trouvé Dieu, exactement comme nous. Mais son père se mettait en travers du chemin de sa foi, l'empêchant

1. *Le Grand Meaulnes* est l'unique roman d'Alain Fournier, publié en 1913.

de faire ses dévotions. Le père avait un fusil de chasse. Un soir, alors que la tension était à son comble, le garçon entré en transe chargea l'arme et tua le père mécréant... Le prof de gym prit son temps pour tirer la morale de l'histoire : Dieu soit loué, l'islam régnait enfin dans cette maison. »

Oussama se marie à l'âge de 17 ans avec l'une de ses cousines syriennes de Lattaquié. Il vit chez sa mère, qui a arrangé l'union, pendant plus d'un an. Après la naissance de son premier enfant, il prend une deuxième épouse. En 1974, il intègre le département d'économie de l'université Abdelaziz de Djeddah. Ancien étudiant de cet établissement, Jamal Khashoggi, qui sera un proche collaborateur du prince Turki, se souvient de l'idéologie qui régnait sur le campus : « Tout le monde était peu ou prou « fériste », Oussama en rajoutait déjà beaucoup, refusant d'écouter de la musique et de serrer la main des femmes. Il vivait très modestement. » Après le collège Al-Thaghr, c'est dans cette université de Djeddah que s'est consolidée l'adhésion du futur chef d'Al-Qaïda à l'idéologie des Frères musulmans. Plusieurs professeurs la revendiquent ouvertement, notamment Mohamed Qotb dont le frère Sayyed[1] est le théoricien du jihad armé contre l'Occident.

1. Sayyed Qotb, membre de la Confrérie des Frères musulmans et théoricien du jihad armé est né le 8 octobre 1906. Il a été exécuté par pendaison en Égypte le 29 août 1966. Ses livres les plus importants sont : *Al 'adalah al ijtimâ'iah fil Islam* (La justice sociale en islam) ; *Pierre angulaire du rôle social des Frères musulmans* ; *Fi Zilal al Qur'an* (Sous les ombrages du Coran). Écrit en prison, il s'agit d'un commentaire du Coran ; *Ma'alim fi tarîq* (Jalons sur la route). Il est composé de 8 chapitres dont 4 sont tirés de son commentaire du Coran. Ce devait être le premier tome d'une série de trois livres testament. L'exécution de Qotb interrompit l'entreprise.

Ces années à l'université, de 1974 à 1978, font d'Oussama un adepte zélé de la Confrérie des Frères musulmans. C'est dans cet état d'esprit qu'il intègre le groupe familial à la fin des années 1970.

La guerre contre les Soviétiques

Oussama Ben Laden a 22 ans lorsque le régime du shah d'Iran est renversé par une révolution islamique qui porte à sa tête l'ayatollah Khomeini. Deux mois plus tard, le 24 décembre 1979, l'URSS intervient en Afghanistan. C'est la première fois depuis la Seconde Guerre mondiale qu'un pays musulman est envahi et occupé par une puissance étrangère. La guerre d'Afghanistan va bouleverser la vie du jeune Oussama, installé à Istanbul pour représenter la société familiale. Au moment de l'attaque de la Grande Mosquée de la Mecque par un commando islamiste[1], il est approché par le prince Turki Al Fayçal[2] qui lui propose d'organiser

1. L'attaque de la Grande Mosquée Al-Masjid al-Haram – à La Mecque, le 20 novembre 1979 – s'est soldée par une prise d'otages effectuée par un commando islamiste composé d'opposants à la famille royale saoudienne. Ce coup de force ébranla le monde musulman puisqu'il se déroulait dans le lieu le plus saint de l'islam et que des pèlerins, présents pour le hadj (pèlerinage), furent pris en otage. Un nombre important de membres des forces de sécurité saoudiennes et d'islamistes furent tués dans la bataille qu'ils se livrèrent pour contrôler le site. La monarchie a dû faire appel à des forces spéciales étrangères dont celles du GIGN français.
2. Le prince Turki Al Fayçal a été chef des services saoudiens de renseignements (de 1977 à octobre 2001) et ambassadeur d'Arabie saoudite à Londres.

des collectes de fonds et le recrutement de volontaires pour rejoindre la résistance anti-soviétique en Afghanistan.

L'islamisme commence à devenir un mouvement important, remplaçant peu à peu le marxisme et le panarabisme comme principale idéologie aux Proche et Moyen-Orient. De nombreux Moudjahidine viennent ainsi combattre en Afghanistan avec le soutien de l'Arabie saoudite, qui y voit une possibilité de diffusion du wahhabisme. Avec les services secrets de son armée, la célèbre ISI (Inter Services Intelligence), le Pakistan en phase avec l'Arabie saoudite, se voit déjà à la tête d'une puissante Brigade internationale islamiste.

Le prince Turki rencontre Ben Laden à Istanbul à plusieurs reprises pour organiser l'acheminement des « Internationalistes musulmans » et leur installation à la frontière pakistanaise. Oussama commence à se rendre à Peshawar et dans différents postes avancés sur la frontière pakistano-afghane à partir de 1981. Sur place, le jeune homme découvre des militants motivés, mais très mal organisés. Durant l'été 1984, sa rencontre avec Abdallah Azzam, un activiste des Frères musulmans d'origine palestinienne, apporte un début de réponse à l'amateurisme des « volontaires arabes ». Azzam et Ben Laden décident de créer le « Bureau des services pour les combattants » qui deviendra l'embryon d'Al-Qaïda[1]. Installée à Peshawar, la nouvelle structure met sur pied une véritable organisation assurant la formation idéologique et militaire des combattants. Avec ses fonds propres, Ben Laden

1. Voir Mythologie 3 : Al-Qaïda menace globale.

fait construire des mosquées, des écoles et des camps d'entraînement. Outre l'approvisionnement en armes, le Bureau prend en charge les familles et assure l'éducation religieuse des enfants. Cette petite entreprise publie *Jihad*, un bimensuel en arabe, pour informer sur l'état des hostilités et favoriser l'aide financière et le recrutement des combattants. Abdallah Anas, l'un des animateurs du Bureau raconte qu'une des éditions de *Jihad* a pu atteindre un tirage de 70 000 exemplaires. La plupart étaient envoyés… aux États-Unis où « nous avions 52 centres », à Brooklyn, Boston, Chicago, Washington, etc. Azzam connaissait très bien les États-Unis où il se rendait chaque année pour effectuer une tournée de conférences et récolter des fonds. « Les États-Unis prospères », ajoute-t-il, « pouvaient apporter une aide plus substantielle que les pays musulmans, en majorité pauvres. »

C'est ainsi qu'Oussama, le jeune homme timide, prend de l'assurance et que sa réputation grandit. Khalid Khawaja, l'un de ses compagnons d'armes se souvient : « Ce n'était pas un génie. Il avait une trentaine d'années et riait tout le temps. Il n'avait pas l'air très intelligent, mais il était capable d'un grand dévouement et d'une abnégation inhabituelle. » Se partageant entre Peshawar et Jiji, à proximité des lignes soviétiques, Ben Laden – sans expérience militaire – y connaît son baptême du feu lors d'une bataille au printemps 1987. Il est grièvement blessé. Suite à une opération qui faillit lui être fatale, il perd un rein. À partir de cette date, il connaîtra des ennuis de santé récurrents qui nécessiteront plusieurs hospitalisations et des dialyses régulières.

Durant sa convalescence, Oussama Ben Laden fait la connaissance d'un chirurgien égyptien – Ayman al-Zawahiri – dont le passé l'impressionne fortement. Cette figure historique des Frères musulmans vient de passer trois ans en prison après sa participation à l'assassinat du président égyptien Anouar al-Sadate. Pour Zawahiri, le jeune saoudien brille autant que son compte en banque. Avec le soutien financier de son nouvel ami, le Frère musulman égyptien entend créer sa propre organisation.

Un autre événement personnel va contribuer à engager davantage Ben Laden dans le chaudron afghano-pakistanais. Le 29 mai 1988, l'avion privé de son frère aîné Salem Ben Laden s'écrase à San Antonio au Texas. Pour Oussama, c'est un double cataclysme. À la tête du groupe familial, ce grand frère lui assurait un compte ouvert pour le financement de ses activités jihadistes. Plus important encore et indépendamment du prince Turki, Salem lui garantissait une couverture politico-religieuse au plus haut niveau de la monarchie pétrolière. La disparition de Salem intervient au plus mauvais moment, lorsqu'Oussama entre en conflit avec Abdallah Azzam qui reste attaché à une conception classique du Jihad : la guerre pour libérer des territoires musulmans occupés par des pouvoirs illégitimes comme en Afghanistan ou en Palestine. Sous l'influence de ses nouveaux amis égyptiens, Ben Laden revendique une conception plus radicale prônant une stratégie révolutionnaire destinée à frapper les puissances occidentales alliées des régimes « apostats ». C'est cette conception d'un Jihad élargi qu'Azzam rejette pour ne pas provoquer de dissensions sanglantes au sein de la *Oumma* des croyants.

Le 20 août 1988, une douzaine d'hommes, dont Abou Oubeida al-Panshiri, le premier commandant militaire d'Al-Qaïda, se retrouvent au domicile de Ben Laden. La « base » est née. Au cours de cette réunion fondatrice, une seule question opérationnelle est tranchée : l'affectation des effectifs disponibles. Ils sont répartis en deux catégories. Les hommes de la première ligne resteront engagés en Afghanistan sous le commandement direct d'Al-Qaïda. Les meilleurs éléments constitueront, en deuxième ligne, Al-Qaïda al-Askaria – la base militaire – destinée aux opérations internationales plus lointaines.

Ces deux structures se mettent en place le 10 septembre 1988. À partir de cette date, Al-Qaïda qui ne compte qu'une quinzaine de cadres et une poignée de combattants, entre en action. Treize ans plus tard, ce sera le 11 septembre 2011. En attendant, les prémisses de la victoire contre l'ours soviétique rebattent les cartes et la répartition des différentes factions de la résistance. La puissance des étudiants en théologie – les Taliban – est en gestation. On sent poindre de nouvelles confrontations, notamment contre les forces de l'Alliance du nord, en particulier les unités du commandant Massoud.

En 1989, Abdallah Azzam, est assassiné dans des circonstances mystérieuses. Oussama Ben Laden se retrouve alors à la tête du Bureau des services pour les combattants qui fusionne avec l'organisation de Zawahiri. Cette nouvelle entité va favoriser la montée en puissance d'Al-Qaïda, qui se transforme bientôt en logistique du jihadisme international, certains vétérans d'Afghanistan partant combattre sur d'autres fronts comme en Bosnie, en Tchétchénie ou en Indonésie.

Durant toute cette décennie 80, Oussama Ben Laden rend régulièrement compte au prince Turki, effectuant de nombreux voyages en Arabie saoudite, à Londres et à Genève.

En février 1989, les Soviétiques annoncent leur retrait d'Afghanistan. Oussama Ben Laden rentre en Arabie saoudite. Il est accueilli comme un héros. Il organise des conférences sur son Jihad contre l'armée soviétique dans les mosquées, les écoles et les universités. Lors de la première guerre du Golfe (1990-1991), il propose au roi Fahd d'utiliser sa milice pour défendre le pays contre une éventuelle invasion des troupes irakiennes. Le roi refuse, ayant confié la défense du territoire à l'armée américaine. Il prête ainsi le flanc à l'accusation selon laquelle il aurait autorisé les « infidèles » à « souiller le sol sacré » de l'Arabie saoudite. Oussama Ben Laden se fait alors de plus en plus critique vis-à-vis de la famille royale, et va jusqu'à accuser les princes de corruption. Il voue aux gémonies la plupart des dirigeants arabes, Yasser Arafat ayant droit aux mêmes insultes que Saddam Hussein, Hafez al-Assad ou Kadhafi.

Il choisit de s'allier à des opposants au régime wahhabite installés en Irak et en Syrie. Riyad lui attribue notamment la responsabilité d'un attentat contre son ambassadeur au Pakistan ainsi qu'une tentative avortée de détournement d'un avion saoudien effectuant la liaison Karachi-Djeddah.

L'exil soudanais

Le Palais le prive de sa nationalité en juillet 1994. Interdit de séjour dans la monarchie, il s'exile alors à Khartoum jusqu'en 1996. Au Soudan, il est accueilli par son vieil ami Hassan al-Tourabi, qui dirige le Front National Islamique soudanais (FNI). Il s'installe dans le pays et commence par y créer une banque[1]. Il achète une grande propriété à proximité de l'aéroport de Khartoum et, toujours avec l'appui du groupe familial, il multiplie les chantiers : routes, systèmes d'irrigation, fermes et productions maraîchères destinées à l'exportation.

Depuis son exil soudanais, Ben Laden finance et arme les Moudjahidine bosniaques, notamment via l'organisation « humanitaire » autrichienne Third World Relief Agency (TWRA). Il rencontre Alija Izetbegovic à plusieurs reprises et bénéficie d'un passeport bosniaque, ce qui a toujours été démenti par le gouvernement de Bosnie-Herzégovine. Il appuie aussi les Moudjahidine les plus radicaux rentrés dans leur pays d'origine après la guerre d'Afghanistan (d'où leur surnom d'« Afghans »). En décembre 1992, un groupe financé par Ben Laden a déjà revendiqué un attentat au Yémen contre les soldats américains en route pour la Somalie dans le cadre de l'opération *Restore Hope*. En février 1993, un premier attentat a ciblé le World Trade Center et fait 6 morts. Un réseau de mosquées et d'ONG du New Jersey en relation

1. Voir Mythologie 8 : La traque des dollars de la terreur.

avec Ben Laden a été soupçonné par les enquêteurs du FBI qui n'ont pas donné suite.

Oussama Ben Laden profite en effet de la politique d'une partie de l'administration Clinton, soutenue par le lobby pétrolier. Celle-ci a plusieurs objectifs : l'installation de régimes stables en Asie centrale afin de permettre l'acheminement du gaz et du pétrole, la lutte contre l'influence russe dans la région et une politique résolument engagée contre l'Iran chi'ite. La poursuite de ce dernier objectif passe par le maintien d'un soutien actif aux différentes composantes de l'islamisme sunnite, notamment au Pakistan et en Arabie saoudite. Parce qu'il fait partie de l'oligarchie sunnite, Oussama Ben Laden n'est pas perçu comme une menace prioritaire. La politique du Pacte du Quincy reste plus que jamais d'actualité[1].

En 1994, on retrouve la trace d'Oussama Ben Laden en Libye[2].

Le 10 mars 1994, les Backer, un couple de touristes allemands est assassiné près de Syrte. Il s'agissait en fait du responsable du service chargé du monde islamique au sein du Bundesamt für Verfassungschutz (BfV), la DST allemande et de son épouse, elle-même spécialiste du monde arabe. Le couple enquêtait « à titre privé », semble-t-il, sans le feu vert de sa hiérarchie. À cette époque, des mouvements armés

1. Voir Mythologie 1 : Les mille et une nuits du Quincy.
2. Passage rédigé à partir d'une note du général de corps d'armée aérienne François Mermet qui fut Directeur général de la DGSE du 2 décembre 1987 au 23 mars 1989.

comptant dans leurs rangs des anciens d'Afghanistan étaient apparus dans cette région, afin de renverser Kadhafi et son régime « impie », avec la bienveillance des services britanniques. Outre l'attentat de Lockerbie, la Grande-Bretagne garde en mémoire, en effet, le souvenir de la nationalisation de ses compagnies pétrolières.

Comment expliquer qu'aucune suite n'ait été donnée à la demande adressée par les autorités judiciaires libyennes à Interpol le 16 mars 1998, afin de lancer un mandat d'arrêt international contre Ben Laden et trois de ses complices accusés d'avoir assassiné le couple allemand ? Comment expliquer qu'à la même époque, la plupart des factions islamistes – peu ou prou rattachées à Al-Qaïda – se soient installées à Londres, à proximité de la City et du siège des grandes banques islamiques ? Comment expliquer que les quartiers de la capitale britannique baptisés « Londonistan » par les services britanniques eux-mêmes, n'aient pas fait l'objet d'une surveillance plus sérieuse ?

À la suite de la campagne d'attentats des Groupes islamiques armés algériens (GIA) en France en 1995, la police belge découvre à Bruxelles des documents des GIA adressés à Oussama Ben Laden. Le 26 mai 1995, Al-Qaïda est soupçonnée d'avoir participé à une tentative d'assassinat du président égyptien Mohammed Hosni Moubarak. En février 1996, Ben Laden lance une fatwa appelant à attaquer les intérêts américains partout dans le monde. Il devient dès lors un ennemi officiel des États-Unis. Khartoum propose alors à Washington de livrer Oussama Ben Laden. Les autorités américaines refusent, par crainte de rompre l'alliance avec les jihadistes sunnites, vétérans de la guerre d'Afghanistan. Elles préfèrent laisser les services saoudiens continuer à « traiter » le dossier du milliardaire terroriste.

Il est vrai qu'Oussama Ben Laden reste en relation suivie avec plusieurs membres du régime saoudien dont le prince Turki. Mais le havre soudanais est de moins en moins sûr. Khartoum livre le terroriste Carlos à la France et se rapproche de Riyad. Oussama Ben Laden plie bagage en mai 1996. Après plusieurs discussions avec des dignitaires taliban – dont le mollah Omar qui a été proclamé « commandeur des croyants » à Kandahar le 4 avril 1996 –, il choisit de revenir sur le lieu de ses exploits afghans. Son compte en banque oriente de nouveau sa destinée. Apportant de l'argent frais et des unités de combattants fidèles et déterminés, il est accueilli à bras ouverts. En échange, il pourra bénéficier d'un sanctuaire sécurisé où installer son repaire et les camps d'entraînement d'Al-Qaïda.

L'entrepreneur du terrorisme international

Le 26 juin 1996, un attentat est commis contre la base saoudienne de Kobar : 19 morts américains. Le 17 novembre 1997, un groupe des Gam'a islamiya égyptien massacre 63 personnes dont 35 touristes suisses et 4 Égyptiens dans la vallée des Rois à Louxor. Ces deux coups de mains sont attribués à Al-Qaïda.

Le premier mandat d'arrêt international lancé contre Oussama Ben Laden date de la mi-avril 1998. Il émane d'Interpol à la demande de la Libye, suite à l'assassinat en 1994 du couple d'agents secrets du BfV. L'Espagne et les États-Unis demandent également à Interpol la transmission de « notices rouges » sur sa vie et ses activités.

Le 26 mai 1998, à l'issue d'une réunion dans son repaire afghan réunissant plusieurs chefs d'organisations islamistes armées, des sécessionnistes cachemiris de Lashkar Taiba aux Yéménites de Djeich Aden-Abyan, en passant par les Égyptiens du Jihad islamique et des Gam'a islamiya, Oussama Ben Laden prononce, avec Ayman Al-Zawahiri, une fatwa annonçant la formation d'un front mondial contre les juifs et les croisés. Cette fatwa précise que tuer les Américains et leurs alliés, qu'ils soient civils ou militaires, est un devoir qui incombe à chaque musulman. Parallèlement, une autre fatwa émanant du cheikh Omar Abderrahmane – « le cheikh aveugle » détenu aux États-Unis suite au premier attentat de février 1993 contre le World Trade Center – exhorte ses partisans à s'attaquer partout à l'Amérique, « à abattre leurs avions, incendier leurs entreprises et couler leurs navires ».

Les autorités américaines tiennent Oussama Ben Laden pour responsable des attentats à la bombe du 7 août 1998 contre les ambassades américaines de Nairobi au Kenya et de Dar es-Salaam en Tanzanie ayant fait respectivement 213 morts dont 8 Américains et 11 morts, tous tanzaniens. En représailles, – le 12 août 1998 – l'aviation américaine bombarde trois camps d'Al-Qaïda. Une dizaine de jihadistes est tuée ainsi que 5 membres de l'ISI, les services secrets de l'armée pakistanaise. Islamabad émet une protestation officielle expliquant qu'il s'agissait d'officiers de liaison ayant pour mission de surveiller l'activité des partisans de Ben Laden.

Le 12 octobre 2000, la frégate USS Cole est la cible d'une attaque dans le port d'Aden au Yémen. L'attentat-suicide, qui provoque la mort de 17 marins est attribué à Al-Qaïda.

Les attentats du 11 Septembre

Et ce furent les attentats du 11 septembre 2001 : quatre attentats-suicides perpétrés le même jour aux États-Unis par des membres d'Al-Qaïda.

Dans son rapport publié fin août 2004, la Commission nationale sur les attaques terroristes contre les États-Unis[1] établit la responsabilité d'Al-Qaïda et affirme que les 19 terroristes étaient membres de cette organisation. Le rapport précise aussi que le commanditaire des attentats n'est autre qu'Oussama Ben Laden. Khaled Cheikh Mohammed[2] a été

1. Créée en 2002.
2. Khaled Cheikh Mohammed, né en 1965 à Koweït dans une famille d'origine pakistanaise, oncle de Ramzi Youssef, planificateur des attentats du 11 Septembre, a été arrêté au Pakistan en 2003. Il est détenu à Guantánamo. Après son élection en janvier 2009, Barack Obama a demandé la suspension de tous les procès tenus par les commissions militaires de Guantánamo. Le juge militaire en chef à Guantánamo a refusé dans un premier temps de suspendre le procès avant d'obtempérer. En décembre 2009, la chaîne NBC rapporte qu'un grand jury fédéral le renvoie devant un tribunal de droit commun.

désigné comme le principal organisateur et a reconnu les faits lors de son procès.

Sur une vidéo diffusée par la chaîne Al-Jazeera le 7 octobre 2001, on voit Oussama Ben Laden et plusieurs de ses compagnons se réjouir de la destruction des deux tours du World Trade Center. Ils plaisantent et rient comme des gosses qui viennent de remporter une partie de jeu vidéo ou de faire une bonne farce à la planète entière. S'ensuit un message plus solennel : « Dieu Tout-Puissant a frappé les États-Unis en leur point le plus vulnérable. Il a détruit leurs plus grands bâtiments. Louange à Dieu. Les États-Unis sont remplis de terreur du nord au sud et de l'est à l'ouest. Louange à Dieu (...) Il a permis à un groupe de musulmans à l'avant-garde de l'islam de détruire les États-Unis. Je lui demande de leur accorder le paradis. »

Oussama Ben Laden revendique expressément les attentats le 13 décembre 2001 : « Nous avons calculé à l'avance le nombre d'ennemis qui seraient tués, d'après la structure de la tour. Nous avons estimé que trois ou quatre étages seulement seraient touchés. J'étais le plus optimiste de tous (...) En raison de mon expérience dans le domaine, je pensais que l'incendie du carburant de l'avion ferait fondre la structure en fer du bâtiment, et que cela provoquerait uniquement l'effondrement des étages percutés par l'avion et de ceux situés au-dessus. C'est tout ce que nous espérions. » Comme il le laisse entendre dans cette vidéo, Oussama Ben Laden n'avait pas prévu l'effondrement des tours du WTC et le retentissement de cette attaque.

Le 30 octobre 2004, Ben Laden déclare : « Je vous le dis, Allah sait qu'il ne nous était pas venu à l'esprit de frapper les tours. Mais après qu'il fut devenu insupportable de voir l'oppression et la tyrannie de la coalition américano-israélienne contre notre peuple de Palestine et du Liban, j'ai alors eu cette idée. »

Pourquoi les États-Unis n'ont-ils rien vu venir[1], alors qu'un Ben-Ladengate avait déjà été évoqué à deux reprises : après le premier attentat contre le WTC en février 1993 et après les attaques de Nairobi et Dar es-Salaam d'août 1998. Le terme « Ben-Ladengate » s'est répandu dans les rédactions parce que chaque fois que le FBI a mis en cause des réseaux jihadistes, parfaitement connus des services secrets de l'armée américaine et de la CIA depuis leur collaboration en Afghanistan, la Maison Blanche a pris le parti de la CIA contre les enquêteurs du FBI, estimant que le soutien aux différents réseaux de l'islamisme sunnite – Frères musulmans et groupes jihadistes soutenus par l'Arabie saoudite – était géopolitiquement plus profitable que leur dénonciation. Cette position s'explique par la priorité américano-israélienne donnée à la menace iranienne et à celles que représentent aux yeux de Washington les alliés de Téhéran : la Syrie, le Hezbollah libanais et le Hamas palestinien. D'une certaine manière, cette position s'explique encore par le pacte du Quincy[2] qui, depuis février 1945, continue à réguler les intérêts énergétiques et stratégiques des États-Unis aux Proche et Moyen-Orient.

1. Voir Mythologie 4 : Le syndrome de Pearl Harbor.
2. Voir Mythologie 1 : Les mille et une nuits du Quincy.

Retour sur la rencontre de Dubaï

Proche de la direction administrative de l'hôpital américain de la Cité entrepôt[1], l'homme accepte notre rendez-vous à l'hôtel *Sheraton* de Dubaï. Fréquentant depuis des années l'oligarchie politico-religieuse de la petite ville de 350 000 habitants, ce musulman pratiquant est consterné par « l'évolution pro-occidentale » des élites de la péninsule arabique et choqué d'avoir à vivre entre McDonald's, Planet Hollywood, Kentucky Fried Chicken et une « mosquée vendue aux impies ». Il affirme qu'Oussama Ben Laden, l'homme le plus recherché par les États-Unis, a séjourné à l'Hôpital américain de Dubaï entre le 4 et le 14 juillet 2001. Les services secrets occidentaux qui suivent Ben Laden à la trace – depuis août 1998[2] – font état d'un trou dans son emploi du temps durant cette même période.

– Ainsi, Ben Laden serait venu se faire soigner à l'Hôpital américain de Dubaï deux mois seulement avant les attentats du 11 Septembre ?

– Oui, il était bien ici au début du mois de juillet 2001. Venant de l'aéroport de Quetta au Pakistan, il a été transféré directement à l'Hôpital américain. Vraisemblablement accompagné de son médecin personnel et fidèle lieutenant Ayman al-Zawahiri – quoique sur ce point les témoignages

1. *Dubaï, cité globale* (sous la direction de Roland Marchal, de Fariba Adelkhah et de Sari Hanafi). CNRS-Éditions, Paris, 2001.
2. Période qui correspond aux attentats contre les ambassades américaines de Nairobi (Kenya) et Dar es-Salaam (Tanzanie), perpétrés le 7 août 1998.

ne sont pas concordants –, de quatre gardes du corps et d'un infirmier algérien, Ben Laden a été admis à l'Hôpital américain, un bâtiment de verre et de marbre situé entre Al-Garhoud Bridge et Al-Maktoum Bridge, non loin du centre commercial bien connu qu'est le Wafi Center. Chaque étage de l'hôpital comporte des suites « VIP » et une quinzaine de chambres. Le milliardaire saoudien a été installé au quatrième étage dans le département d'urologie du docteur Terry Callaway, spécialiste des calculs rénaux et de l'infertilité masculine[1]. Il est reparti aux alentours du 14 juillet.

Un vol quotidien Quetta-Dubaï est assuré respectivement par Emirates Airlines et Pakistan Airlines. Plusieurs témoignages recueillis à l'aéroport de Quetta confirment que des vols réguliers d'appareils privés immatriculés aux Émirats ou en Arabie saoudite desservent fréquemment Dubaï sans enregistrement, ni plan de vol et que plusieurs dignitaires du régime taliban de Kaboul effectuaient fréquemment le voyage pour affaires et « loisirs ».

– De quoi souffrait-il ?

– Il souffrait d'une affection rénale, et cela depuis de nombreuses années. L'Hôpital américain de Dubaï possédant un département d'urologie très réputé, Ben Laden est venu à plusieurs reprises consulter et faire des examens impossibles à entreprendre dans les hôpitaux pakistanais qui ne sont pas équipés pour ce genre de traitements.

1. Joint par téléphone à plusieurs reprises, le docteur Callaway n'a pas souhaité s'exprimer.

En mars 2000 déjà, s'appuyant sur un rapport des services secrets thaïlandais, l'hebdomadaire *Asia Week*, publié à Hongkong s'inquiétait de la santé de Ben Laden, faisant état d'un grave problème physique et précisant que ses jours étaient en danger à cause « d'une infection rénale qui se propageait au foie, nécessitant des soins très spécialisés ». Selon des sources policières pakistanaises, Oussama Ben Laden se serait fait livrer un matériel mobile de dialyse dans son repaire afghan de Kandahar durant le premier semestre 2000. Début 2001, il aurait effectué plusieurs séjours à l'Hôpital central de Lahore au Pakistan pour y subir une série de dialyses.

Notre témoin précise que ce déplacement sanitaire à Dubaï pouvait être le troisième. « Les rapports entre l'émirat et l'Arabie saoudite ont toujours été très étroits », explique un banquier de Dubaï et « les princes des familles régnantes qui avaient reconnu le régime des Taliban se rendaient souvent en Afghanistan ». L'un d'eux, grand amateur de chasse au faucon, ami des États-Unis et du prince Turki, se déplaçait souvent pour chasser sur les terres contrôlées par Ben Laden et ses partisans en Afghanistan. Les deux hommes se connaissaient bien et s'appréciaient. Lorsque Oussama Ben Laden est tombé malade, c'est tout naturellement qu'il est venu se faire soigner à Dubaï, à l'invitation de son compagnon de safari.

Selon plusieurs sources policières arabes, Oussama Ben Laden s'est rendu, en effet, plusieurs fois à Dubaï entre 1996 et 1998 pour raisons de santé, mais aussi pour régler quelques dossiers financiers[1]. Le 27 septembre 2001, la banque centrale des Émirats arabes unis a annoncé avoir ordonné le gel des comptes et des investissements de 26 personnes ou organisations soupçonnées d'entretenir des relations d'affaires avec la mouvance de Ben Laden. La Dubaï Islamic Bank était particulièrement montrée du doigt depuis 1999. Mais dès le début des représailles militaires américaines en Afghanistan, en octobre 2001, et pendant plusieurs semaines, le consul taliban a transféré de Kaboul à Dubaï des fonds appartenant à la banque centrale afghane à hauteur de trois millions de dollars par jour, en or et bijoux, ce qui permettait de contourner le gel des avoirs bancaires.

– Oussama Ben Laden a-t-il reçu des visiteurs ?

– Durant son hospitalisation, il a reçu la visite de plusieurs membres de sa famille, dont sa mère et de différentes personnalités saoudiennes et émiraties. Après le 10 juillet – je ne me souviens pas du jour exact –, empruntant l'ascenseur principal de l'hôpital, j'ai croisé un Américain que tout le monde connaît ici. Il est sorti à l'étage du département d'urologie.

– Un Américain ? Vous voulez dire une personne privée ?

– Non, il s'agissait d'un membre du consulat qui est, en fait, l'antenne locale de la CIA.

– Comment le savez-vous ?

– Tout le monde le connaît ici. Dubaï est un petit territoire. La police est très présente et sait tout ce qui se passe. Demandez autour de vous dans la communauté des expatriés,

1. Voir Mythologie 8 : La traque des dollars de la terreur.

vous verrez, tout le monde vous dira qui est ce monsieur et ce qu'il fait chez nous. Lui-même ne s'en cache pas, surtout lorsqu'il participe à des rencontres très arrosées. Vous savez, les Occidentaux s'ennuient ici…

Confirmée par d'autres témoignages, l'histoire s'est répandue comme une traînée de poudre dans la petite colonie des expatriés qui séjournent dans l'émirat. Les Occidentaux se retrouvent vers 19 heures, dès la nuit tombée dans divers restaurants et clubs de la cité pour échanger les dernières nouvelles du pays et commenter la chronique locale autour de quelques alcools forts importés à prix d'or. La consommation d'alcool n'est pas interdite à Dubaï qui demeure l'émirat le plus libéral en la matière. Les expatriés apprécient cette « Amérique sans les Américains. » C'est dans ce contexte que l'agent de la CIA s'est vanté publiquement, notamment devant un cadre de la General Electric, d'avoir rendu une visite de courtoisie au milliardaire saoudien.

– Ce contact entre son agent et le Cheikh avait-il eu l'aval de la hiérarchie de l'agence américaine de renseignement ? Les autres services de l'administration américaine étaient-ils au courant de cette visite surprenante ?

– Je ne peux pas répondre à cette question, mais je peux vous préciser le contexte. À son arrivée en Afghanistan, n'oubliez pas qu'Oussama Ben Laden était l'ami des Américains. Leurs intérêts communs contre les Russes étaient supervisés directement par le patron des services saoudiens, finançant de nombreuses activités de la résistance afghane. La CIA, à cette époque, participait à ce financement et à l'approvisionnement en matériel militaire. En 1989, au départ des troupes russes d'Afghanistan, les Américains – comme ils l'ont fait souvent ailleurs également – ont laissé tomber ces alliés pittoresques. Ils n'avaient plus de raisons immédiates de continuer à soutenir l'effort de guerre de Ben Laden et des Taliban. De plus, en février 1991, les Marines se sont installés durablement à proximité des lieux saints de La Mecque et de Médine, ce qui était inconcevable pour le pieux Ben Laden et ses partisans. Les amis d'hier sont devenus brusquement les ennemis d'aujourd'hui. S'agissant des Émirats, la situation était différente. Ils ont toujours été des partenaires des États-Unis, comme de l'Arabie saoudite où Ben Laden était devenu une figure connue et importante et où sa famille est encore aujourd'hui très respectée.

– Pourquoi me racontez-vous tout cela ?

– Depuis les attentats du 11 septembre 2001, les Américains ont déclaré la guerre au terrorisme. Deux mois avant ces tragiques événements, un membre de l'administration américaine rencontrait Oussama Ben Laden. Je ne vous cache pas que cela me trouble et me révolte à la fois ! C'est pour cette raison que j'estime que la vérité doit être dite…

Recoupé et vérifié par d'autres témoignages, le récit de notre informateur atteste que la fameuse rencontre a eu lieu le 12 juillet 2001.

Révélée le 31 octobre 2001 par Radio France Internationale (RFI) et *Le Figaro*, l'information est aussitôt démentie par le directeur de l'hôpital, Bernard Koval : « Oussama Ben Laden n'a jamais été ici. Il n'a jamais fait partie de nos patients et n'a jamais été soigné ici. Cet hôpital est trop petit pour que quelqu'un puisse y être admis à la dérobée par une porte de service », déclare-t-il le même jour à l'AFP. Le 1er novembre 2001, un porte-parole de la CIA, Anya Guelsher ajoute : « Il s'agit d'une absurdité totale. » Le lendemain, RFI révèle l'identité de l'agent de la CIA qui, selon ses informations, a bel et bien rencontré Ben Laden.

Le représentant local de la CIA qui a rendu visite à Oussama Ben Laden le 12 juillet 2001 à l'Hôpital américain de Dubaï s'appelle Larry Mitchell. Si sa carte de visite précise qu'il est agent consulaire, chacun sait effectivement à Dubaï, notamment dans le petit milieu des expatriés, qu'il travaille sous couverture pour l'agence américaine de renseignement. Bon connaisseur du monde arabe et de la péninsule sans être un arabisant confirmé, Larry Mitchell est un personnage haut en couleur qui égaie souvent les soirées un peu mornes de l'émirat. L'un de ses proches a coutume de dire que son exubérance naturelle met souvent en péril son devoir de réserve, mais que sans lui, la vie à Dubaï serait mortelle... Toujours est-il qu'il a quitté précipitamment l'émirat pour les États-Unis le 15 juillet 2001. À Langley, au siège de la CIA, on explique qu'il est rentré au pays pour... se marier ! Et lorsqu'on demande s'il est possible de le rencontrer, le porte-parole Anya Guelsher répond, sans rire, qu'il est en voyage de noces.

Un petit retour en arrière est ici nécessaire, à double titre. Il permettra d'abord d'éclairer un point d'histoire et, ensuite d'apprécier le sérieux de certains communiqués officiels.

Passée maître dans l'art de la transparence sélective, l'Agence qualifiait déjà, une vingtaine de jours après les attentats du 11 Septembre, au cours d'un point de presse officiel dont le compte rendu est daté du 5 octobre 2001, de « rumeurs sans fondement » les informations selon lesquelles la CIA « avait eu, dans le passé, des contacts avec Ben Laden et son entourage, notamment à l'époque de la guerre des Soviétiques en Afghanistan ». Or, il se trouve que ce communiqué est en complète contradiction avec les déclarations de plusieurs représentants de l'administration américaine elle-même.

Robert Gates, l'ancien directeur de la CIA, affirme dans ses Mémoires que les services américains ont commencé à aider les Moudjahidine afghans, dont les amis d'Oussama Ben Laden, six mois avant l'intervention de l'armée soviétique. Cette affirmation, qui anéantit le communiqué de la CIA du 5 octobre 2001, a été commentée à plusieurs reprises par Zbigniew Brzezinski, l'ancien conseiller à la Sécurité nationale du président Jimmy Carter. Ce dernier précise : « Selon la version officielle de l'histoire, l'aide de la CIA aux Afghans a débuté courant 1980, c'est-à-dire après l'intervention soviétique du 24 décembre 1979. Mais la réalité gardée secrète jusqu'à présent est tout autre. » Et Brzezinski poursuit : « C'est le 3 juillet 1979 que le président Carter a signé la première directive sur l'assistance clandestine aux opposants du régime pro-soviétique de Kaboul. Et ce jour-là, j'ai écrit une note au président pour lui expliquer qu'à mon avis, cette aide allait entraîner une intervention militaire de Moscou. » Et l'ancien conseiller du président Carter n'est pas peu fier d'avoir ainsi contribué à précipiter l'ours russe dans le guêpier afghan. « Belle revanche en souvenir du Vietnam », aime-t-il ajouter.

Quoi qu'il en soit, l'agent Larry Mitchell était toujours en voyage de noces en 2006[1]. Depuis les révélations de RFI et du *Figaro*, la quasi-totalité du personnel du consulat américain de Dubaï a été remplacée. À l'Hôpital américain, une enquête administrative interne a entraîné plusieurs licenciements secs et un changement de la procédure d'admission des patients. Ces derniers ne peuvent plus être enregistrés sous des identités factices : passeport et recommandations sont désormais dûment exigés. La page du fichier des entrées concernant Oussama Ben Laden, sous le patronyme de – Hassan al-Talal – a disparu.

Quelques grands experts de la presse parisienne ont eux aussi hâtivement et péremptoirement démenti l'information, comme d'autres spécialistes de la spécialité, experts en benladenologie qui ont trop tendance à considérer ces questions sensibles comme relevant de leur seul fonds de commerce. Outre le fait que plusieurs services européens et arabes de renseignement aient confirmé la rencontre de Dubaï, la réaction d'autres observateurs privilégiés est très instructive et donne, peut-être, la vraie signification de cette étrange péripétie.

New York – samedi 10 novembre 2001. Hubert Védrine, le chef de la diplomatie française, vient de terminer son

1. En 2008, Larry Mitchell a cherché à entrer en contact avec l'auteur à plusieurs reprises. Il était en poste à Lagos au Nigéria. Plusieurs tentatives de rencontre ont été annulées au dernier moment à Genève et à Paris.

intervention à la tribune de la 56e session de l'assemblée générale des Nations unies[1]. Plusieurs journalistes l'accompagnent dont l'auteur de ces lignes à qui l'un des membres de la délégation française fait passer un billet l'invitant à rappeler un numéro de téléphone portable, sans plus de précision.

– Le prince aimerait vous voir, me dit l'interlocuteur dans un anglais parfait.

Rendez-vous est pris pour le soir même à l'hôtel *Four Seasons*, 57-57e rue. Trois personnes strictement sanglées dans des costumes trois pièces sombres m'attendent et m'invitent dans une suite du quatrième étage.

– Le prince va vous recevoir dans quelques minutes.

La télévision est allumée – les clips de CNN se succèdent – mais le son est coupé. Un homme à la quarantaine rondouillarde et joviale entre dans le salon et me serre la main chaleureusement. Il se présente comme l'un des conseillers de l'émir de Bahreïn. Le thé arrive. Mon interlocuteur, ayant précisé qu'il est sunnite, se livre à un réquisitoire en règle contre les services saoudiens pendant une bonne quinzaine de minutes. Il explique ensuite que la rencontre de Dubaï a été organisée à l'initiative des Saoudiens et plus précisément par le prince Turki al-Fayçal, limogé à la veille des attentats de septembre 2001.

Fournissant des détails précis recoupant le récit de notre principal informateur de Dubaï, le prince indique que les Égyptiens qui suivent à la trace Ayman al-Zawahiri peuvent

1. Voir Mythologie 10 : Nouvelles menaces/nouvelles ripostes.

également confirmer ses dires. En organisant cette rencontre, conclut le prince, Turki pensait pouvoir amorcer une négociation directe entre Ben Laden et la CIA, sur un point essentiel : la cessation des hostilités engagées par la mouvance jihadiste contre les intérêts américains. En contrepartie, la CIA et les services saoudiens s'engageaient à favoriser son retour dans son pays natal, bien qu'il soit officiellement déchu de sa nationalité saoudienne depuis juillet 1994.

La rencontre de Dubaï fut donc un échec.

Au quatrième thé, le prince me conseille de prendre en compte une autre négociation parallèle, autrement plus importante : celle que les États-Unis ont tentée à trois reprises avec les Taliban – en novembre 2000, mars 2001 et du 17 au 20 juillet 2001 – tandis qu'avec l'aide du Pakistan, le Département d'État américain essayait encore d'obtenir des autorités de Kaboul l'extradition de Ben Laden en échange d'importants contrats gaziers.

Depuis lors, la rencontre de Dubaï a été officieusement confirmée à l'auteur par des officiels américains : une première fois en 2006 par un attaché de défense de l'ambassade des États-Unis à Paris, une deuxième au siège des Nations unies à New York par l'un des dirigeants de la Rand Corporation à l'issue d'une réunion sur la coopération antiterroriste en février 2008, enfin une troisième fois par un colonel des forces spéciales américaines lors d'un colloque de l'armée turque à Istanbul en février 2011. À plusieurs reprises, les services algériens et syriens ont fait état des modalités pratiques de cette tentative de négociation avec Ben Laden, alors qu'ils cherchaient à développer leurs coopérations bilatérales avec plusieurs de leurs homologues européens.

Ces mêmes services confirment que le fait d'avoir transformé Oussama Ben Laden en « ennemi public numéro 1 » mondial n'a certainement aidé, ni à sa capture, ni à la lutte antiterroriste. Au contraire, estiment-ils, cette amplification d'un destin, somme toute assez ordinaire, aura passablement contribué à nourrir et démultiplier la menace. Individu médiocre, « sociopathe ordinaire », pour reprendre l'expression d'Alain Chouet, Oussama Ben Laden a été fabriqué comme un « ennemi public numéro 1 » dont il n'avait certainement pas la carrure.

Mais au-delà des péripéties biographiques de cet enfant gâté qui a mal tourné, l'ensemble des services de renseignement et de sécurité du monde entier a consacré d'énormes budgets à l'étude et à la compréhension de l'organisation Al-Qaïda. Là aussi, nombre de malentendus et d'interprétations politiques délibérément fabriqués ont nourri la mythologie, favorisé et amplifié la menace.

MYTHOLOGIE 3

Al-Qaïda, menace globale !

Al-Qaïda menace globale. Al-Qaïda partout, donc nulle part… En définitive, Al-Qaïda n'existe pas ! L'affirmation a pu être prise au pied de la lettre par quelque benêt n'ayant pas compris ou n'ayant pas voulu comprendre qu'il n'était pas question de verser dans le négationnisme, mais de provoquer une réflexion salutaire qui remette en cause la doxa dominante ayant érigé Al-Qaïda en organisation opérationnelle globale à l'origine de toute espèce d'action terroriste. C'est, en tout cas, avec cette intention que je proposais une tribune au *Figaro* qui fut publiée sous le titre « Al-Qaïda, l'ennemi mythologique[1]. »

Ne trouvant pas à y changer une virgule, je me permets de la reproduire pour revenir ensuite à l'organisation elle-même jusqu'à la mort d'Oussama Ben Laden, et au-delà pour mieux évaluer la permanence, sinon la reconfiguration de la menace :

1. 24 novembre 2003.

« Il n'est pas un attentat terroriste, aujourd'hui dans le monde, qui ne soit automatiquement attribué à Al-Qaïda, considérée comme une organisation opérationnelle transnationale, sinon planétaire et par conséquent nécessitant une réponse planétaire : la guerre contre la terreur, chère aux néoconservateurs américains. À une mauvaise analyse correspondent, bien évidemment, de mauvaises réponses, tant il est vrai que, depuis qu'elle a été déclenchée, cette guerre planétaire contre la terreur n'a pas vraiment amélioré, ni la paix, ni la sécurité mondiales. Au contraire, la fuite en avant alimentée par l'occupation américano-britannique de l'Irak et la gestion calamiteuse de la confrontation israélo-palestinienne ne font que renforcer la menace et le ressentiment du monde arabo-musulman à l'encontre des nouveaux « croisés » d'un Occident dépositaire d'un bien étalon à l'usage de toutes les civilisations...

« Le malentendu, sinon le contresens, remonte à l'interprétation des attentats du 11 septembre 2001 que d'aucuns ont cru bon d'analyser comme une coupure historique aussi importante que celle de la fin de la guerre froide : le monde ancien finissait, un nouveau commençait... À cette illusion d'optique, il faut opposer une remise en perspective. En septembre 2001, lorsque surviennent les attaques aériennes de New York et de Washington, les groupes jihadistes d'inspiration salafistes (influencés par les Frères musulmans égyptiens et les wahhabites saoudiens) massacrent déjà depuis une dizaine d'années en Algérie, en Égypte, dans la Corne de l'Afrique et en Asie du Sud-Est. Le premier attentat contre le World Trade Center remonte à février 1993 ; 63 personnes sont massacrés à Louxor en novembre 1997 ; les attentats d'août 1998 pulvérisent les ambassades américaines au Kenya et en Tanzanie. En réponse à l'installation durable de soldats américains en Arabie saoudite aux abords des lieux saints de l'islam, les groupes salafistes s'en prennent aux intérêts occidentaux et prônent la restauration d'un califat mythique et l'instauration d'une Oumma (communauté de tous les croyants) déterritorialisée. Renouant avec une ancienne filiation sectaire et satanique, la mouvance Ben Laden incarne la figure paroxystique de cet activisme qui aboutit aux attaques de septembre 2001. Ces derniers événements marquent d'autant plus l'aboutissement d'un cycle que le régime des taliban qui abritait et armait la mouvance Ben Laden est démantelé en décembre 2001.

« La campagne d'Afghanistan ouvre une deuxième période qui voit la recomposition et la sanctuarisation de la mouvance Ben Laden et de ses Afghans arabes dans le chaudron afghano-pakistanais, dans les zones tribales du Waziristan et la métropole portuaire de Karachi. Les groupes salafistes y bénéficient de plusieurs structures d'accueil : les quelque 300 madrasas (écoles coraniques) qui enseignent quotidiennement à plusieurs centaines de milliers d'« étudiants » la haine de l'Occident, les nombreux partis islamistes recrutant pour la guerre sainte du Cachemire et l'ISI, les services secrets de l'armée pakistanaise, protecteurs et formateurs des Afghans arabes depuis la guerre d'Afghanistan contre les Russes (1979-1989).

« La quasi-totalité des attentats commis depuis décembre 2001, notamment l'assassinat du journaliste Daniel Pearl à Karachi (janvier 2002), l'attentat commis contre la synagogue de Djerba (11 avril 2002), puis contre les techniciens français de la Direction des constructions navales (DCN) le 8 mai 2002 ramènent tous, peu ou prou, à l'épicentre de Karachi. Une troisième phase, enfin, voit émerger une nouvelle génération d'activistes. Formés et entraînés par des Afghans arabes, ces néo-salafistes qui n'ont jamais mis les pieds en Afghanistan, ni au Pakistan, se recrutent dans les mouvements islamistes qui incarnent l'opposition aux familles et régimes en place en Arabie saoudite, au Maroc, en Indonésie et tout dernièrement en Turquie. Pour eux, Oussama Ben Laden est devenu une icône et Al-Qaïda une référence symbolique et idéologique. Les auteurs de l'attentat de Bali (octobre 2002) ont été formés par l'armée indonésienne. Après la cession du Timor-Oriental, n'ayant pas obtenu la réalisation des promesses économiques et politiques agitées par les généraux indonésiens, ils se retournent contre leurs anciens commanditaires. Les responsables des explosions meurtrières survenues au Maroc en mai 2003 sont tous issus des bidonvilles de Casablanca ou de Tanger, dans un contexte où plus de la moitié de la population est victime de l'analphabétisme et où un lumpen-prolétariat exponentiel, de plus en plus difficilement canalisable, revendique une meilleure répartition de la rente touristique. En Arabie saoudite, les auteurs des attentats de mai 2003 et de ceux commis il y a deux semaines contre le complexe résidentiel d'al-Mohaya sont, en majorité, des fils de familles saoudiennes, de cette « bourgeoisie » d'origine yéménite qui fait fonctionner le pays et aspire aux responsabilités. Ces nouveaux activistes se gardent bien de cibler des objectifs saoudiens, évitant ainsi soigneusement de déclencher des vendettas locales ou tribales.

« Quant aux derniers attentats d'Istanbul, la police turque a presque immédiatement arrêté une vingtaine d'activistes locaux dûment fichés par les services de renseignement, même s'il est politiquement plus rentable pour le Premier ministre turc d'accabler l'ennemi ancestral arabe et le complot de l'étranger. Dès lors, la diabolisation d'Al-Qaïda est bien pratique. Superbe invention médiatique, griffe de haute couture sécuritaire, affiche consensuelle pour chasseurs de primes d'un autre âge, propagande grossière mais efficace : si Al-Qaïda n'existait pas, il faudrait l'inventer. Depuis le 11 septembre 2001, le label Al-Qaïda a subrepticement glissé de la désignation d'une bande de malfaiteurs dont Ben Laden était le chef à celle d'une organisation high-tech, puis, enfin à la qualification d'un réseau planétaire de type network : Al-Qaïda s'est "CNNisée" comme la chaîne Al-Jazeera qui sert sa communication. Al-Qaïda est partout, donc nulle part. Tel l'imam caché, Ben Laden, à la fois mort et vivant, est derrière chaque explosion de bombe inexpliquée. Son organisation est heureusement là pour donner sens à tous les désordres du monde.

« Le fantasme d'une Al-Qaïda planétaire et pyramidale, celui d'un orchestre vert ou d'une internationale en tous points conforme à celle du Komintern[1], est en train de justifier le plus grand redéploiement militaro-stratégique américain effectué depuis la fin de la Seconde Guerre mondiale. La guerre sans fin contre la terreur a remplacé la guerre contre le monstre communiste. Aussi, il n'est pas étonnant de voir aujourd'hui d'anciens experts de l'URSS reconvertir leur vieille scolastique aux couleurs d'une violence islamiste dont ils ignorent tout en lui appliquant les schémas d'une kremlinologie anachronique. Ces relais idéologiques des néoconservateurs américains montent la garde sur le Vieux Continent. Pour l'empire américain, il est important que la mythologie Al-Qaïda dure et perdure. Pour survivre, l'empire a impérativement besoin d'un ennemi à sa taille et de faire la guerre : une guerre sans fin ». Fin de citation.

C'est dans le contexte épistémologique et idéologique d'une telle mise au point que l'organisation Al-Qaïda doit être interrogée à travers son histoire, sa structuration et ses restructurations successives. On y voit le surgissement d'une séquence que l'on peut qualifier d'« anomique », parce qu'elle ne correspond à aucun autre développement antérieur dans la longue histoire des violences civiles et politiques. En leurs temps, les sociologues Jean Duvignaud et Alain Pessin ont perçu tout l'apport cognitif du concept d'anomie utilisé par Durkheim pour proposer une approche scientifique du

1. L'Internationale communiste ou Komintern d'après son nom russe ou Troisième Internationale, est née d'une scission de l'Internationale ouvrière, le 2 mars 1919 à Moscou sous l'impulsion de Lénine et des bolcheviks : l'Internationale communiste regroupa les partis communistes qui avaient rompu avec les partis socialistes de la IIe Internationale.

suicide. L'anomie s'exprime doublement à travers des hommes aux comportements « anomiques », provoquant eux-mêmes des situations, sinon des mutations « anomiques ».

Alain Pessin : « Ravachol, Henry, les membres de la bande à Bonnot, n'ont pas la puissance imaginative de Bakounine. Mais l'anomie qui les bouleverse et quelquefois en effet les égare, n'est pas le fait de leur personne. Leurs gestes, leurs tentations violentes, n'étaient pas toujours en eux prévisibles. Eux se sont trouvés, à un moment donné de leur vie, réceptifs à un songe qui n'avait pas cours, qui était proprement indicible, et ne pouvaient trouver à se manifester que par des actes qui continuent de défier la rationalité politique. Des actes brusques, politiquement décalés, des actes qui sont censés faire justice immédiate, justice contre la justice pour Ravachol, justice contre le peuple soumis pour Henry ; des actes enfin qui échappent à toute signification politique pour la bande à Bonnot et qui ne reste, pour quelques égarés de l'anarchie, que de constituer un milieu retranché dans cette étrange fiction où la violence criminelle peut se faire passer pour l'impatience de vivre[1]. »

La naissance et le développement d'Al-Qaïda sont une histoire de figures tout aussi anomiques. Hormis celle d'Oussama Ben Laden, dont on a vu qu'elle n'éclaire pas à elle seule

1. Alain Pessin, *Le populisme/Populisme russe – populisme, mythe et anarchie*, Atelier de la création libertaire, Lyon, 1995.
Jean Duvignaud, *Anomie, hérésie et subversion,* éditions Anthropos, Paris, 1973.

la fabrique des attentats du 11 Septembre, celle d'un autre personnage est indissociablement liée à l'histoire de l'organisation terroriste : Ayman al-Zawahiri.

Sa fiche, telle qu'elle émane du service de documentation de la DGSE[1], indique : « Ayman al-Zawahiri (*alias* Abu Muhammad, Abu Fatima, Muhammad Ibrahim, Abu Abdallah, Abu al-Mu'iz, « the Doctor », « the Teacher »). Né en juin 1951 en Égypte, il parle l'arabe et le français (diplômé de l'université de médecine du Caire). Fondateur du Jihad Islamique Égyptien, il aurait perdu en janvier 2000 le contrôle de ce mouvement où seraient devenus majoritaires ceux qui désiraient déposer les armes. Il aurait alors été remplacé par Sarwat Salah Shehata. Ayman al-Zawahiri a eu ensuite un rôle de premier plan dans l'entourage d'Oussama Ben Laden dont il est devenu le conseiller et le médecin en Afghanistan. Il a été condamné à mort en février 1999 par la justice militaire égyptienne pour avoir été l'un des commanditaires de l'assassinat du président Sadate. Il a été désigné comme successeur de Ben Laden, qu'il a rencontré pour la première fois en 1987 au Pakistan. En 1997, il rejoint le Saoudien dans les montagnes d'Afghanistan et encourage la fusion entre Al-Qaïda et le Jihad islamique. Pour les Américains, il serait l'instigateur des attentats du 11 septembre 2001[2] ».

1. DGSE : Direction générale de la sécurité extérieure.
2. L'islamisme dans le monde – Base de données. DR/DSO – Bureau Documentation/Bibliothèque (Section exploitation). Novembre 2001.

Pur produit de la Confrérie égyptienne des Frères musulmans, ce bras droit d'Oussama Ben Laden nous amène à un troisième homme, issu lui aussi de la même mouvance : Abdallah Azzam.

La même source précise : « Cheikh Abdullah Azzam ou Abdallah Azem. Né dans la province de Jénine (Palestine) en 1941, il est élevé dans la religion musulmane et devient un propagandiste dès le plus jeune âge. Après des études dans un collège agricole, il rejoint l'Institut de la charia de l'université de Damas où il obtient un diplôme de loi islamique en 1966. Dès l'occupation de la Cisjordanie par Israël en juin 1967, il s'installe en Jordanie et rejoint le Jihad contre l'occupant israélien. Il se rend ensuite au Caire et obtient une maîtrise en charia à l'université Al-Azhar. En 1970, après l'expulsion de l'OLP de Jordanie, il séjourne à Amman comme enseignant à l'université. En 1971, il obtient une bourse pour retourner à l'université Al-Azhar et en ressort avec un doctorat sur les principes de la jurisprudence islamique. Ulcéré par la faible religiosité des mouvements palestiniens, il part pour l'Arabie saoudite enseigner dans plusieurs universités locales dont celle de Djeddah. Fasciné, Oussama Ben Laden qui fréquente ses cours en fait son mentor. Défenseur de la lutte armée, Azzam est l'un des premiers Arabes à rejoindre le Jihad afghan. Il se rend en 1979 à Islamabad et enseigne à l'université islamique internationale. Il s'installe ensuite à Peshawar, où il fonde « Bait-ul-Ansar » (La maison des partisans), puis le Maktab al-Khadamat (le bureau des services), et visite également de nombreux sites de résistance en Afghanistan. Il s'investit dans la restauration de l'unité parmi les combattants du jihad souvent divisés. Il est le principal acteur de l'islamisation du conflit afghan et de son rayonnement international. Selon Surya Gandadharan[1], le Cheikh Azzam aurait été recruté pour le jihad afghan aux États-Unis avec l'aide de la CIA. Cheikh Azzam dirigeait les éditions Azzam Publications à Londres qui avaient publié une biographie d'Oussama Ben Laden. Il est assassiné le 24 novembre 1989 par l'explosion d'une mine télécommandée. Il avait pour gendre l'islamiste Bounoua Boudjema dit Abou Anas. Abdullah Azzam est l'auteur de *Rejoignez la caravane* et *Défense des pays musulmans*[2]. »

Comme on l'a vu précédemment, avec la fondation du Maktab al-Khadamat (MAK) en 1984 à Peshawar s'écrit la préhistoire d'Al-Qaïda. C'est au sein de cette association destinée à financer l'installation des volontaires musulmans qui affluent au Pakistan pour s'engager dans la lutte armée contre les Soviétiques en Afghanistan, qu'Oussama Ben Laden s'initie au management jihadiste. Suite à des différends théologico-militaires avec son mentor Azzam et un an avant sa disparition brutale – en 1988 – Oussama Ben Laden crée la même année l'organisation d'accueil des volontaires musulmans : Al-Qaïda. Après la disparition d'Azzam, l'aile la plus radicale du MAK rejoint la structure de Ben Laden.

C'est à partir de 1994, après l'épisode soudanais et à travers cette nouvelle délocalisation « afghane » qu'Al-Qaïda va véritablement se développer et se transformer en structure

1. Site internet Strategic Affairs [www.stratmag.com].
2. *L'islamisme dans le monde, op. cit.*

militaire opérationnelle. C'est à travers son alliance avec ses nouveaux amis taliban, les nouveaux maîtres de l'Afghanistan, qu'Oussama Ben Laden va vraiment construire et développer Al-Qaïda et le réseau de groupes affiliés qui vont constituer, à défaut d'une véritable Internationale jihadiste, une nébuleuse transnationale ramifiée, polymorphe et plastique.

Fort de son implantation afghane qui s'appuie sur une dizaine de camps d'entraînement le long de la frontière afghano-pakistanaise, entre Khost et Kandahar, Oussama Ben Laden (ou plutôt Ayman al-Zawahiri) publie le 23 février 1998 la déclaration d'un « Front islamique mondial pour le jihad contre les juifs et les croisés ». Ce texte a valeur d'orientation programmatique, sinon de manifeste d'Al-Qaïda. Partant du rôle néfaste des États-Unis à l'encontre du monde arabo-musulman – l'Irak est cité ainsi que la question palestinienne – il désigne trois objectifs : le retrait de la présence américaine de la péninsule arabique, car des infidèles ne sauraient occuper tout ou partie de cette terre sacrée ; la levée de l'embargo contre l'Irak, celui-ci n'étant qu'un symbole supplémentaire de l'arrogance occidentale envers les pays musulmans ; enfin, la cessation du soutien à l'État d'Israël vu comme le principal vecteur de la division du monde arabo-musulman. À partir de ce manifeste, les divers représentants et porte-parole d'Al-Qaïda ne cesseront de répéter les mêmes orientations, exploitant la situation internationale et encourageant à combattre le « deux poids deux mesures » imposé au monde par « les puissances occidentales ». Ces appels ont été suivis d'effets, notamment en Irak où a pu être constaté l'afflux de « volontaires » à partir de mars 2003.

Mais au-delà du manifeste du 23 février 1998, Al-Qaïda a-t-elle élaboré une véritable stratégie politique ? Très clairement, la réponse est négative. À partir de la fin 2001, la perte du sanctuaire afghan, la chute du régime taliban et la nécessité de la clandestinité ont changé la donne. Désormais, les porte-paroles d'Al-Qaïda et les mouvements qui s'en réclament prônent une forme de nihilisme qui consiste à partager le monde en deux : les amis qu'il faut soutenir et les ennemis qu'il faut attaquer. Certes un peu simpliste, cette géopolitique dualiste viendra s'agréger à d'autres revendications économiques, politiques et culturelles régionales plus anciennes que l'on peut faire remonter au démantèlement de l'empire ottoman.

La riposte militaire américaine aux attentats du 11 septembre 2001 va non seulement détruire les infrastructures opérationnelles d'Al-Qaïda, mais aussi provoquer une triple délocalisation : celle du canal historique se repliant dans les zones tribales et la métropole portuaire de Karachi et celle des « volontaires » qui rejoindront soit leur pays d'origine, soit les « jihad de repli », inaugurés à partir du retrait soviétique d'Afghanistan (fin 1989) en Asie du sud-est, au Yémen, dans la Corne de l'Afrique, au Sahel ou en Europe.

Avec un certain sens de la provocation, dire « Al-Qaïda n'existe pas ! », signifie qu'elle n'est plus une structure opérationnelle dès le lendemain des attentats du 11 Septembre. Encore capable de mener quelques opérations extérieures à partir du Pakistan jusqu'en 2002, Al-Qaïda ne dispose plus d'outil militaire à proprement parler : bases, laboratoires et camps d'entraînement. Durant la première moitié des années 2000, nombre de ses cadres opérationnels ont été tués ou capturés. Al-Qaïda peine à les remplacer et à sécuriser leurs déplacements. À une structure opérationnelle désormais défaillante, sinon inexistante, les vétérans de l'organisation vont substituer une résurrection symbolique, une sorte d'existence virtuelle en investissant Internet : les sites se réclamant d'Al-Qaïda vont fleurir et se démultiplier.

Ce dédoublement du réel, ce phénomène de diffraction, voire cette supplantation symbolique, vont subjuguer les benêts dont nous parlions au début de cet ouvrage, qui ne vont cesser d'attribuer à Al-Qaïda les différentes résurgences du phénomène terroriste. Plusieurs organisations « régionales » vont s'emparer du nom, comme par exemple AQMI (Al-Qaïda au Maghreb islamique), qui n'est que la nouvelle appellation du GSPC algérien (Groupe salafiste pour la prédication et le combat) depuis la fin 2006, lui-même issu des tristement célèbres Groupes islamiques armés (GIA) apparus en Algérie dès le début des années 1990. D'autres apparaîtront en Irak, Arabie saoudite, Yémen, Asie du Sud-est, Libye, etc. « Des groupes et groupuscules se constituent de temps à autre, même dans les pays occidentaux, qui agrègent des individus au passé divers dont certains se sont entraînés en Afghanistan », explique un ancien responsable du contre-terrorisme de la DST, « ils diffusent les messages des deux leaders d'Al-Qaïda avant de se lancer dans des actions terroristes. Pensons seulement aux attentats commis dans les trains de Madrid en mars 2004 et dans les transports publics de Londres en 2005… Sans compter les opérations déjouées par différents services européens[1]. »

Avant les attentats du 11 septembre 2001, Al-Qaïda dispose d'un Conseil – *majliss al-choura* – et de cinq comités (lutte armée, ressources financières, affaires juridiques, questions religieuses et communication extérieure). Si l'on parle d'Al-Qaïda *stricto sensu* (certains disent « Al-Qaïda centrale »), le nombre de ses membres, au demeurant très difficile à évaluer, n'a jamais dépassé quelques centaines. Actuellement, le nombre des « rescapés » est sans doute assez réduit. En revanche, si l'on parle de la nébuleuse, c'est-à-dire de l'ensemble des organisations, groupes, groupuscules, mouvements et individus qui s'en réclament, on peut estimer son format à plusieurs milliers de personnes. « Désormais, et *a fortiori* depuis la mort d'Oussama Ben Laden », poursuit l'ancien responsable de la DST, « ces différentes entités ont leur propre agenda et ne dépendent nullement du leadership d'Al-Qaïda, avec laquelle les relations sont pratiquement inexistantes et qui ne participe nullement à leur financement. Par contre, elles sont réactives aux consignes et encouragements donnés périodiquement par Al-Zawahiri et d'autres personnalités, qui s'efforcent d'occuper la vidéosphère et d'autres espaces multimédias. »

1. Entretien avec l'auteur le 22 avril 2006.

Les chiffres de la nébuleuse ont fluctué en fonction d'événements particuliers qui ont entraîné un afflux de volontaires, comme en Irak à partir de mars 2003 avec la guerre anglo-américaine. La seconde guerre de Tchétchénie a attiré d'autres volontaires, mais en plus petit nombre, le conflit étant moins médiatisé et l'accès aux zones de combat présentant nombre de difficultés. L'évolution des situations en Somalie et dans l'ensemble du Sahel doit être suivie de près mais le nombre de volontaires étrangers a été jusqu'à présent très limité. Sur ces différents théâtres, on a plutôt assisté à une reconversion, sinon à un « blanchiment » de vieilles associations criminelles et mafieuses sous le label « Al-Qaïda » ou d'autres devantures jihadistes franchisées.

Le concept de « rhizome », cher à Gilles Deleuze et Félix Guattari[1] rend idéalement compte du phénomène. Le rhizome peut prendre des formes extrêmement diverses. Ces formes s'agencent selon des principes de connexion et d'hétérogénéité : « À la différence des arbres ou de leurs racines, le rhizome connecte un point quelconque avec un autre point quelconque. (…) Il n'est pas fait d'unités, mais de dimensions ou plutôt de directions mouvantes. Il n'a pas de commencement, ni de fin, mais toujours un milieu par lequel il pousse et déborde. »

Aux systèmes de pouvoirs centrés et pyramidaux, les auteurs de *Mille plateaux* opposent « des systèmes a-centrés, réseaux d'automates finis, où la communication se fait d'un

1. Gilles Deleuze et Félix Guattari, *Mille Plateaux – Capitalisme et schizophrénie*, éditions de Minuit, Paris, 1980.

voisin à un voisin quelconque, où les tiges ou canaux ne préexistent pas, où les individus sont tous interchangeables, se définissent seulement par un état à tel moment, de telle façon que les opérations locales se coordonnent et que le résultat final global se synchronise indépendamment d'une instance centrale. » Ainsi, « contre les systèmes centrés (même polycentrés), à communication hiérarchique et liaisons préétablies, le rhizome est un système a-centré, non hiérarchique et non signifiant, sans Général, sans mémoire organisatrice ou automate central, uniquement défini par une circulation d'états (…) : toutes sortes de devenirs. »

Cette structure en rhizome déjoue toute lecture univoque et pyramidale. Elle nous confronte à un ordre enchaînant les événements les uns aux autres en fonction de stratégies ponctuelles, plurielles, privilégiant la vitesse de l'opportunité et de l'instant présent à une vision hiérarchisée et stratégique du monde et des hommes. Dans cette pure logique événementielle, qui semble façonner le champ politique tel que le conçoivent les partisans d'Oussama Ben Laden, s'inscrit la causalité terroriste. Il s'agit ici de privilégier le passage à l'acte, comme s'il pouvait à lui seul, et par lui-même, suffire au projet politique idéal de la *oumma*, la communauté fantasmée rassemblant tous les fidèles du monde.

Dès 2003[1], nous essayions d'expliquer aux benêts que le « milieu » de la nébuleuse, c'était Oussama Ben Laden : lui-même, sa famille et ses proches. Là où l'examen d'une

1. Richard Labévière, *Les coulisses de la terreur*, éditions Grasset, Paris, 2003.

organisation pyramidale aurait dégagé des filiations directes ou linéaires, notre tentative se heurtait à un tissu de « et », un tissu proprement séquentiel. Comme le soulignent encore Deleuze et Guattari : « Il y a dans cette conjonction assez de force pour secouer et déraciner le verbe “être” ». À un système tabulaire – autant de strates géologiques constitutives d’un relief –, il faut préférer un système de séquences, considérées comme autant d’attributs de la mouvance Al-Qaïda.

Examinons maintenant les séquences américaine puis saoudienne.

MYTHOLOGIE 4

Le syndrome de Pearl Harbor

L'attaque du dimanche 7 décembre 1941 sur Pearl Harbor par la chasse japonaise provoqua une onde de choc dans l'opinion publique américaine et à la tête de l'armée et de l'État. La presse et la classe politique ne tardèrent pas à poser la question des responsabilités. À l'évidence, plusieurs erreurs avaient été accumulées : la veille radar avait fait défection ; l'entrée de la rade n'était pas protégée par des filets anti-torpilles et les bateaux étaient alignés côte à côte par manque de place, offrant ainsi des cibles idéales.

Après différentes commissions d'enquête et d'intenses polémiques, une thèse controversée se répandit selon laquelle le président Roosevelt était au courant de l'attaque et qu'il l'avait laissée se produire afin de mobiliser l'opinion pour qu'elle cautionne l'entrée en guerre des États-Unis. Ce récit fut d'abord avancé par les officiers cassés de leur commandement à la suite des commissions d'enquête. Se disant victime d'une machination destinée à occulter les responsabilités du gouvernement et de l'état-major, l'amiral Husband E. Kimmel développe la thèse du complot dans ses Mémoires parus en

1955. Dans un autre livre de la même veine, le contre-amiral Robert Theobald, adjoint de Kimmel écrit : « Notre conclusion principale est que le président Roosevelt contraignit le Japon à faire la guerre en exerçant sur lui une pression diplomatique et économique constante pour l'inciter à ouvrir les hostilités par une attaque surprise. Le maintien de la flotte du Pacifique dans les eaux hawaïennes était l'appât. »

Cette théorie fut ensuite reprise par les adversaires politiques de Roosevelt. Après la fin de la guerre, l'enchaînement des erreurs ayant contribué à l'ampleur du désastre fut utilisé par les Républicains pour attaquer le camp démocrate. Plusieurs historiens américains ont essayé de démontrer l'implication du président, tandis que d'autres cherchaient à le disculper.

En l'état de la recherche historique, rien ne permet d'affirmer aujourd'hui que Roosevelt était au courant de l'attaque sur Pearl Harbor[1]. Si le président des États-Unis était bien conscient des risques de guerre, liés à ses soutiens apportés au Royaume-Uni, à l'URSS et à la Chine, on ne dispose pas de fait nouveau, d'archive ou de témoignage attestant qu'il fut au courant de l'attaque de Pearl Harbor avant qu'elle ne se produise. Et l'ampleur des dégâts semble bien s'expliquer par la convergence d'une minutieuse préparation des Japonais et d'une série de dysfonctionnements locaux, aggravés par un contexte particulièrement défavorable à la marine américaine.

---

1. Arnaud Blin, *Comment Roosevelt fit entrer les États-Unis dans la guerre*, André Versaille éditeur, 2011.

Les attentats du 11 septembre 2001 produisent une onde de choc nationale comparable – en intensité – à celle de l'attaque sur Pearl Harbor. Supérieure peut-être, parce que les autorités américaines ont toujours cru que les attaques ne pouvaient provenir que de l'extérieur, alors qu'en l'occurrence les attentats se sont préparés à domicile, pendant plusieurs mois. Et tout en se gardant des pièges de l'anachronisme historique, d'autant que les mêmes causes ne produisent pas toujours les mêmes effets, force est de constater qu'une société – sous l'emprise d'une grande menace – reproduit souvent les mêmes mécanismes de réaction, de deuil et de dépassement.

Les États-Unis auraient-ils pu éviter les attentats du 11 septembre 2001 ? Pourquoi les services de renseignement, notamment la CIA et le FBI, ont-ils été incapables de les prévenir ? Qu'est-ce qui n'a pas fonctionné dans la communauté américaine du renseignement, réputée la meilleure du monde ? Quels sont les dysfonctionnements qui ont empêché l'information – pourtant à disposition de plusieurs services – de remonter la chaîne de commandement ? Al-Qaïda dispose-t-elle d'une capacité de contre-renseignement tellement sophistiquée que les experts américains de l'antiterrorisme et du contre-terrorisme n'aient rien vu venir ?

Cédant au syndrome de Pearl Harbor, aujourd'hui encore, la polémique fait rage. En juillet 2003, le Congrès américain rendait publique son enquête de plusieurs mois sur les circonstances ayant précédé les attentats. Les principales conclusions sont très sévères sur l'appréciation du travail des différentes agences américaines de renseignement, estimant qu'elles ont négligé plusieurs pistes concernant les terroristes. Mais le rapport conclut en même temps « qu'il n'existait aucun signe » qui pouvait laisser entrevoir l'assaut lancé par Oussama Ben Laden et Al-Qaïda.

La presse américaine n'a cessé d'invoquer « l'échec » du FBI, de la CIA mais aussi de la NSA[1], l'agence chargée d'écouter les communications suspectes sur le territoire américain. À la question de savoir si les attaques auraient pu être évitées, le sénateur démocrate de Floride, Bob Graham va jusqu'à répondre : « Probablement oui. » Aussitôt, plusieurs Républicains dénoncent un « montage politique », assurant « qu'aucune information du rapport ne peut amener à conclure que le gouvernement pouvait savoir ce qui allait se passer ».

Il n'en reste pas moins que ce texte est accablant pour les « espions américains ». On y apprend qu'en 1999, la NSA avait intercepté plusieurs conversations entre deux des futurs pirates de l'air installés à San Diego, Khalid al-Midahr et Nawaf al-Hazmi et un contact d'Al-Qaïda au Proche-Orient. Malgré les relevés de conversations fréquentes, la NSA n'a pas jugé utile d'avertir la CIA. Pire encore, les deux hommes vivaient avec un informateur du FBI, qui n'a jamais soupçonné leurs activités ou ne s'est pas intéressé à leurs projets.

1. La NSA (National Security Agency) est la plus puissante des agences américaines de renseignement. Elle gère le système Echelon, censé intercepter les communications téléphoniques, les messages Internet, les courriers électroniques, les télex, les fax, etc., contenant des informations susceptibles de mettre en danger la sécurité des États-Unis.

Les 900 pages de documents multiplient les exemples d'occasions ratées. La NSA aurait intercepté « différentes communications indiquant qu'un attentat terroriste était imminent », entre le 8 et le 10 septembre 2001. Mais ces écoutes en langue arabe n'ont pas été traduites à temps. « L'échec de la CIA à surveiller efficacement ceux qui étaient sur les listes des terroristes présumés reflète le manque de priorité de l'agence à défendre la sécurité nationale », précise encore le rapport. Le FBI n'est lui non plus pas épargné, jugé « incapable de contrôler les activités d'Al-Qaïda et d'autres groupes terroristes à travers le monde ». Enfin, certains passages ont été caviardés : ils concernent les intérêts croisés de l'Arabie saoudite et de la famille Ben Laden avec certains membres d'Al-Qaïda.

Au-delà de ce rapport, la presse américaine est parvenue à établir qu'entre 2000 et 2001, les services de renseignement ont eu accès à d'autres informations :

– En février 2001, un instructeur d'une école de pilotage de Phoenix en Arizona signale aux responsables de la Federal Aviation Administration (FAA)[1] le comportement des plus étranges d'un pilote-stagiaire qui ne s'intéresse absolument pas aux manœuvres de décollage et d'atterrissage.

– Entre avril et mai 2001, les ambassades à l'étranger sont alertées d'une attaque imminente d'Al-Qaïda contre les intérêts américains au Proche-Orient, dans la péninsule arabique et en Europe.

1. Équivalent américain de la Direction générale de l'aviation civile française.

– En juin 2001, la FAA met en garde les compagnies aériennes contre de possibles détournements. Durant la même période, le Département d'État diffuse un état d'alerte mondial et ferme ses ambassades à Bahreïn et au Sénégal.

– Le 10 juillet 2001, un agent du FBI, resté anonyme, établit un nouveau lien entre des élèves de l'école de pilotage de Phoenix et la nébuleuse Al-Qaïda. Son rapport transmis à la direction du service ne connaît aucune suite.

– Le 13 août 2001, Zacharias Moussaoui, un Franco-Marocain, est arrêté dans le Minnesota pour infraction à la loi sur l'immigration. Il paie 6 800 dollars pour apprendre à piloter des gros porteurs. Souhaitant enquêter, les policiers du FBI n'obtiendront un mandat de perquisition que quelques heures avant les attentats. Depuis plusieurs semaines, les services français ont transmis à leurs homologues américains une biographie précise de Moussaoui indiquant sa relation opérationnelle avec Al-Qaïda. Aucune suite ne fut donnée à cette communication.

En marge de ces informations, les services israéliens et pakistanais avaient mis en garde leurs homologues américains d'une possible attaque terroriste sur leur territoire national. Ces différents avertissements n'ont pas été pris au sérieux. Et, le 6 juin 2002, le président Bush balaie toute critique affirmant : « Nous avons certes besoin d'identifier les alertes et les indices touchant à une menace éventuelle, mais je ne pense pas que quiconque aurait pu empêcher l'horreur survenue le 11 Septembre[1]. »

1. *Le Monde* du 7 juin 2002.

En juin 2005, le Bureau de l'inspection générale de la CIA termine son rapport interne sur la responsabilité des officiers de l'Agence concernant la non-prévention des attentats du 11 Septembre. Le texte de plusieurs centaines de pages reste « classifié ». Le 8 août 2007, une décision du Congrès force la CIA à en publier un résumé. Le 21 août 2007, la CIA diffuse des extraits de son rapport interne : « OIG Report on CIA Accountability With Respect to the 9/11 Attacks. » Il en ressort qu'aucun officier de la CIA n'a enfreint la loi mais que le manque de coopération entre l'Agence et le FBI est à l'origine du non-traitement des renseignements qui auraient pu déclencher l'alerte.

La conclusion souligne qu'environ 50 officiers de la CIA étaient au courant de la présence de Nawaf al-Hazmi et Khalid al-Mihdhar aux États-Unis mais qu'aucun d'entre eux n'a informé le FBI de la menace qu'ils pouvaient représenter. Enfin, le rapport charge l'ancien directeur de l'Agence, George Tenet, l'accusant de « ne pas avoir fait tout ce qui était en son pouvoir pour démanteler Al-Qaïda durant les années qui ont précédé les attentats de 2001 ». La guerre des polices FBI/CIA n'est pas une découverte et alimente les scénarios d'Hollywood depuis des décennies. Mais les circonstances particulières de la confrontation des deux services au sujet de Ben Laden et de l'islamisme sunnite radical sont moins connues. Pourtant, à quatre reprises, la mésentente chronique entre les deux agences fédérales a provoqué ce que les experts de la communauté américaine du renseignement ont baptisé un « Ben-Ladengate[1] ».

Le premier attentat contre le World Trade Center

Le premier Ben-Ladengate remonte à février 1993, au lendemain du premier attentat commis contre le World Trade Center, lorsqu'à partir de la plaque minéralogique de la camionnette qui a transporté la charge, les enquêteurs du FBI remontent la filière de plusieurs ONG et mosquées du New Jersey. Les fiches de police des têtes de ce réseau aboutissent toutes à un homme : le cheikh Omar Abdel Rahman, dit le « cheikh aveugle », guide spirituel des Gama'a Islamiya égyptiennes – impliquées dans l'assassinat d'Anouar al-Sadate et, ultérieurement dans la tuerie de Louxor de novembre 1997. Les enquêteurs du FBI découvrent qu'il a pu gagner les États-Unis après avoir obtenu un visa de l'ambassade américaine de Khartoum et une Green Card grâce à son officier traitant de la CIA. À ce moment-là, reconnaît aujourd'hui un officiel américain qui requiert l'anonymat, « on a glissé les miettes sous le tapis, sans songer à la suite. » La suite ? Ben Laden entre en guerre, non contre le régime saoudien qui lui assure toujours de substantiels débouchés financiers, mais contre le prince héritier Abdallah. Portant sa signature, les attentats

1. En référence au scandale du Watergate. Celui-ci est à l'origine une affaire d'espionnage politique qui débouche, en 1974, sur la démission du président des États-Unis Richard Nixon.

commis en novembre 1995 contre un centre de formation de la Garde nationale – l'enfant chéri d'Abdallah et son principal outil de pouvoir – et en juin 1996 contre la base américaine de Khobar, affaiblissent le prince héritier, toujours en butte aux coups bas de ses demi-frères rivaux – les Sudeïri –, qui ne reconnaissent pas sa légitimité. Et puis, c'est le retour d'Oussama Ben Laden en Afghanistan, où il va mettre son carnet d'adresses et ses moyens financiers au service des Taliban et où, sous la protection du mollah Omar – le chef des étudiants en théologie –, il va préparer les attentats du 7 août 1998 contre les ambassades des États-Unis au Kenya et en Tanzanie.

Khartoum veut livrer Ben Laden

Le deuxième Ben-Ladengate éclate en 1994 lorsqu'après avoir été déchu de sa nationalité saoudienne Ben Laden s'exile au Soudan. Mais la protection de l'ami Hassan al-Tourabi, qui livre aux autorités françaises le terroriste Carlos, s'amenuise. À la recherche d'une nouvelle respectabilité internationale, le Soudan s'efforce de donner des gages. Dans ce contexte très particulier, Tourabi propose au prince Turki d'extrader Oussama Ben Laden en Arabie saoudite. Contre toute attente, le patron des services saoudiens oppose une fin de non recevoir.

Khartoum récidive, mais cette fois-ci avec… Washington qui, après concertation avec Riyad, refuse également, et cela malgré l'enquête sur l'attentat contre le World Trade Center de 1993 qui a pourtant établi des connexions très précises entre Al-Qaïda et le cheikh aveugle qui sera condamné à la prison à perpétuité par un juge fédéral de Manhattan en janvier 1996.

Les attentats de Nairobi et Dar es-Salaam

S'apparentant en droite ligne au premier, le troisième Ben-Ladengate se noue à l'occasion des attentats contre les ambassades américaines de Nairobi (Kenya) et Dar es-Salaam (Tanzanie) du 7 août 1998. Avec le premier coup de main contre le World Trade Center en 1993, l'explosion des tours de Khobar en Arabie saoudite et le raid contre l'USS-Cole au Yémen, ces deux attaques font partie des opérations anti-américaines les plus importantes qui précèdent celles du 11 septembre 2001.

En analysant les poussières des points d'impact, les limiers du FBI établiront la nature de l'explosif utilisé : du semtex, de même catégorie que celui livré par l'armée américaine à la résistance afghane durant de nombreuses années. L'enquête remonte la filière d'une ONG basée à Detroit dans le Michigan avec des filiales en Suisse et en Albanie. Comme pour les réseaux du New Jersey, le personnel de cette ONG, constitué d'anciens « Afghans » fait partie des petits protégés de la CIA… Comme en février 1993, « on a glissé les miettes sous le tapis… » : le président Clinton avait impérativement besoin de l'Agence de renseignement pour garantir les aspects militaires de l'Accord de Wye River[1] entre Israéliens et Palestiniens.

Pour la première fois, on voyait siéger le patron de la CIA à la table d'une négociation israélo-palestinienne, et ce ne sont pas quelques conclusions d'une enquête de police non aboutie qui allaient entraver ce processus. Cependant, comme souvent aux États-Unis, l'histoire a fuité dans la presse.

La capture ratée de Tora Bora

Le quatrième Ben-Ladengate concerne la non capture du milliardaire saoudien, lors de l'opération Tora Bora[2] menée en décembre 2001 dans la province afghane de Nangarhâr, conjointement par l'Armée américaine et l'Alliance du Nord. Le *New York Times*, aussitôt repris par la presse européenne, affirme que les montagnes de Tora Bora abritent un

1. Signé le 23 octobre 1998 aux États-Unis entre Yasser Arafat, président de l'Autorité palestinienne, et Benyamin Netanyahou, Premier ministre israélien, l'accord stipule que l'Autorité doit récupérer dans les trois mois 13 % supplémentaires du territoire de la Cisjordanie (dont 1 % en pleine souveraineté et 12 % en souveraineté partagée avec Israël) en échange d'une répression accrue de la police palestinienne contre les mouvements hostiles à la paix. La CIA supervise le plan de « lutte contre le terrorisme ».
2. Tora Bora est le nom des montagnes de la province de Nangarhâr, région frontalière du Pakistan. Phonétiquement proche de Tora Bora, le nom de code de l'attaque de Pearl Harbor – Tora Tora – garde, dans la psychologie américaine, une signification liée à l'entrée en guerre des États-Unis en 1941. *Tora Tora* est le titre d'un film à grand succès de Richard Fleischer sur l'attaque japonaise. « Tora » en japonais signifie : tigre.

gigantesque complexe souterrain ultra-sophistiqué. On pourra lire alors des descriptions dignes d'un roman de Jules Verne. Ainsi, selon Roland Jacquard[1], éminent « benladenologue » français, le repaire de l'« ennemi public numéro 1 » ressemble à la forteresse du Docteur No avant sa destruction par l'agent 007 : des kilomètres de coursives électrifiées, bourrées d'informatique, d'ascenseurs et de radars. Or après avoir fouillé de fond en comble ce site de Zahawar Kili – englobant une zone de 3,5 kilomètres de diamètre et une cinquantaine de grottes –, les Forces spéciales américaines exhumeront de ce « trou à rats », des caisses de munitions, quelques archives des camps d'entraînement d'Al-Qaïda et les épaves de deux blindés soviétiques…

« L'étau se resserre tous les jours », poursuit dans la même interview notre benladenologue français qui mérite d'être cité dans la longueur : « Le chef d'état-major des États-Unis sait de quoi il parle. Ben Laden est aujourd'hui traqué par des forces conventionnelles, non seulement sur le terrain, mais aussi et surtout depuis les airs, par des moyens technologiques comme jamais encore l'humanité n'en a déployés. Depuis la mi-octobre, huit satellites espions survolent l'Afghanistan. Leur acuité leur permet de livrer des détails au sol avec une précision de dix centimètres. Leur seule limite, c'est qu'ils ne photographient que de haut en bas. Les fameux drones (avions sans pilote), et notamment le Predator, peuvent – eux – livrer des images de profil. Leurs caméras peuvent filmer avec

1. Roland Jacquard, interrogé par le *Figaro Magazine* du samedi 27 octobre 2001.

une précision sidérante. Un expert britannique spécialiste des documents captés par l'avion espion Canberra PR.9 m'a déclaré : « Sur ces photos, on peut lire le Coran facilement. » Ensuite, ces clichés sont exploités par des *profilers*, c'est-à-dire des experts de la façon de bouger, des attitudes, des expressions et même de la psychologie des personnes recherchées. Certains de ces *profilers* se sont spécialisés sur Ben Laden, d'autres sur ses proches. C'est ainsi que ces derniers jours, ils ont pu identifier formellement sur certaines photos des familiers ou des alliés de Ben Laden. »

Et lorsqu'on lui demande s'il sait où se trouve Ben Laden, notre spécialiste répond sans rire : « C'est la question capitale. Selon des informations confidentielles des services américains, Ben Laden a été localisé avant les frappes de Kandahar. C'est la raison pour laquelle cette ville a été pilonnée. Un bunker situé près de Kandahar a été partiellement frappé, puis arrosé de bombes Fuel Air Explosive diffusant des gaz ne laissant aucune chance aux occupants. » Mais le plus savoureux est à venir, en réponse aux interrogations liées à l'insistance du gouvernement américain à vouloir capturer l'ennemi public numéro 1 vivant : « Ben Laden a dit qu'il voulait livrer "la reine des batailles" – celle de la mort – contre les Américains en Afghanistan même. Les Américains, eux, veulent le capturer vivant dans ce pays pour le livrer à la justice, à la face du monde. C'est pour cela, et c'est un détail peu connu, qu'ils ont envoyé des agents du FBI dans tous les pays qui ont des frontières communes avec l'Afghanistan. Pourquoi le FBI ? Lorsque les Américains auront capturé Ben Laden, il faut que les procédures d'arrestation et d'extradition soient effectuées dans les règles, dignes d'un pays de droit comme les États-Unis ». Sans commentaire !

Autre expert, mais jouant dans une autre catégorie, l'ancien héros soviétique de la guerre d'Afghanistan, ex-gouverneur de la région de Krasnoïarsk, le général Lebed analyse, pour le même hebdomadaire à la même date (27 octobre 2001), la tactique suivie par le Pentagone : « Les Américains ont fait la démonstration de leur efficacité en Yougoslavie : des semaines de bombardements massifs pour détruire quatorze chars.

– Vous n'exagérez pas un peu mon général ?

C'est vrai, ils ont aussi détruit des usines, des ponts, des fermes. Le problème est qu'en Afghanistan, il n'y a ni usine, ni pont, ni ferme à bombarder. 80 % du pays n'a ni route, ni chemin de fer, ni aucune autre voie de communication. Je ne vois pas vraiment ce qu'ils peuvent bombarder pendant des semaines. Des montagnes peut-être ? Nous-mêmes, nous avons bombardé l'Afghanistan pendant dix ans avec le résultat que l'on sait ».

Reprenons le film des événements : les bombardements de l'aviation américaine sur Tora Bora s'intensifient à partir du 16 novembre 2001. Onze jours plus tard a été donné le signal du déclenchement de l'offensive terrestre, menée par des Afghans encadrés d'officiers des services américains et britanniques. Le 29 novembre, le vice-président américain Dick Cheney confirme sur ABC News que Ben Laden a bien été localisé à Tora Bora et qu'il a peu de chances de pouvoir en réchapper. Mais sur le terrain, la réalité de la détermination à engager une chasse sans merci à Ben Laden est bien différente. Nous sommes bien au cœur du quatrième Ben-Ladengate.

En bonne logique militaire, les commandants afghans proposent à leurs conseillers américano-britanniques d'établir un dispositif au sol autour du massif de Tora Bora avant de donner l'assaut. Relevant du bon sens le plus élémentaire, cette proposition est pourtant balayée aussitôt d'un revers de main, les officiers américains et britanniques s'obstinant à faire pilonner le moindre trou de lapin. Ils refusent également toute proposition de pourparlers avec les Taliban qui cherchent pourtant le contact. Ils maintiennent obsessionnellement une seule et même tactique : foncer dans le tas et pas de quartier !

Sur le terrain, on n'enverra des Forces spéciales que… le 6 décembre 2001 ! Il s'agit en fait d'un détachement de quatre hommes, suivi, quelques jours plus tard, d'une unité d'une vingtaine d'éléments dont la mission se réduit au strict repérage de cibles au sol afin de guider les bombardements aériens.

« Nous avons des raisons de croire que des progrès sont réalisés, resserrant l'étau autour d'Oussama Ben Laden. Nous ne l'avons pas encore pris, mais c'est une question de temps », déclare le 11 décembre 2001 le porte-parole américain Kenton Keith, confirmant la participation au sol des forces spéciales américaines aux côtés des forces anti-taliban. Toujours selon Kenton Keith, « Ben Laden et le mollah Omar sont tous les deux en Afghanistan. Nous n'avons aucune preuve crédible attestant qu'ils aient quitté ce pays. » Le commandant Haji Mohammad Zamman, responsable des forces locales, précise pour sa part qu'il est sûr « à 100 % » que Ben Laden est encore à Tora Bora. Des raids incessants de chasseurs F-14 et F-18, ainsi que de bombardiers stratégiques B-1 se succèdent au-dessus de la chaîne des montagnes Blanches. Une bombe de six tonnes, la plus puissante de l'arsenal américain, est même larguée sur le site.

Et le 16 décembre, lorsque le camp retranché de Tora Bora tombe enfin, seuls une dizaine de combattants ennemis blessés et hagards sont faits prisonniers. Surprise : Oussama Ben Laden s'est échappé ! On peut aisément comprendre, sinon partager, l'amusement quotidien du prince Turki lorsqu'il feuillette les éditions de la grande presse internationale qui continue inlassablement à titrer : « Ben Laden, l'étau se resserre... »

« Nous allons le sortir de son trou, tôt ou tard, nous l'aurons », ne cesse de réaffirmer, pour sa part, Colin Powell, le secrétaire d'État, ajoutant qu'il ne serait pas surpris qu'un Taliban finisse par le trahir. « Je pense qu'il est toujours en Afghanistan », précise-t-il encore « et cela devient plus difficile pour lui de se cacher à mesure que le territoire pris aux Taliban augmente. Je ne crois pas qu'il y ait un pays dans la région qui serait disposé à l'accueillir s'il arrivait sur son territoire. Les Taliban commencent à réaliser qu'il n'y a pas d'avenir à protéger Al-Qaïda et je ne serais pas surpris de voir certaines personnes commencer à faire des choix au mieux de leurs intérêts. » Dans la plus pure tradition hollywoodienne, les États-Unis offrent alors une prime de 25 millions de dollars pour la capture du milliardaire saoudien.

Janvier 2002 : le mollah Omar, chef suprême des Taliban, est lui aussi toujours en fuite, après avoir échappé de justesse – en mobylette –, à ses poursuivants afghans et américains au sud des chaînes de Tora Bora. Trois mois après le début des opérations aériennes et terrestres, le commandement américain paraît avoir perdu la trace d'Oussama Ben Laden, indique l'AFP. De passage à Tachkent, le démocrate Joseph Lieberman, responsable d'une délégation sénatoriale, affirme que les services secrets d'Ouzbékistan ont la conviction que le milliardaire saoudien s'est réfugié au Pakistan.

En mars 2002, d'importants renforts afghans viennent rejoindre l'opération « Anaconda » : Mohammad Qasim Fahim, le ministre afghan de la Défense et chef militaire de l'Alliance du Nord, successeur du célèbre commandant Massoud[1], annonce avoir mis un millier d'hommes supplémentaires à la disposition du gouvernement américain. Celui-ci refuse désormais tout commentaire concernant Oussama Ben Laden, dont les rumeurs disent qu'il serait dans les montagnes d'Arma. Au même moment, le ministre français de

1. Le « Lion du Panchir », Ahmed Shah Massoud, l'un des héros de la résistance afghane contre les Soviétiques, puis contre les Taliban a été assassiné par des faux journalistes deux jours avant les attentats du 11 Septembre. L'un d'eux avait suivi les « cours » de Tariq Ramadan au Centre islamique de Belgique à Bruxelles. La presse a aussitôt interprété cet assassinat comme le prélude anticipé des attentats du 11 Septembre, alors que la coïncidence des dates n'est que fortuite. Certes, Al-Qaïda cherchait à se débarrasser depuis longtemps de l'un des principaux opposants afghans de ses alliés taliban, mais l'assassinat aurait pu se produire aussi bien après les attaques de septembre 2001.

la Défense estime qu'il y a « de sérieuses chances qu'il soit mort ». Sa dernière prestation vidéo, d'une durée de trente-trois minutes, la troisième depuis le début des bombardements américains, datait du mercredi 26 décembre 2001.

Malgré toutes ces recherches, Ben Laden n'a pas été retrouvé à Tora Bora. Des chefs de guerre afghans, comme Zaman Ghamsharik, sont soupçonnés de l'avoir laissé s'enfuir. Le 30 novembre 2009, la commission des affaires étrangères du Sénat américain rend public un document révélant qu'Oussama Ben Laden aurait pu être capturé aux alentours du 16 décembre 2001, alors qu'il séjournait dans la région montagneuse de Tora Bora, si l'armée américaine avait mobilisé suffisamment d'hommes au sol dans la région, au lieu d'opter pour des bombardements massifs. En effet, c'est la question cruciale : pourquoi l'armée américaine n'a-t-elle pas bouclé toute la région avant de bombarder, au lieu de s'en remettre à une poignée de membres des Forces spéciales ?

Aujourd'hui encore, l'épisode de Tora Bora demeure une énigme. Voici, en tout cas, le récit fait par Ben Laden lui-même et diffusé par la chaîne al-Jazeera en février 2003 : « Nous n'étions pas plus de 300 combattants et nous avons creusé une centaine de tranchées sur un espace qui n'excédait pas 4 kilomètres carrés. Le matin du 3 décembre 2001, les Américains, persuadés que l'état-major d'Al-Qaïda – dont moi-même et Ayman al-Zawahiri – se trouvait à Tora Bora, ont commencé à nous pilonner. Le bombardement a fait le tour de l'horloge. Sans cesse, jour et nuit, des avions passaient au-dessus de nos têtes et larguaient des bombes intelligentes qui pesaient des tonnes et pouvaient pénétrer dans les grottes. Parallèlement, les forces de l'Alliance du Nord poursuivaient leurs attaques qui duraient depuis un mois. Nous avons pu riposter aux uns et aux autres. Mais les Américains n'ont pas osé s'aventurer dans nos refuges. »

FBI contre CIA

Abondamment médiatisés, les récits de ces différents Ben-Ladengate, et pas seulement celui du bunker de Tora Bora, ont – comme après l'attaque de Pearl Harbor –, nourri toutes sortes de légendes. Allant de la simple rumeur au scepticisme poujadiste classique – on nous cache tout, on nous dit rien –, en passant par la résurgence des différentes variations du complot judéo-maçonnique[1], ces légendes se sont emparées de l'événement du 11 septembre 2001, produisant toutes sortes de théories du complot plus ou moins délirantes.

En provenance de personnes généralement parfaitement intégrées socio-professionnellement et dotées d'un QI souvent au-dessus de la moyenne, ces théories du complot peuvent s'expliquer de diverses manières. Elles traduisent d'abord une profonde défiance envers le discours des instances officielles

1. La référence la plus connue de la bibliographie raciste s'intitule *Les Protocoles des Sages de Sion*. Ce livre prétend révéler un plan de conquête du monde fomenté par les juifs et les Francs-maçons. Il fut fabriqué à la demande de l'Okhrana (la police secrète tsariste) et destiné à Nicolas II de Russie. Estimant que ce livre finirait par salir son image et son action, l'empereur refusa d'en faire un instrument de propagande.

(les différents appareils d'État) et celui des appareils idéologiques d'État (la presse, l'université, les ONG, etc.). En facilitant l'accès à de multiples banques de données, les nouvelles technologies ont cassé le monopole étatique et non-étatique des récits d'experts. Dans cette inflation exponentielle, la bonne information ne chasse pas forcément la mauvaise... et la multiplication des outils d'information et de communication ne restitue pas forcément la complexité du monde, allant parfois au plus pressé, voire au plus simpliste.

Le monde issu de la fin de la guerre froide qui avait vu s'affronter, pendant près de 50 ans, deux camps parfaitement identifiés, s'avère d'une complexité redoutable. Alors qu'elle requiert de plus en plus d'expertise et de temps, cette complexité des nouvelles relations internationales est souvent perçue comme un « brouillage généralisé », fomenté par le cercle très fermé des puissants bénéficiaires de la mondialisation.

D'une manière plus générale, les théories du complot répondent toutes, peu ou prou, à l'affirmation d'une loi non écrite selon laquelle rien ne s'accomplit sans une réponse équivalente. Selon cette rhétorique du talion, à toute menace doit correspondre une riposte, mais, plus encore, tout acte doit être prévenu. Nostalgiques de la dualité simple de la guerre froide, les théories du complot affectionnent la tautologie et les équations relevant du « bon sens populaire ». Car, ce qui est visé ici, c'est toute forme de culture explicative fondée sur le savoir et la dialectique.

Dans les années 1950, les diatribes de Pierre Poujade contre les fonctionnaires, les intellectuels et les artistes correspondaient déjà à cette lecture du monde consistant à le priver de toute historicité pour le refonder en nature et, en définitive pour en faire accepter les inégalités et les injustices. La tautologie a valeur de démonstration. On ne change pas la nature parce que « c'est comme ça et que ça a toujours été comme ça ! Depuis que le monde est monde, y a toujours eu des riches et des pauvres et y en aura toujours ! » Dans l'apparente radicalité de leurs dénonciations excessives, les théories du complot ne postulent ni critiques, ni pratiques de changement politique et social, mais bien au contraire l'acceptation d'un ordre immuable parce que naturel et transcendant.

Ainsi, pour couper court à l'essentialisme de tel ou tel complot qui se fomenterait ici ou là, on ne peut que revenir à l'histoire et, en l'occurrence à celle qui oppose depuis leur création respective le FBI et la CIA. Cette opposition qui a pu se cristalliser en guerre des services et des polices repose principalement sur la différence de culture professionnelle existant entre un organe de police et un service de renseignement. Les métiers ne sont pas les mêmes, ne répondent ni aux mêmes techniques, ni aux mêmes impératifs, ni au même usage du temps. Sur ce plan, on ne peut que souligner simultanément l'inculture du FBI à l'international et une perte croissante de compétence de la CIA.

Depuis une trentaine d'années, l'Agence a perdu ses meilleurs « seniors » qui acceptaient de passer des années en immersion dans des terrains, souvent dangereux, à l'habitat, aux cuisines et aux distractions improbables. « La CIA ne possède pas un seul officier arabophone doté d'une réelle qualification et d'une culture moyen-orientale qui puisse se faire passer pour un fondamentaliste musulman et serait volontaire pour passer plusieurs années de sa vie dans les montagnes de l'Afghanistan, sans femme, avec de la nourriture de merde. Pour l'amour du Christ, la plupart des officiers traitants vivent en Californie. Les opérations incluant la diarrhée n'y ont pas cours », relève le journaliste Jean Guisnel[1].

Dans les années 1990, ces vétérans du terrain ont été remplacés par de jeunes universitaires plutôt formés aux nouvelles technologies et aux canons d'une analyse académique d'autant plus normative – sinon conservatrice – que ces jeunes recrues n'étaient pas les meilleures de leur spécialité. Pardon de rappeler une évidence des économies libérales, mais les experts les plus pointus sont assurés de faire davantage d'argent dans les compagnies privées plutôt que dans les administrations publiques et régaliennes.

Sur fond de guerre FBI/CIA, un deuxième facteur susceptible d'aggraver les dysfonctionnements met clairement en cause l'éparpillement et l'extrême spécialisation de la communauté américaine du renseignement. Celle-ci ne comporte pas moins d'une vingtaine de structures souvent très atomisées et redondantes les unes avec les autres. On y trouve les meilleurs experts mondiaux du « bouton de guêtre ». Encore faut-il que cette connaissance spécifique s'inscrive dans une synthèse plus large permettant d'en saisir toute l'importance, et que celle-ci soit partie prenante dans la décision opérationnelle et

1. Jean Guisnel, *La citadelle endormie – Faillite de l'espionnage américain*, éditions Fayard, Paris, 2002.

politique. De plus, cédant aux fantasmes technologiques, le Pentagone s'est surtout focalisé sur la possibilité d'agressions chimiques ou bactériologiques, de même que sur les nouveaux risques liés à la cyber-criminalité. Le terrorisme aérien n'est plus sa préoccupation.

Enfin, et la nouvelle génération d'officiers de la CIA en constitue la flagrante illustration, le dogme d'une « ligne Maginot » informatique sanctuarisant le pays est pleinement en cause. Cette illusion technologique n'a pas favorisé l'exploitation et la synthèse des éléments de « renseignement humain » ; autant de « signaux faibles » certes, mais suffisamment divers et précis pour déclencher un niveau d'alerte adapté. Dans ce contexte, le « système Echelon[1] » fut certainement l'une des causes les plus dommageables du sommeil dogmatique des partisans d'un quasi-monopole de la veille technologique. « D'un côté, nous assistons à la croissance de la disponibilité des informations : les technologies de l'information facilitent énormément la cueillette et le stockage d'informations, que ce soit à partir de l'écoute électronique, des détecteurs et des satellites. Mais d'un autre côté, ces mêmes

1. Echelon est le nom de code d'une base d'interception des satellites commerciaux. Par extension, le réseau Echelon désigne le système mondial d'interception des communications privées et publiques (SIGINT), élaboré par les États-Unis, le Royaume-Uni, le Canada, l'Australie et la Nouvelle-Zélande dans le cadre du traité Ukusa. Le réseau Echelon est géré conjointement par les services de renseignement des États membres du Ukusa : la NSA (National Security Agency) pour les États-Unis qui en est le principal contributeur et utilisateur ; le GCHQ (Government Communications Headquarters) pour le Royaume-Uni ; le CST (Centre de sécurité des télécommunications) pour le Canada ; la DSD (Defence Signals Directorate) pour l'Australie ; le GCSB (Government Communications Security Bureau) pour la Nouvelle-Zélande.

technologies engendrent des effets pervers comme une multiplication des sources de données et une croissance trop rapide de l'importance donnée à ces mêmes technologies », explique Serge Gagnon[1] ; « les services de renseignement auraient dû prévoir que la surabondance d'informations demandait un travail extrêmement laborieux de nettoyage. Trop de données et d'informations à traiter, mais pas suffisamment de gens bien formés pour le faire. Les autorités sont dépassées et deviennent incapables de répondre aux défis des technologies de pointe. » Et il conclut : « Les services américains possédaient presque toute l'information nécessaire sur la menace terroriste, mais ils ont été incapables de la traiter, de l'analyser et de la transmettre pour en faire un produit pertinent pour les décideurs. » Dans le même registre, un officier supérieur américain résume : « Nous ne savions pas que nous savions. »

Comme dans le cas du système radar censé protéger le périmètre de Pearl Harbor, Echelon a été perçu comme une assurance vie infaillible, garantie absolue d'une sécurité du territoire, dont les outils n'ont plus été remis en cause.

Enfin, et sans verser dans l'anti-américanisme primaire, on ne peut pas ne pas souligner une autre grande faiblesse : celle d'un ethnocentrisme arrogant – du genre « y en a point comme nous » –, propice aux complexes de supériorité les plus dévastateurs. Dès les premières heures de la première année de formation des analystes et des opérationnels, les instructeurs

1. Serge Gagnon est chercheur à l'Observatoire sur les États-Unis de la Chaire Raoul-Dandurand de l'Université du Québec. Entretien avec l'auteur le 12 avril 2009.

de la CIA ne cessent de marteler que « l'Agence a été, est et sera » le meilleur service de renseignement du monde. Partant de là, tout est possible, le meilleur comme le pire. Être sûr d'avoir toujours raison, ne pas écouter ses alliés et sous-estimer l'ennemi, n'est certainement pas la bonne méthode ! Le président Barack Obama a pu s'en rendre compte à plusieurs reprises. Et il a vite compris que les leçons du 11 Septembre n'avaient pas été tirées et, à tout le moins, qu'elles n'avaient pas débouché sur les ajustements opérationnels nécessaires.

Début 2010, le président américain pointe une nouvelle fois les ratés du renseignement américain qui aurait pu, selon lui, empêcher la tentative d'attentat contre le vol 253 de la Northwest. Le 25 décembre 2009, un Nigérian de 23 ans – Umar Farouk Abdulmutallab – réussit à embarquer avec des explosifs dans un avion reliant Amsterdam à Detroit. Sa bombe artisanale n'a pas complètement fonctionné et il a pu être maîtrisé par des passagers. L'enquête a pu établir que le père du pirate de l'air avait transmis en novembre à la diplomatie américaine des données précises quant à la radicalisation et à la dangerosité de son fils, mais que ces informations n'avaient été ni recoupées, ni partagées par les différents services compétents.

« Le gouvernement américain disposait de suffisamment d'informations pour déjouer ce complot et, peut-être, empêcher cette attaque de Noël, mais nos services de renseignement n'ont pas réussi à rassembler les pièces, ce qui aurait permis d'inscrire le suspect sur la liste des personnes interdites de vol », explique Barack Obama, précisant qu'il est

« de sa responsabilité de découvrir pourquoi un tel échec a été possible » et « de faire le nécessaire pour corriger de tels dysfonctionnements. »

Ce ratage sciemment médiatisé intervient plus de 8 ans après les attaques du 11 septembre 2001, malgré les milliards de dollars investis par les États-Unis dans le renseignement et la sécurité, sans rappeler les opérations menées en Afghanistan, en Irak, au Yémen, en Somalie et sous d'autres latitudes. Depuis cette dernière tentative d'attentat, « les États-Unis ont supprimé plusieurs visas touchant des personnes liées à des affaires de terrorisme », a expliqué le porte-parole du Département d'État Philip Crowley. Grièvement blessé et incarcéré après sa tentative, le suspect a, quant à lui, fourni des informations utiles et exploitables par les policiers qui l'interrogent », a indiqué Robert Gibbs, le porte-parole de la Maison Blanche. Le directeur du renseignement américain, Dennis Blair, a pris acte de la colère présidentielle : « La communauté du renseignement a reçu le message du président aujourd'hui. Nous l'avons compris et nous faisons en sorte de répondre aux nouveaux défis », a-t-il répondu dans un communiqué soulignant la nécessité de « maintenir une avance sur les terroristes ».

La suite de l'enquête montrera que l'apprenti terroriste avait effectué plusieurs séjours au Pakistan et en Arabie saoudite et qu'il avait bénéficié d'une bourse d'études religieuses de la part de bienfaiteurs saoudiens. En dépit de ces différents rappels à l'ordre et de l'annonce récurrente des bonnes résolutions de ses différentes administrations, « Washington rechigne toujours à indisposer l'allié saoudien et à mettre au pas les bailleurs de fonds du terrorisme islamiste », déplore un diplomate européen en poste à Riyad, « parce qu'à ses yeux il importe, plus que jamais, de continuer à perpétrer la légende d'une monarchie pétrolière au-dessus de tout soupçon ».

MYTHOLOGIE 5

Une Arabie saoudite au-dessus de tout soupçon…

Dix jours avant les attentats du 11 septembre 2001, *Al-Hayat*, le quotidien saoudien publié à Londres, annonce dans les pages intérieures de son édition datée du 31 août 2001 : « Le prince Turki al-Fayçal a décidé de renoncer à ses importantes fonctions. Il sera appelé prochainement à exercer d'autres tâches. » Outre que le procédé est très inhabituel, la nouvelle est de taille puisqu'elle concerne un prince de sang, fils du grand roi Fayçal, qui a dirigé les services secrets saoudiens, sans discontinuer, pendant 25 ans. Le General Intelligence Department (Gid), l'une des institutions les plus puissantes du royaume, est considéré comme l'un des principaux instruments de la continuité de la dynastie des Saoud : « Une histoire qui tient en une formule : le pétrole, plus le Gid », résume un diplomate arabe en poste à Riyad.

La nouvelle n'a pas échappé aux chancelleries et, dans la petite communauté du renseignement, elle a produit l'effet d'une bombe. Les Saoudiens sont-ils devenus fous ?

Officiellement avalisée par le roi Fahd, depuis plusieurs années dans un semi-coma, la décision a été prise par le prince héritier Abdallah et constitue l'un des virages les plus considérables depuis la fondation du royaume en 1932. En effet, le prince Turki incarne presque à lui seul l'indéfectible alliance de la monarchie avec les États-Unis, alliance jamais démentie depuis le pacte du Quincy du 13 février 1945[1].

Depuis le début des années 1950, ce pacte « pétrole contre sécurité et protection » se double d'une autre alliance, moins connue mais tout aussi indéfectible, celle du Pentagone et des organisations islamistes sunnites soutenues et financées par la monarchie saoudienne. Les stratèges du ministère américain de la Défense ont compris très tôt, tout le parti qu'ils pouvaient tirer des islamistes, notamment de la puissante confrérie égyptienne des Frères musulmans, face à Gamal Abdel Nasser, devenu le champion d'un nationalisme arabe ayant fait le choix de Moscou. Du côté d'Israël, la même approche consistera – dès le début des années 1970 – à favoriser et même à financer les Frères musulmans palestiniens, ancêtres du Hamas, pour essayer de contrer l'OLP de Yasser Arafat.

Cette politique d'instrumentalisation de l'islamisme sunnite va culminer durant la guerre d'Afghanistan contre l'armée soviétique (1979-1989), puis avec le soutien que Washington accorde aux Taliban jusqu'à l'échec des pourparlers de Berlin en juillet 2001 et, au même moment la tentative infructueuse de négociation directe avec Oussama Ben Laden à l'Hôpital

1. Voir Mythologie 1 : Les mille et une nuits du Quincy.

américain de Dubaï[1]. Ces deux événements bousculeront le calendrier et accéléreront la fin des préparatifs d'un grand coup porté aux intérêts et au prestige des États-Unis : les attentats du 11 septembre 2001.

Nawaf al-Hani et Khalid al-Michar, ressortissants saoudiens et membres du commando qui a pris le contrôle de l'avion d'American Airlines devant s'écraser sur le Pentagone ont bénéficié à leur arrivée aux États-Unis en janvier 2000 et pendant toute la durée de leur séjour de l'aide d'un de leurs compatriotes résidant déjà dans le pays : Omar al-Bayoumi. Celui-ci leur a trouvé un appartement à San Diego (Californie), dont il a payé la caution. Et c'est par son intermédiaire que les deux activistes ont pu s'inscrire dans une école de pilotage. Deux mois après leur prise de contact, l'épouse d'al-Bayoumi, Manal Ahmed Bagader, aurait commencé à recevoir chaque mois un versement de deux mille dollars. Ces sommes sont perçues par endossement de chèques émis sur le compte de la princesse Haïfa Ben Fayçal, l'épouse de l'ambassadeur d'Arabie saoudite à Washington. La bénéficiaire initiale de ces chèques est une amie de Manal Ahmed Bagader : Majeda Ibrahim Dweikat. C'est le mari de cette dernière, Osama Basnan, qui a pris l'initiative de solliciter la générosité de la princesse. Les versements sont interrompus en août 2002, lorsque Osama Basnan, convaincu de séjour irrégulier, est expulsé à destination de l'Arabie saoudite. Quant

1. Voir Mythologies 2 et 3 : Oussama Ben Laden ou l'ennemi public numéro 1 et Al-Qaïda, menace globale.

à Omar al-Bayoumi, il a déjà quitté les États-Unis pour la Grande-Bretagne.

Ces révélations de l'hebdomadaire *Newsweek* du 25 novembre 2002 font couverture et gros titre : « La piste financière saoudienne[1] ». L'accroche de une est des plus aguichantes : « Des loyers offerts aux pirates de l'air du 11 Septembre et des chèques mystérieux tirés sur le compte d'une princesse. Y a-t-il un lien entre l'Arabie saoudite et le terrorisme ? Voyage à l'intérieur d'une enquête dont l'administration Bush veut que vous ignoriez tout. » Aussitôt disponible sur le site Internet de l'hebdomadaire, cette histoire fait les grands titres de la presse et des télévisions pendant tout un week-end, les médias les plus sérieux accréditant l'idée d'une action gouvernementale saoudienne concertée. Les accusations de *Newsweek* sont reprises et commentées par des experts en terrorisme, prompts à ignorer les réalités du terrain et à analyser les faits en dehors de tout contexte, notamment culturel.

Malgré les démentis de la princesse, l'ambassade d'Arabie saoudite à Washington prend les choses suffisamment au sérieux pour envoyer nuitamment une dizaine d'employés éplucher ses chèques au siège central de la banque Riggs, utilisée par nombre de diplomates étrangers. La princesse ne signant pas elle-même, ces chèques sont émis directement sur la base d'une liste informatisée. Les comptables saoudiens

1. Voir Mythologie 8 : La traque des dollars de la terreur.

peuvent donc vérifier facilement l'identité des ultimes bénéficiaires, grâce aux endossements. L'ambassade rend ensuite publics les démentis les plus vigoureux. De Riyad, le ministre de l'Intérieur parle même de « mensonges », tout en rappelant, une nouvelle fois, la pleine et entière coopération de la monarchie dans la lutte contre le financement du terrorisme.

Dans cette affaire, l'administration américaine tient un langage étrange. Ari Fleischer, le porte-parole de la Maison Blanche, affirme, le 25 novembre 2002, que « le président pense que les Saoudiens sont de bons partenaires dans la lutte contre le terrorisme ». De son côté, un porte-parole du Département d'État déclare : « Nous pensons que la réponse des Saoudiens est très satisfaisante. Dans le même temps, je dois dire qu'on peut toujours en faire plus et qu'il faut encore en faire beaucoup pour, ensemble avec les Saoudiens, trouver et couper les sources du financement du terrorisme. »

Au-delà de leur caractère rocambolesque, les mésaventures de la princesse révèlent une différence d'approche de la question saoudienne entre l'administration et le Congrès. Car, des membres du Congrès se sont emparés de l'affaire. Ancien candidat à la vice-présidence, le sénateur Lieberman a été on ne peut plus clair : « Je crois que nous devrions appliquer les mêmes standards, non seulement à des ennemis comme l'Irak et l'Afghanistan des Taliban, ou encore l'Iran, mais aussi à des amis comme l'Arabie saoudite. » Et d'ajouter : « Mes collègues de la commission mixte sur le renseignement – qu'ils soient démocrates ou républicains – ont le sentiment que l'administration n'a pas pleinement coopéré avec eux et sont arrivés à la conclusion que le FBI, et peut-être d'autres secteurs du gouvernement, donnent l'impression de vouloir défendre les Saoudiens, ou de ne pas être, avec eux, aussi rigoureux qu'ils devraient l'être. »

Créée par les deux chambres pour enquêter sur l'échec des services de renseignement à déjouer les attentats du 11 Septembre[1], la commission mixte a produit un rapport – aujourd'hui partiellement déclassifié – qui déplore la pusillanimité des enquêtes menées sur les implications présumées de l'Arabie saoudite. Le même document relève le mutisme des responsables de la CIA et du FBI durant les auditions et critique sévèrement l'attitude du vice-président Dick Cheney qui, à ce moment-là, refuse d'ouvrir le dossier saoudien. Il est vraisemblable que des fuites à l'origine des révélations de *Newsweek* proviennent de la commission mixte elle-même. Elles traduisent la volonté très forte du Congrès de mettre en cause la relation Riyad/Washington, en impliquant des personnalités saoudiennes de premier plan.

Caisse de résonance d'une certaine saoudophobie, qui ne vise pas que les implications financières du royaume dans la mouvance Ben Laden, nombreux sont les membres du Congrès à penser qu'outre la Syrie et l'Iran, l'Arabie saoudite constitue la principale menace des intérêts américains aux Proche et Moyen-Orient.

---

1. Voir Mythologie 4 : Le syndrome de Pearl Harbor.

En recevant le 25 avril 2003 dans son ranch texan le prince héritier Abdallah, puis le prince Bandar, le président George W. Bush lui-même ne dissipe pas le malaise ; au contraire, les contradictions américaines ne font que s'amplifier. Le vice-président Cheney répète désormais à qui veut l'entendre : « Je suis très préoccupé par l'Arabie saoudite. Elle constitue une source d'inquiétude permanente. Les tendances profondes du pays ne peuvent que l'entraîner sur la mauvaise pente : une croissance démographique non maîtrisée, une diminution de la richesse par tête d'habitant et une augmentation du fondamentalisme. » Il surenchérit : « La famille royale est assise sur une poudrière qui pourrait exploser à tout moment. Quoi que fassent les États-Unis, l'explosion aura lieu tôt ou tard. »

Cette sombre prophétie en dit long sur les atermoiements de Washington à l'égard de la monarchie pétrolière. Avant les attentats, il était impossible de critiquer cette « dictature protégée ». Durant les semaines qui ont suivi l'effondrement des tours du World Trade Center, un chiffre n'a cessé de revenir dans la plupart des réunions des services de l'administration, malgré les efforts de la Maison Blanche pour protéger l'Arabie saoudite : quinze des dix-neuf pirates de l'air étaient saoudiens ou d'origine saoudienne.

Il s'opère alors un curieux glissement : dans la presse, au Congrès, comme parmi de nombreux hauts fonctionnaires du Pentagone, les doutes, sinon les critiques émises à l'encontre de la monarchie pétrolière se transforment en autant d'arguments en faveur d'une action militaire contre l'Irak. On ne peut qu'être frappé par le strict parallélisme qui s'installe entre l'effritement de la relation Riyad/Washington et la volonté de plus en plus affirmée d'en découdre avec le régime de Saddam Hussein. Il faut examiner de près les raisons de cette dérive. Cela nous impose de revenir quelques mois en arrière.

Les apprentis sorciers du Defense Policy Board

Washington, 10 juillet 2002. Sanglé dans un costume trois pièces sombre, Yves-Laurent Murawiec arpente nerveusement les couloirs du Pentagone, son attaché-case à la main. Tous les « poids lourds » sont là : deux douzaines de représentants de la fine fleur des experts en affaires militaires et en défense stratégique. Assistent notamment à cette réunion, qui clôt une série d'une vingtaine de séances, Dan Quayle, l'ancien vice-président, James Schlesinger et Harold Brown, deux ex-secrétaires à la Défense, plusieurs officiers supérieurs en retraite et Henry Kissinger, l'ancien secrétaire d'État, référence incontournable en matière de politique étrangère des États-Unis.

Cette réunion fermée a été convoquée par le Defense Policy Board (DPB), un organe de réflexion du Département de la défense dirigé « comme une secte », commente un attaché de Défense européen en poste à Washington, par Richard N. Perle, chef de file des faucons, qui pousse à une nouvelle guerre contre l'Irak. Surnommé Raspoutine ou le Sphinx par ses pairs, cet ancien haut fonctionnaire du Pentagone ne ménage pas sa peine pour convaincre les capitales étrangères du bien-fondé d'une « action salvatrice et définitive contre Saddam Hussein ». Pour cette dernière réunion, Raspoutine a décidé de frapper un grand coup en donnant la parole à son protégé, son disciple préféré, sa dernière trouvaille, d'autant plus exotique qu'elle arrive tout droit de « la vieille Europe ». Il espère secrètement que sa prestation déclenchera un incident diplomatique avec Riyad, jalon décisif dans la campagne que le DPB mène depuis plusieurs mois pour que les États-Unis déclarent une nouvelle guerre à l'Irak.

Pour Yves-Laurent Murawiec, c'est le jour de gloire, l'aboutissement d'une carrière patiemment et méthodiquement élaborée. La cinquantaine élégante et l'allure d'un éternel étudiant, ce Français d'origine tchèque parle parfaitement l'anglais et l'allemand, et a notamment réalisé une nouvelle traduction de l'ouvrage de Carl von Clausewitz *De la guerre*. Se disant spécialiste des guerres du XXIe siècle, le personnage a de quoi surprendre son auditoire. Après quelques données techniques de géopolitique générale, il désigne l'Arabie saoudite – l'allié indéfectible des États-Unis au Proche-Orient depuis 1945 – comme l'épicentre du terrorisme mondial, qualifiant la monarchie pétrolière de « principal et plus dangereux adversaire dans le monde arabo-musulman ». « Les Saoudiens sont actifs dans tous les maillons de la chaîne de la terreur, de la planification au financement, du militant de base à l'idéologue et au meneur (…) L'Arabie saoudite soutient nos ennemis et s'attaque à nos alliés », précise avec éloquence le conférencier, sous le regard admiratif de son mentor Richard Perle.

Après une vingtaine de minutes, face à un auditoire de plus en plus médusé, Murawiec conclut en expliquant que la voie la plus sûre pour faire changer l'Arabie saoudite consiste, tout simplement, à renverser le président Saddam Hussein. Sur ce dernier développement très peu argumenté, Henry Kissinger fronce les sourcils et demande la parole. Dans un silence glacial, l'ancien secrétaire d'État, visiblement furieux et qui sera le seul à réagir, explique au cours d'un développement d'une dizaine de minutes, qu'une disparition du dictateur irakien n'aurait pas obligatoirement de conséquence directe sur le processus actuellement en cours en Arabie saoudite et que, par conséquent, l'éventualité d'une nouvelle intervention militaire en Irak devrait être envisagée indépendamment d'une criminalisation du royaume saoudien, qui ne saurait favoriser les intérêts américains dans la région. Et il affirme qu'au contraire, « les Saoudiens restent pro-américains, même s'ils sont actuellement dans une situation difficile à gérer, tant au Proche-Orient que dans l'ensemble du monde arabo-musulman ». Et il ajoute d'un ton péremptoire : « Nous n'avons pas les moyens de contrôler l'évolution du régime de Riyad. » Enfin il conclut, sortant pour une fois de son flegme habituel : « Je ne considère pas aujourd'hui l'Arabie saoudite comme un adversaire stratégique des États-Unis. Certes, les Saoudiens font parfois des choses que je n'approuve pas, mais je ne les considère pas comme une menace prioritaire. »

Notre conférencier a le nez sur sa copie. La séance est levée dans la précipitation. Atterré, le patron du DPB poursuit l'ancien secrétaire d'État dans les couloirs en lui disant qu'il a mal interprété la portée d'un « exposé prospectif ». Lorsqu'il le quitte pour rejoindre Murawiec, il marmonne suffisamment fort pour être entendu que « Kissinger a beaucoup vieilli ». L'incident est clos, mais le mal est fait et les fuites déjà inévitables. Une crise diplomatique vient de commencer.

Dans son édition du mardi 6 août, le *Washington Post* révèle les grandes lignes de la réunion qui devait pourtant rester secrète. À Genève, où est soigné le roi Fahd, c'est la consternation. Le ban et l'arrière-ban des conseillers saisissent aussitôt la Mission permanente américaine auprès des Nations unies. En raison de la trêve estivale incompréhensible pour les princes saoudiens, l'ambassadeur Kevin Moly demeure introuvable. Le diplomate de permanence ne semble pas déployer une grande énergie pour mettre la main sur son patron et finit par plaider l'incompétence de la Mission sur cette question bilatérale. Assailli par les correspondants de presse accrédités à la Maison Blanche, le prince Bandar Ben Sultan, qui représente la monarchie à Washington, s'efforce lui aussi de calmer le jeu en minimisant la portée de l'incident. Il déclare : « Répéter des mensonges et des contre-vérités ne transformera jamais la réalité. »

À Riyad, le prince héritier ne décolère pas contre ce nouvel affront des Américains. Son cabinet demande des explications à l'ambassade des États-Unis, qui renvoie la patate chaude à la Maison Blanche. « L'Arabie saoudite est un pays ami et allié de longue date », finit par déclarer Scott McClellan, l'un des porte-paroles de la présidence. « Nous apprécions beaucoup sa collaboration dans la guerre contre le terrorisme », ajoute-t-il. « Les propos rapportés par la presse ne reflètent pas la position du gouvernement américain, ni l'analyse du DPB », renchérit Donald Rumsfeld, le secrétaire à la Défense. La Maison Blanche somme Colin Powell, le secrétaire d'État, de téléphoner à son homologue saoudien Saoud al-Fayçal pour aplanir les choses.

À Washington, on rappelle qu'à quelques jours du premier anniversaire des attentats du 11 Septembre, il n'est pas question de plaisanter avec la relation américano-saoudienne. Deux questions obsèdent les administrations mobilisées : qui est le conférencier gaffeur ? D'où viennent les fuites ? Pour la seconde, tous les regards se tournent vers Richard Perle qui n'en est pas à son coup d'essai. Pour la première, les directions du FBI et de la CIA sont saisies. Yves-Laurent Murawiec est une vieille connaissance des services américains de renseignement. Lui non plus n'en est pas à son premier coup tordu. Ancien trotskiste, ancien cadre de l'ex-Parti ouvrier européen (POE), proche de l'agitateur américain Lyndon LaRouche, il serait, comme l'accuse ouvertement *Le Canard enchaîné*[1] généralement bien informé, « une taupe américaine chargée d'infiltrer les milieux gauchistes en Europe ». Il a été en tout cas l'un des plus bruyants propagandistes du bien-fondé de la guerre américaine en Irak

Notre conférencier n'en reste pas à sa prestation anti-saoudienne de juillet 2002. Avec les Faucons des Think tanks néo-conservateurs, il s'efforce d'établir des liens entre la

1. *Le Canard enchaîné* du 21 août 2002.

monarchie et l'Irak, exercice difficile et propice à tous les sophismes. En septembre 2002, il explique : « Entre les États-Unis et l'Arabie saoudite, un partenariat existe, fondé sur le pétrole et la géostratégie du Moyen-Orient. On peut débattre du bien-fondé de ce partenariat, mais il avait des raisons. Son intérêt s'est progressivement atténué avant de disparaître. Il a, aujourd'hui des effets négatifs et dangereux. On le voit bien, puisque les dirigeants saoudiens sont devenus des protecteurs attitrés de Saddam Hussein[1]. » Est-ce un rappel du sommet arabe de Beyrouth en mars 2002, ou bien la chaleureuse accolade entre le numéro deux irakien Ezzat Ibrahim et le prince héritier Abdallah, qui avait déclenché l'ire de la Maison Blanche ? En tout cas, l'affirmation est d'autant plus péremptoire qu'elle ne s'appuie sur aucune explication, ni information factuelle vérifiable.

Fidèle à son style « plus c'est gros, plus ça passe », caractéristique des techniques provocatrices des agents d'influence, Murawiec récidive en mettant en cause Hans Blix, le chef de la Commission de vérification et d'inspection de l'Onu (Cocovinu), chargée de la localisation éventuelle des armes de destruction massive en Irak : « S'appuyant sur les positions de trois pays – la France, l'Allemagne et la Russie, qui ont intérêt à la perpétuation d'un Irak saddamien –, Hans Blix donne une interprétation hautement contestable de son mandat. Il affirme que celui-ci consiste à découvrir les armements éventuellement dissimulés[2]. » C'est pourtant exactement ce que

1. *Le Point* du 13 septembre 2002.
2. *Le Figaro* du 17 février 2003.

stipule le texte de la résolution 1441, adoptée à l'unanimité le 8 novembre 2002 par le Conseil de sécurité des Nations unies. En accusant les trois principaux pays opposés à une action militaire unilatérale contre l'Irak et favorables à la poursuite des inspections en désarmement de l'Onu, Murawiec reprend le vieux poncif anti-onusien des néo-conservateurs, qui accusent l'organisation mondiale d'affaiblir la puissance des États-Unis.

Cet édifiant parcours nous ramène à la crise américano-saoudienne.

Nécessaire à la campagne des Faucons de l'administration Bush, la criminalisation académique et diplomatique de l'Arabie saoudite se double d'une procédure judiciaire chargée de frapper au cœur même de la monarchie. C'est le sens de l'action civile intentée à l'encontre de plusieurs institutions saoudiennes par quelque 600 proches des victimes des attentats du 11 Septembre. Parmi la centaine de noms d'organisations et d'individus visés par la plainte déposée le 15 août 2002 devant un tribunal fédéral de Washington, figurent ceux de trois princes saoudiens de la famille royale, mis en cause pour leur rôle présumé dans le financement du terrorisme international et en particulier d'Al-Qaïda. Il s'agit de Ben Addelaziz al-Saoud, également président de la compagnie aérienne Saudi Arabian Airlines ; de l'ancien patron des services secrets saoudiens Turki al-Fayçal et d'un homme d'affaires, Mohammed al-Fayçal al-Saoud, frère du prince Turki et actuel directeur de la Fayçal Islamic Bank, la première banque islamique du Proche-Orient.

Le texte de l'assignation, qui compte quelque 250 pages, affirme que le prince Turki a accepté en 1998 de ne pas demander l'extradition d'Oussama Ben Laden d'Afghanistan et qu'il a fourni une « aide généreuse » aux Taliban en échange de l'engagement du chef d'Al-Qaïda de ne pas utiliser l'Afghanistan comme base d'opérations pour déstabiliser le régime wahhabite. La plainte précise que cet accord fut scellé lors d'une rencontre à Kandahar en Afghanistan, à laquelle participaient trois collaborateurs de Ben Laden. Au lendemain de cette réunion, 400 véhicules flambant neuf et portant encore leurs plaques d'immatriculation saoudiennes, furent livrés aux Taliban.

Le prince Sultan, pour sa part, aurait fait don depuis 1994 d'au moins 6 millions de dollars à quatre organisations caritatives, dont l'International Islamic Relief Organization (IIRO), mentionnée par le Département d'État sur la liste des organisations finançant les réseaux terroristes[1]. Enfin, le prince Mohammed al-Fayçal al-Saoud a dirigé jusqu'au début 2002, le groupe bancaire Dar al-Mal al-Islami[2] (DMI), dont l'un des membres du conseil d'administration est Haydar Mohamed Ben Laden, un demi-frère d'Oussama. La DMI est suspectée, elle aussi, d'être une pièce maîtresse du financement des organisations islamistes : « La DMI est impliquée dans le financement d'Al-Qaïda à travers plusieurs filiales », affirme encore le texte de la plainte.

---

1. Voir Mythologie 8 : La traque des dollars de la terreur.
2. *Dar al-Mal al-Islami* signifie « La maison de l'argent de l'islam ».

« Cette plainte ne vise pas à déstabiliser le régime saoudien, sinon nous l'aurions explicitement mentionné », précise l'avocat français Jean-Charles Brisard, « mais ce que le gouvernement américain ne peut pas faire parce qu'il se trouve face à des intérêts stratégiques majeurs, c'est le devoir de la justice de le faire. Il s'agit de penser aux victimes ». En soulignant qu'il ne s'agit pas de « déstabiliser le régime saoudien », l'avocat en dit trop ou trop peu, négligeant notamment de préciser que l'évolution de la procédure est régulièrement médiatisée par les soins d'une agence de communication officieusement mandatée par le Defense Policy Board de Richard Perle…

L'avocat, du reste, n'est pas n'importe qui. Proche des milieux parlementaires à Washington, associé à diverses expertises menées par la DST et la CIA, par ailleurs auteur d'une biographie de Charles Pasqua, Brisard intervient publiquement volontiers comme « expert en terrorisme ». Employé par l'étude d'avocats américaine Motley Rice, spécialisée dans les plaintes collectives, pour mettre à jour les liens entre la mouvance Ben Laden et l'oligarchie financière saoudienne, Jean-Charles Brisard s'installe en Suisse durant l'été 2003, « pour se rapprocher de ses cibles », explique-t-il à un journal local, en ajoutant, sûr de sa mission salvatrice : « Mon rôle, c'est d'empêcher les financiers d'Al-Qaïda de dormir… »

À la suite du dépôt de plainte et devant les menaces de saisie de leurs avoirs bancaires, plusieurs investisseurs saoudiens décident de retirer leurs fonds placés aux États-Unis. La totalité des avoirs saoudiens investis outre-Atlantique est alors estimée à plus de 750 milliards de dollars, en placements à faible risque dans l'immobilier, mais aussi en bons du Trésor, en obligations et en actions. Les fonds d'investissements saoudiens avaient déjà largement diversifié leurs placements au profit des places bancaires européennes – notamment Londres et Genève –, et asiatiques, comme Kuala Lumpur et Djakarta. Mais « le mouvement s'est amplifié depuis les attentats du 11 Septembre et la dégradation des relations américano-saoudiennes », relève le *Financial Times* du 21 août 2002. Selon plusieurs sources bancaires arabes à Londres, 250 milliards de dollars auraient ainsi été retirés des États-Unis. Même si le montant des retraits saoudiens est aussitôt contesté par les analystes et économistes de Wall Street, Riyad n'en continue pas moins de multiplier les manifestations de mauvaise humeur à l'encontre de Washington.

Officiellement, les autorités du royaume s'opposent au boycott des produits et des investissements américains. Non sans opportunisme, la Sagia – l'autorité pour les investissements en Arabie saoudite – espère que « ce nouveau climat permettra le retour au pays d'une partie des avoirs saoudiens à l'étranger. » Et, durant ce mois d'août 2002, le gouvernement saoudien décide de suspendre l'enseignement de l'anglais dans les écoles primaires.

Sur le front diplomatique, le royaume estime qu'une « catastrophe humaine » pourrait se produire en cas de bombardements américains sur l'Irak. Une guerre menée par les États-Unis contre l'Irak « ébranlera la paix, la sécurité et la stabilité dans la région et le monde », estime le communiqué publié à Djeddah à l'issue de la réunion du Cabinet saoudien, le 18 août 2002. Cette mise en garde intervient au lendemain des déclarations du prince héritier Abdallah et du président yéménite Ali Abdallah Saleh, réaffirmant leur opposition commune à une nouvelle guerre américaine au Proche-Orient.

La crise de l'été 2002 entre Washington et Riyad laisse des séquelles durables, qui confortent la monarchie pétrolière dans son opposition affichée à la guerre d'Irak. Si les États-Unis attaquent le régime de Saddam Hussein, « seul un retour à la Charia et une stricte surveillance de son application sauveront le royaume et la dynastie de l'éclatement », estime le Conseil des grands Oulémas fin 2002. Composée de la vingtaine des maîtres en théologie les plus influents du pays, cette institution pèse sur les choix fondamentaux de la monarchie, surtout en période de crise.

Dans un pays qui compte quelque 30 000 mosquées, le corps des Oulémas constitue avec les familles un réseau d'environ 150 000 personnes, autant de relais d'opinion quadrillant la cinquantaine de tribus du pays. C'est sur l'avis du Conseil des Oulémas que le prince héritier a réitéré, à plusieurs reprises, son refus de prêter les bases aériennes saoudiennes aux forces américaines pour les opérations d'Irak. En écho à ces bruits de bottes, princes et chefs de tribu se tournent vers les Oulémas, qui préconisent un durcissement théologique et par conséquent politique, synonyme d'une plus grande fermeture du royaume.

La fermeture s'était déjà amorcée avec la fin de la première guerre contre l'Irak, à partir de février 1991. Mal acceptée, l'installation durable de troupes américaines à proximité des deux principaux lieux saints de l'islam n'a fait qu'accentuer le ressentiment d'une population dressée en permanence à la diabolisation d'un Occident impur et corrompu. Tout le paradoxe saoudien est là : une oligarchie totalement acquise à l'*American Way of Life*, devenue un rouage essentiel du capitalisme mondial, et une population constamment nourrie de l'une des idéologies les plus obscurantistes de la planète : le wahhabisme.

Du nom de son fondateur Mohammed Ibn Abdel Wahhab (1703-1792), professeur et juriste originaire du Nedjd (la province centrale de l'Arabie saoudite actuelle), cette doctrine adoptée en 1744 par la tribu des Saoud se confond historiquement avec la dynastie. Quand Ibn Saoud fonde le royaume d'Arabie saoudite en 1932, le wahhabisme devient doctrine d'État.

Fondé essentiellement sur les enseignements d'Ibn Hanbal (780-855) et d'Ibn Taymiya (mort en 1328), il prône la croyance en l'unité absolue de l'essence divine qui englobe tous les aspects de la vie terrestre, et abolit tout signe susceptible de rappeler le polythéisme, comme par exemple la visite des tombes ou la vénération des saints. Cette doctrine condamne radicalement toute innovation par rapport à l'enseignement original de l'islam, fondé sur le Coran et les Hadith (recueils rassemblant les actes et les paroles du prophète Mahomet). La foi y est inséparable de la pratique religieuse. Le Coran étant primordial et incréé, son interprétation doit être condamnée et combattue. Enfin, l'État musulman doit fonctionner exclusivement selon les principes intangibles de la foi religieuse. Dans cette perspective, l'évolution historique, les changements et le progrès doivent s'adapter au Coran et non l'inverse. Et les docteurs de la loi doivent ruser en permanence avec les accélérations de l'histoire, afin de produire des textes exégétiques rendant licites ou illicites telle ou telle pratique nouvelle.

En réalité, il est très difficile de savoir et de comprendre ce qui se passe réellement en Arabie saoudite, qui est volontairement dépourvue d'observatoire fiable. Financés par les compagnies pétrolières, plusieurs centres de recherche spécialisés existent aux États-Unis et en Grande-Bretagne, mais leurs travaux, comparables à ce que fut la Kremlinologie de la Guerre froide, n'atteignent que rarement le grand public. En France, les études saoudiennes demeurent très marginales, sinon inexistantes. De fait, l'Arabie saoudite demeure largement *terra incognita*, réduite le plus souvent à ses puits de pétrole, ses *fast-food*, sa police religieuse qui empêche toujours les femmes de conduire et ses décapitations publiques en guise de justice divine.

La deuxième guerre anglo-américaine contre l'Irak n'a fait qu'accentuer la schizophrénie saoudienne. En effet, malgré les annonces répétées du prince Abdallah affirmant que les forces américano-britanniques n'utiliseraient pas les bases militaires saoudiennes – déclarations quotidiennement reproduites dans la presse arabe –, le commandement américain se félicite publiquement, pour sa part, de la « collaboration pleine et entière de l'allié saoudien, les bases de Tabuk et Arar, au nord de la péninsule ayant servi de tête de pont aux principales opérations des Forces spéciales, dès les premières heures de l'offensive contre le régime de Saddam Hussein. En échange de cette assistance, Riyad obtient le droit de stationner ses chasseurs bombardiers F-15 à Tabuk et An-Nabk, ce qui lui était jusque-là interdit par les États-Unis, soucieux de la proximité de ces sites avec Israël. Cette coopération discrète, quasi clandestine, a renforcé la permanence de relations étroites entre les forces armées des deux pays.

Schizophrénie saoudienne, mais aussi américaine. Washington, tout à la défense de ses intérêts stratégiques – militaires, énergétiques et régionaux – au Proche-Orient, continue de protéger le sanctuaire wahhabite tout en reconduisant son soutien inconditionnel aux cabinets israéliens successifs. Même si, avec les attentats du 11 septembre 2001, cette schizophrénie symétrique a perdu de sa rigidité, laissant apparaître la possibilité d'un divorce américain avec la monarchie pétrolière.

C'est seulement le 25 septembre 2001, après les Émirats arabes unis, que Riyad a annoncé officiellement la rupture de ses relations diplomatiques avec les Taliban au pouvoir à Kaboul depuis 1996, en raison du soutien que ceux-ci accordent au terrorisme international... Et l'agence officielle de presse saoudienne (Spa) de déplorer que les Taliban « aient fait de leur territoire un centre d'accueil, de formation et de mobilisation de nombre d'égarés de toutes les nationalités, particulièrement des citoyens saoudiens, pour qu'ils entreprennent des actes criminels contraires à toutes les religions, tout en refusant de livrer ces criminels à la justice ». Rappelons qu'il a fallu des mois pour que le royaume se résigne à admettre que 15 des 19 auteurs des attentats de New York et Washington étaient bel et bien de nationalité et d'origine saoudiennes.

Dans ce contexte des plus troubles, le secrétaire américain à la Défense Donald Rumsfeld annonce le 29 avril 2003 à Riyad le départ des forces américaines d'Arabie saoudite. En réalité, le déménagement est amorcé depuis le printemps 2002. Il reste que le transfert du commandement aérien opérationnel de la base Prince Sultan, au sud de Riyad[1] (qui a continué depuis 1991 à assurer la coordination quotidienne des opérations aériennes contre l'Irak), à la base d'Al-Udeïd au Qatar (solution de repli au cas où l'Arabie saoudite aurait refusé l'usage de Prince Sultan) confirme le redéploiement des forces américaines dans la région. Celui-ci avait débuté avec l'installation à Doha, au Qatar, du nouveau centre américain de commandement général régional, le Centcom.

Bien que réitérant à de multiples reprises sa satisfaction d'« une parfaite coopération saoudienne » – *extremely helpful* – dans la conduite de la deuxième guerre d'Irak, Washington exprime ainsi sa volonté de réduire sa dépendance vis-à-vis de l'Arabie saoudite. Pour s'assurer que ce refroidissement ne tourne pas à la rupture brutale, les deux alliés sont convenus

1. À 80 kilomètres au sud-est de Riyad, cette base implantée dans le désert a été construite par des sociétés appartenant à la famille Ben Laden.

qu'il était de leurs intérêts respectifs de faire chambre à part. Oussama Ben Laden a atteint au moins l'un de ses objectifs : le départ des troupes américaines de sa terre natale. Mais ce divorce à l'amiable ne répond pas à l'exigence de rupture qu'appellent de leurs vœux les Faucons les plus militants, qui cherchent à provoquer une partition pure et simple du royaume en plusieurs émirats.

Pour les Faucons, l'éclatement de l'Arabie saoudite s'inscrit logiquement dans la suite d'une mise sous tutelle durable de l'Irak. Un rapport de leur cru, qui préconise un démembrement complet de l'Arabie saoudite, a circulé dans les plus hautes sphères de l'administration américaine. Plus précisément, ce document prône la sécession de la province du Hasa, à l'est. Cette région n'est pas seulement la zone pétrolière la plus riche du pays, elle est aussi majoritairement peuplée de Chi'ites, toujours enclins à vouloir s'émanciper de la tutelle wahhabite : en 1979, les tribus du Hasa tentèrent de se soulever avec l'aide de Téhéran contre la dynastie des Saoud. Le rapport prévoit aussi de confier la gestion des lieux saints de l'islam aux Hachémites[1] : cette dynastie, qui peut revendiquer une filiation directe avec le Prophète, bénéficierait d'une légitimité qui fait défaut à la tribu des Saoud. Elle avait du reste la garde des lieux saints jusqu'à en être dépossédée par les Saoud en 1927.

Considéré par Riyad comme une nouvelle provocation, ce document est d'autant plus mal perçu qu'il a été rédigé

---

1. Voir Rémi Kauffer, *La saga des Hachémites – La tragédie du Moyen-Orient 1909-1999*, éditions Stock, Paris, 2009.

par un chercheur israélien de l'université de Bar Ilan à Tel-Aviv. Cette vision d'un Proche-Orient fragmenté en petits morceaux, qui est celle des néo-conservateurs américains, ne tombe pas du ciel. Elle s'inscrit au contraire dans la continuité de la stratégie israélienne du gouvernement Sharon et Eitan, dans les années 1980. Elle-même s'inspirait de la doctrine des minorités élaborée par David Ben Gourion en 1948[1].

En 1976, alors que je travaillais avec Jean Ziegler sur son livre *Une Suisse au-dessus de tout soupçon*, le sociologue genevois m'expliquait que « plus que la lutte des classes, le pétrole est devenu le moteur de l'histoire contemporaine ». En dépit de la double schizophrénie américano-saoudienne, le prince héritier Abdallah – en visite aux États-Unis en avril 2005 – y reconduit les clauses économiques, politiques et stratégiques du pacte du Quincy, signé entre le roi Ibn Séoud et le président Roosevelt le 13 février 1945[2].

En août 2005 de la même année, il succède officiellement au roi Fahd. Bien que plus distant de Washington que son prédécesseur, il sait que la survie de la dynastie et de l'Arabie saoudite dépend de ce pacte. Il sait aussi qu'il est de l'intérêt vital de la monarchie comme de l'hyper-puissance de consolider son pays tout en œuvrant au morcellement de ses voisins, voire à leur re-tribalisation. C'est ce que va mettre en œuvre la guerre globale contre la terreur.

1. Voir Mythologie 6 : Servitude et grandeur de la guerre contre la terreur.
2. Voir Mythologie 1 : Les mille et une nuits du Quincy.

MYTHOLOGIE 6

Servitude et grandeur de la guerre contre la terreur

1er mai 2003 – À bord du porte-avions USS Abraham Lincoln qui croise quelque part dans l'océan Pacifique, une grande banderole est tendue sur la tour de commandement : « Mission Accomplished[1]. » L'équipage au grand complet, en tenue de sortie, est au garde-à-vous sur le pont supérieur. Un jet de l'aéronavale Lockheed S-3 Viking – baptisé « Navy One » pour l'occasion » – apponte. Le président George W. Bush est à la place du copilote et débarque en tenue de pilote de chasse. Dans un discours tout emprunt de solennité militaire, le président des États-Unis annonce la fin des « opérations de combats majeures » de l'opération « Libération de l'Irak », en précisant bien que « la guerre contre la terreur n'est pas terminée »...

Cette prestation était d'autant plus grotesque qu'au même moment trois attentats à la bombe étaient commis en plein cœur de Bagdad, causant une dizaine de victimes.

1. « Mission accomplie ».

Commencent alors l'occupation anglo-américaine et le démantèlement de l'État-nation irakien, livré aux communautés, aux tribus et autres pillards, avant-goût de la démocratie selon Washington. Grotesque, ce discours l'est à plus d'un titre, mais sa structure formelle confirme au moins un point capital : la deuxième guerre d'Irak s'inscrit bien dans le cadre stratégique plus large de la « Global War on Terror », déclenchée au lendemain des attentats du 11 septembre 2001.

Dès le 12 septembre, l'Otan déclarait officiellement que les attentats de New York et Washington constituaient une attaque contre les dix-neuf pays de l'Alliance. C'était la première fois que cette organisation invoquait ainsi la clause de solidarité de l'article 5 du Traité de l'Atlantique Nord. Rapidement, Al-Qaïda et son chef Oussama Ben Laden étaient désignés comme responsables des attentats. Alors hôtes du régime taliban de Kaboul, Ben Laden et ses partisans se trouvaient dans cinq camps principaux installés le long de la frontière afghano-pakistanaise. En novembre 2001, suite au refus des Taliban de le livrer, une coalition internationale (Grande-Bretagne, Canada, France, etc.) déclenchait la troisième guerre d'Afghanistan.

Le but de cette opération de guerre, selon les États-Unis et leurs alliés, est triple : capturer Oussama Ben Laden, détruire les bases Al-Qaïda et renverser le régime taliban. Les deux derniers objectifs sont rapidement atteints[1] per-

1. Oussama Ben Laden parvient cependant à s'échapper. Voir Mythologie 4 : Le syndrome de Pearl Harbor.

mettant l'installation d'un gouvernement provisoire dirigé par Hamid Karzaï à la suite des accords de Bonn en décembre 2001. Tout aurait pu s'arrêter là... Mais le Pentagone – comme au lendemain de la première guerre d'Irak en février 1991 – décide d'installer durablement des troupes sous l'habillage d'une Force internationale d'assistance à la sécurité (Fias) et de développer ses capacités opérationnelles dans cette région stratégique. Il ne faut pas être grand clerc militaire pour prévoir que cette décision va nourrir une résistance qui prendra les différentes formes de guérilla et d'actions terroristes. La Fias regroupe différents contingents occidentaux sous commandement de l'Otan, tandis que le Pentagone poursuit sa propre guerre – l'opération « Enduring Freedom » – qui déborde vite sur le Pakistan voisin. Élu président en octobre 2004, Hamid Karzaï n'a que peu de légitimité et ne contrôle que difficilement le secteur de Kaboul en 2006.

En août 2008, il y avait 70 000 soldats étrangers en Afghanistan, 53 000 pour la Fias et 17 000 pour l'opération américaine *Enduring Freedom*. En 2009, quelque 113 000 soldats étrangers, dont 71 000 américains, sont déployés dans le pays. Ces chiffres n'incluent pas les nombreux employés de sociétés militaires privées (2 000 hommes de la firme britannique Saladin, ceux de Blackwater, etc.). En janvier 2009, le *think tank* International Council on Security and Development estime que les Taliban sont opérationnels sur 72 % du territoire afghan. Le site « National Priorities » chiffre à plus de 425 milliards de dollars le coût de la guerre. Le lendemain de la mort d'Oussama Ben Laden, le 2 mai 2011[1], la Maison Blanche et ses alliés occidentaux annoncent le début du retrait de leurs troupes.

La guerre d'Afghanistan, la guerre d'Irak, la guerre de Libye : ces opérations se démarquent des ripostes antiterroristes et du contre-terrorisme traditionnels[2] par des actions militaires de grande ampleur, non dénuées de visées stratégiques étrangères à leurs objectifs déclarés. « Guerre globale contre la terreur » : sur le plan étymologique, cette terminologie pose problème[3], comme sur le plan d'une stricte logique formelle. Le terrorisme n'est pas une substance mais un flux, sinon une technique – guerre du faible au fort – dont les *modus operandi* ne cessent de se transformer. Peut-on faire la guerre à un flux ?

S'opposant non à des États mais à des groupes non étatiques, la GWOT n'a pas de calendrier clairement établi et conduit immanquablement à l'instauration d'un « état d'exception permanent ». Elle recourt parfois à des procédures étrangères au droit international et finit par imposer, sinon « légaliser » le concept de « guerre préventive » contre des États soupçonnés d'abriter des groupes terroristes et/ou susceptibles de leur fournir des « armes de destruction massive ». Ce dernier prétexte sera avancé pour justifier l'invasion de

1. Voir Mythologie 9 : Une mort à géométrie variable.
2. Voir Mythologie 10 : Nouvelles menaces/nouvelles ripostes.
3. Depuis juin 2005, les conseillers de Condoleezza Rice ont suggéré d'adopter une nouvelle appellation : le SAVE (Struggle Against Violent Extremism – Lutte contre l'extrémisme violent) pour remplacer le GWOT.

l'Irak en 2003, qui se déroulera sans l'aval du Conseil de sécurité des Nations unies.

Le GWOT combine la lutte directe, c'est-à-dire le démantèlement des cellules terroristes, la destruction des camps d'entraînement, et la lutte indirecte. Cette dernière recouvre les enquêtes et les pressions sur les gouvernements, organisations et personnes soutenant les organisations terroristes et le gel des avoirs soupçonnés appartenir ou servir à des groupes terroristes. Elle englobe aussi les aides financières aux pays participant à la lutte contre le terrorisme, les coopérations policières et judiciaires internationales ainsi que de la coopération entre services de renseignement. Sa dernière invention préconise une tentative de réorganisation politique des Proche et Moyen-Orient – le Grand Moyen-Orient – concocté par les idéologues néo-conservateurs de l'administration Bush. La deuxième guerre d'Irak aura été sa séquence la plus dévastatrice.

En occupant l'Irak, les États-Unis prétendaient y instaurer la démocratie. Quelle démocratie ? On voit de moins en moins, et pas seulement en Irak, ce que recouvre concrètement l'expression. La reconstruction du système politique sur la base de représentations communautaires et ethniques a réveillé les tensions entre les différentes composantes de la société. La tenue d'élections législatives, malgré le boycottage massif des « Arabes sunnites », ne traduit pas simplement un empressement américain à doter le pays d'un gouvernement apparemment représentatif, mais correspond surtout à la stratégie communautariste décrite par Reuel Marc Gerecht dans un article publié avant les premiers scrutins : « Iyad Allaoui[1] et les Américains doivent clairement montrer que les Chi'ites arrivent et que l'élite arabe sunnite a, au plus, un an pour rejoindre le nouvel Irak. Au même moment, Allaoui et les Américains devraient affirmer ouvertement et régulièrement que la nouvelle armée irakienne sera majoritairement composée de Chi'ites et de Kurdes, parce que les Sunnites arabes ne leur ont pas laissé le choix... Les Sunnites arabes doivent savoir, ils doivent le sentir dans leur chair, qu'ils sont en passe de tout perdre en Irak[2]. »

Au fil d'élections répétitives et formelles dont les résultats chiffrés restent incontrôlables et avec la formation successive de gouvernements « intérimaires », l'on voit s'imposer la conception d'un régime ethnique à base confessionnelle. Trois éléments favorisent cette évolution : l'héritage dévastateur du pouvoir personnel de Saddam Hussein, qui a ruiné toute espèce de vie politique et associative ; l'héritage orientaliste, qui dépeint la région comme une mosaïque de tribus antagonistes et non de peuples capables d'une volonté nationale commune ; la convergence de Washington avec cette conception communautariste du pouvoir, qui propulse aux plus hautes responsabilités d'anciens protégés de ses services

1. Neurologue britannique d'origine irakienne, Iyad Allaoui est devenu le premier chef du gouvernement irakien depuis la chute de Saddam Hussein en mai 2004 jusqu'en avril 2005. Il a vécu environ la moitié de sa vie au Royaume-Uni et a conservé sa nationalité britannique. Selon plusieurs sources autorisées, il a été un agent du MI6, les services britanniques.
2. Reuel Marc Gerecht : « The Struggle for the Middle East », *The Weekly Standard*, Washington, 3 janvier 2005.

secrets comme Ahmad Chalabi ou des services britanniques comme Iyad Allaoui.

La stratégie des États-Unis ne se résume certainement pas à une traduction mécanique de ces trois éléments mais, de l'aveu même du président des États-Unis et de ses conseillers, ils permettent d'élaborer une « vision globale » et des « lignes directrices ». Le directeur exécutif du très influent Washington Institute for Near East Policy, Robert Satloff, a baptisé cette stratégie « l'instabilité constructive ». Il constate que la recherche de la stabilité des États de la région qui fut, historiquement, le trait dominant de la politique proche-orientale des États-Unis, a abouti à des impasses. « Dans d'autres régions du monde, les stratèges américains débattaient de la pertinence de la stabilité, mais George W. Bush a été le premier président à considérer que la stabilité en tant que telle était un obstacle à l'avancement des intérêts américains au Proche-Orient. (…) Les États-Unis ont employé un éventail de mesures coercitives ou non coercitives, allant de l'usage de la force militaire pour changer les régimes en Afghanistan et en Irak, en passant par une politique de la carotte et du bâton (…) pour isoler Yasser Arafat et encourager une nouvelle et pacifique direction palestinienne, jusqu'aux encouragements courtois à l'Égypte et à l'Arabie saoudite pour les engager sur la voie des réformes[1]. »

1. Robert Satloff, « Assessing the Bush Administration's Policy of Constructive Instability » (Part II) : *Regional Dynamics*, Washington Institute for Near East Policy, 16 mars 2005.

Cette remise en cause d'une politique étrangère privilégiant la « stabilité » des États des Proche et Moyen-Orient a été, certes, confortée par les attentats du 11 septembre 2001, mais son chantier était ouvert dix ans plus tôt, début 1991, dès la fin de la première guerre du Golfe. Les experts des officines néo-conservatrices, comme Paul Wolfowitz qui deviendra numéro deux du Pentagone, expliquent alors qu'il aurait fallu « poursuivre la guerre de libération du Koweït jusqu'à Bagdad, pour démanteler un pays qui restera une menace pesant à la fois sur nos intérêts énergétiques et sur la sécurité d'Israël ». Les attaques menées contre le Pentagone et les tours du World Trade Center apporteront le meilleur argument aux théoriciens de l'instabilité constructive, qui estiment que la menace terroriste est ancrée principalement dans certains États de la région, dont l'Irak, la Syrie et l'Iran. En « déstabilisant » ces trois États, la politique américaine « révisée » se prétendait capable de déstabiliser également la menace terroriste et ses réseaux transnationaux. Elle a produit le phénomène inverse : selon plusieurs rapports de l'administration américaine, la menace terroriste a été multipliée par six depuis l'intervention anglo-américaine en Irak. Mais pour nombre d'analystes du Pentagone et du Département d'État, cette contre-performance est loin d'être une défaite et s'inscrit parfaitement, au contraire, dans la mise en œuvre de la stratégie de l'instabilité constructive.

L'utilisation à outrance des attentats du 11 Septembre a constitué un habillage médiatique idéal pour justifier les nouvelles priorités de la politique étrangère des États-Unis dans cette stratégie de l'instabilité constructive. En proclamant la priorité à la GWOT, à la chasse à Oussama Ben Laden et ses complices, « les décideurs américains vont disposer du plus bel alibi historique à leur disposition depuis la fin de la guerre froide », explique un attaché militaire européen en poste à Washington. « Au nom de la lutte antiterroriste est entrepris le redéploiement militaire américain le plus considérable depuis la fin de la Seconde Guerre mondiale. »

En mars 2004, la déposition de Richard Clarke – responsable de la lutte antiterroriste sous William Clinton et George W. Bush jusqu'en février 2003 – devant la Commission nationale sur les attaques du 11 septembre fut fracassante : bien avant les attaques, on savait que les réseaux d'Oussama Ben Laden constituaient la principale menace contre les États-Unis, mais l'administration Bush n'a rien fait pour la contrer parce qu'elle était obsédée par l'Irak et d'autres pays de la région. « J'assistais à des réunions où je m'attendais à ce qu'on mette en place des opérations pour casser les réseaux Ben Laden, alors qu'on n'arrêtait pas de parler de l'Irak, de la Syrie et de l'Iran. J'avais beau expliquer que les réseaux Ben Laden s'étaient structurés selon d'autres logiques, transnationales, transversales et localisées, Condoleezza Rice me répondait : « Oussama Ben Laden… Mais qui est ce type[1] ? »

Et lorsque Clarke plaidait auprès de Donald Rumsfeld, Paul Wolfowitz, Condoleezza Rice et le président Bush pour une intensification des opérations en Afghanistan et non pour

1. Richard Clarke, *Against All Enemies, Inside America's War on Terror*, Washington, Reprint ed. Free P., 2004.

une nouvelle guerre en Irak afin de contrer le danger que faisaient peser Ben Laden et ses complices, ses interlocuteurs ne parlaient que d'attaquer Saddam Hussein : « Toutes les énergies du Pentagone et du Département d'État étaient monopolisées par l'affaire irakienne, sans qu'on cherche même à comprendre ce qui s'était réellement passé le 11 septembre 2001. Ce n'était visiblement plus la question. »

Le 23 mars 2004, la Commission demanda à des responsables des administrations Clinton et Bush pourquoi ils n'étaient pas partis en guerre plus tôt contre les bases de Ben Laden et pourquoi ils n'avaient pas bombardé l'Afghanistan bien avant le 11 Septembre. Le lendemain, durant une nouvelle audition de Richard Clarke, les débats prirent une tournure partisane. Jim Thompson et John Lehman, deux commissaires républicains, mirent en cause la crédibilité de Clarke en attaquant les affirmations de son livre. L'ancien patron de l'antiterrorisme américain répondit qu'au cours de ses quinze heures de déposition, personne ne lui avait demandé son avis sur l'invasion de l'Irak. « Et la raison pour laquelle je suis si véhément dans mes critiques envers George W. Bush, c'est justement qu'en décidant cette attaque sans fondement – tant sur le plan des armes de destruction massive que sur celui des liens avec Ben Laden – le président des États-Unis a considérablement saboté la lutte antiterroriste. »

Richard Clarke fut par la suite la cible d'une campagne de dénigrement, principalement animée par *Fox News*, la chaîne de Rupert Murdoch acquise au parti républicain. Les « reportages » portaient exclusivement sur son soutien au candidat démocrate à la présidentielle John Kerry, sur sa vie privée et d'anciens démêlés avec l'administration fiscale. Il était invariablement présenté comme un mauvais Américain, voire comme un traître à son pays.

« Se parer des oripeaux de la lutte antiterroriste pour cibler différents pays – et pas seulement l'Irak : pensons aussi à Cuba et au Venezuela – tout en sachant qu'ils n'avaient rien à voir avec Ben Laden, a bien été la stratégie suivie par la Maison Blanche pour légitimer les augmentations faramineuses du budget de la défense, frisant 400 milliards de dollars », m'explique un attaché militaire en poste à Washington, qui ajoute : « On n'avait pas vu cela depuis la guerre de Corée. » Tout ceci montre à quel point la lutte antiterroriste a servi à classer les pays du Proche-Orient en deux catégories : les alliés de Washington et ses adversaires. Avec l'enlisement en Irak, l'endiguement de l'influence iranienne s'est imposé comme la nouvelle priorité de Washington. Il s'agissait désormais de multiplier les pressions internationales pour amener Téhéran à abandonner son programme nucléaire ou, au moins, à limiter sa capacité de riposte en cas d'attaque contre ses installations.

« Cet endiguement suppose de forcer la Syrie, dernier État allié de l'Iran au Proche-Orient, à rompre cette alliance et à désarmer le Hezbollah libanais », explique le politologue Walid Charara. « Devant le refus syrien, motivé principalement par l'absence de contrepartie conséquente – la reprise des négociations israélo-syriennes sur le Golan par exemple – Washington, rejoint par Paris, obtient en septembre 2004 du Conseil de sécurité des Nations unies le vote de la résolution 1559 exigeant le retrait des troupes syriennes du Liban, le désarmement des milices libanaises (Hezbollah et organisations palestiniennes) et le déploiement de l'armée libanaise dans le sud du pays[1] ». L'adoption de cette résolution[2] a été perçue par de nombreuses forces politiques et communautaires au Liban comme l'annonce par la communauté internationale de la fin du mandat syrien, instauré quinze ans plus tôt avec l'aval des États-Unis pour remercier Damas d'avoir participé à la première coalition contre l'Irak.

Pour l'opposition libanaise, ce fut le signal de la mobilisation de ses partisans contre la présence des troupes de Damas. L'assassinat de l'ancien Premier ministre Rafic Hariri le 14 février 2005 devait précipiter le processus aboutissant au retrait effectif des soldats syriens. Ce retrait s'accompagnait de pressions internationales accrues sur les deux pays : au Liban l'opposition, Washington et Paris cherchaient à pousser le président Émile Lahoud à la démission ; en Syrie, les mêmes poussaient sans le dire ouvertement à un changement de régime.

Comme ses cousines de Serbie, de Géorgie et d'Ukraine, la « révolution du cèdre » sera appuyée par des ONG et différentes fondations américaines, illustrant un mode inédit d'ingérence internationale que Gilles Dorronsoro qualifie de « stratégie de déstabilisation démocratique ». Il s'agit de

1. Walid Charara, « Instabilité constructive », *Le Monde diplomatique* de juillet 2005, et conversations avec l'auteur.
2. Voir Richard Labévière, *L'histoire secrète de la résolution 1559, Le Grand retournement : Bagdad/Beyrouth*, éditions du Seuil, Paris, 2006.

« s'appuyer sur des secteurs de la société civile réclamant le changement, de soutenir leur action en mobilisant en leur faveur les médias locaux et internationaux, d'inventer un héros fédérateur de la contestation et de renforcer la pression internationale sur les pouvoirs contestés. Au Liban, la mise en œuvre de cette stratégie a cependant aggravé le communautarisme, dressant les composantes du pays les unes contre les autres[1]. »

Pour Robert Satloff, ce qui s'est passé au pays du cèdre constitue un « cas d'école, dont il faudra s'inspirer si l'on veut provoquer le changement dans d'autres pays. » Selon lui, à partir du laboratoire libanais, on peut dégager trois phases comme autant de « prolégomènes à toutes les révolutions futures[2] » : La première consiste à pousser les forces d'opposition à imposer, par des mobilisations de rue massives, des élections extraordinaires destinées à rompre avec l'ordre ancien ; la deuxième à préparer soigneusement le scrutin en amont, à travers différentes actions proches du marketing comme l'adoption d'une couleur, d'un emblème, d'un journal, et à le faire superviser en aval par des observateurs internationaux ; la troisième à poursuivre les pressions internationales, afin d'éradiquer les derniers supports de l'ordre ancien, tels que partis politiques, groupes armés ou services parallèles de sécurité et de renseignement.

1. *Libération* du 10 mars 2005.
2. Robert Satloff, « *Assessing the Bush Administration's Policy of Constructive Instability* » *(Part I) : Lebanon and Syria*, Washington Institute for Near East Policy, 15 mars 2005.

L'instrumentalisation du communautarisme est aussi à l'ordre du jour dans les autres pays de la région qui sont les cibles de l'instabilité constructive. En Syrie, l'administration Bush cherche à provoquer un changement de régime. Comme le souligne encore Satloff, les Américains « n'ont pas intérêt à la survie du régime Assad, régime minoritaire, dont les fondements fragiles sont la peur et l'intimidation. Les craquements dans l'édifice du régime peuvent rapidement se transformer en fissures et ensuite en tremblements de terre[1]. » Pour lui, les États-Unis devraient se concentrer sur trois priorités :

– collecter un maximum d'informations sur les dynamiques politiques, sociales, économiques et « ethniques » internes à la Syrie ;

– mener une campagne autour de thèmes comme la démocratie, les droits de la personne et l'état de droit ;

– ne pas offrir au régime syrien d'issue de secours, sauf si le président Bachar el-Assad est prêt à se rendre en Israël dans le cadre d'une initiative de paix ou s'il expulse du territoire syrien toutes les organisations anti-israéliennes et qu'il renonce publiquement à la violence, « lutte armée ou résistance nationale, pour reprendre le jargon local ».

Il n'est pas surprenant de rencontrer, dans l'équipe de Robert Satloff, d'anciens trotskystes ayant travaillé sur le concept de « révolution permanente », concept dont la plasticité peut fournir des pistes de recherche, sinon des techniques

1. *Op. cit.*

applicables aux pays qui sont dans le collimateur du Pentagone. Dans le sillage de la « révolution conservatrice » lancée pendant les années Reagan, les chercheurs affiliés à l'administration américaine ont commencé à revisiter les grandes ruptures historiques comme les révolutions française et russe, pour en théoriser les « techniques insurrectionnelles » susceptibles de nourrir une méthodologie à l'usage des programmes d'instabilité constructive. Des notes blanches ont commencé à circuler, reprenant les grandes lignes des manuels de contre-guérilla écrits, imprimés et diffusés par le Mossad ou la CIA durant les années 1960 et 1970, à l'usage des Contras et autres groupes para-militaires latino-américains.

« C'est ainsi qu'il est devenu du dernier chic de citer Trotsky à tout bout de champ, au Washington Institute, au Defense Policy Board de Richard Perle et dans toute espèce d'officine conseillant le Pentagone », se souvient un ancien chercheur invité de la Rand Corporation. « Les brasseurs d'idées des néo-conservateurs rivalisaient de paradoxes pour montrer leur créativité et leur ouverture d'esprit. George W. Bush avait ouvert la voie, ne cessait de répéter Satloff. Il n'y a plus de tabou… »

Une autre préoccupation des *Satloff's boys* était de « banaliser les différences culturelles avec le monde arabe, pour que ce qui avait été possible en Amérique latine pendant la guerre froide le soit aussi au Moyen-Orient », ajoute notre chercheur. Dans une lettre à l'adresse de Karen Hughes, sous-secrétaire d'État à la diplomatie publique, Satloff conseille de : « bannir les termes "monde arabe" et "monde musulman" du lexique diplomatique américain. Défendez autant que possible une approche spécifique pour chaque pays, en paroles et en actes. Les islamistes radicaux veulent abolir les frontières et créer un monde supranational où les lignes de démarcation sépareront le domaine de l'islam du domaine de la guerre. Ne leur cédez pas le terrain avant même d'avoir livré la bataille[1]. » La grande source d'inspiration pour ces questions d'ordre sémantique est Bernard Lewis.

Né à Londres en 1916, installé à Princeton en 1974, Professeur émérite de l'université de la même ville, décédé le 24 décembre 2008, Bernard Lewis est un historien du monde islamique reconnu, notamment pour ses travaux concernant la période médiévale. Il devient, au fil d'une carrière universitaire sans surprise, la référence absolue des néo-conservateurs. Islamologue quasi officiel, il exerce une influence considérable sur les administrations américaines successives, à tel point qu'on lui prête la paternité des choix orientaux de Ronald Reagan et une expertise déterminante dans la conduite de la guerre du Koweït sous Bush père. Il est l'un des conseillers occultes les plus écoutés de l'administration Bush fils. Croulant sous une reconnaissance tardive, les honneurs de toutes sortes et les sollicitations des médias, aussi bavard que dogmatique, il sort du registre scientifique et multiplie des prises de position de plus en plus radicales, l'amenant, après la guerre du Koweït, à décréter la mort du monde arabe

1. Robert Satloff, *Memo to Karen P. Hughes*, Washington Institute for Near East Policy, 28 mars 2005.

en tant qu'acteur politique et la marginalisation durable de l'Organisation de libération de la Palestine. C'est à l'un de ses articles que Samuel Huntington a emprunté le titre de son fameux livre *Le Choc des civilisations*. Et c'est à Samuel Huntington et à Bernard Lewis que fait allusion Robert Satloff lorsqu'il rappelle que l'expression « Moyen-Orient » remplace désormais celle de « monde arabe ». Edward Saïd avait déjà noté que « l'œuvre de Bernard Lewis prétend être universitaire, objective et libérale, alors qu'en réalité elle s'assimile davantage à une propagande tournée contre son objet lui-même[1]. »

Florilège : « Il n'y a qu'une politique face à l'insurrection irakienne : la supprimer. Même verdict pour le Hamas dans les territoires palestiniens occupés : une organisation terroriste dangereuse qu'il faut traiter comme telle. » Sur l'Iran : « Je suis enclin à croire à la démence du président Ahmadinejad. Il semble vraiment convaincu de l'apocalypse qu'il annonce. Avec la bombe atomique, les Iraniens deviendraient d'une arrogance insoutenable. Ils ne l'utiliseraient pas dans des bombardements, mais plutôt dans des actions terroristes, sans préciser l'adresse de l'expéditeur. » À la Maison Blanche, il ne conseille qu'une chose : la fermeté. Et pour finir, il n'exclut pas « un scénario catastrophe dans lequel l'Occident et le monde musulman se détruiraient l'un l'autre, laissant la Chine et l'Inde dominer le XXIe siècle[2]. »

1. Edward Saïd, *L'Orientalisme – L'Orient créé par l'Occident*, éditions du Seuil, 1980.
2. Propos recueillis par *Le Figaro* du 4 mai 2006.

Les deux autres compères de ce club de la haine sont Daniel Pipes, polémiste professionnel qui anime la revue *The Middle East Quarterly* et Fouad Ajami, que ses origines libanaises désignent comme le porte-voix de l'analyse communautariste de la réalité arabe. Il fut très assidu auprès de l'ancien vice-président Dick Cheney, qu'il ne cessait de submerger d'argumentaires favorables à la guerre en Irak.

Aux antipodes de la générosité d'âme de ceux d'Alexandre Dumas, ces mousquetaires ont non seulement rivalisé de zèle pour justifier la guerre contre l'Irak, mais ils ont surtout alimenté une lecture paranoïaque de l'histoire, accréditant la thèse essentialiste d'une folie meurtrière immanente au monde arabo-musulman et son incapacité organique à toute espèce de modernisation. Pour eux, la forme étatique n'est plus adaptée à ce monde qui n'a jamais su ou pu sortir de ses logiques tribales. Par conséquent – et c'est un nouvel avatar de l'instabilité constructive – ces logiques tribales doivent être impérativement réactivées et entretenues en vue d'un double objectif : favoriser les forces contradictoires et antagoniques internes au monde arabo-musulman afin d'en neutraliser les capacités de nuisance, et arrimer les tribus renaissantes à autant de néo-protectorats inféodés à l'axe du « bien » Washington-Tel-Aviv.

L'antienne s'inscrit déjà dans le répertoire du gouvernement Sharon et Eitan des années 1980. Datée de février 1982, une note d'orientation signée par un haut fonctionnaire du ministère israélien des Affaires étrangères, Oded

Yinon, détaille le projet géostratégique d'une fragmentation de l'ensemble proche-oriental en des unités les plus petites possibles, préconisant, autrement dit, le démantèlement pur et simple des États arabes voisins d'Israël. En guise de préambule, Oded Yinon écrit : « Le monde arabe islamique n'est qu'un château de cartes construit par des puissances étrangères – la France et la Grande-Bretagne dans les années 1920 – au mépris des aspirations des autochtones. Cette région a été arbitrairement divisée en dix-neuf États, tous composés de groupes ethniques différents, de minorités hostiles les unes aux autres, si bien que chacun des États arabes islamiques d'aujourd'hui se trouve menacé de l'intérieur en raison de dissensions ethniques et sociales, et que dans certains d'entre eux la guerre civile est déjà à l'œuvre[1]. »

S'appuyant principalement sur une bibliographie américaine, citant abondamment Bernard Lewis et Samuel Huntington ainsi que des responsables politiques et militaires israéliens, la note passe en revue ces dix-neuf États arabes en répertoriant leurs principaux facteurs centrifuges, annonciateurs de troubles et de désintégration possibles : « Telle est la triste situation de fait, la situation troublée des pays qui entourent Israël. » La recommandation d'Oded Yinon est parfaitement claire : « C'est une situation lourde de menaces, de dangers, mais aussi riche de possibilités, pour la première fois

1. Oded Yinon, *Kivunium*, numéro 14, février 1982. Revue publiée par le Département de la propagande, Organisation sioniste mondiale, Jérusalem. Cet article a été envoyé à la *Revue d'études palestiniennes* par Israël Shahak et publié dans le numéro 5, automne 1982.

depuis 1967. Les chances qui n'ont pas été saisies alors peuvent se présenter de nouveau, plus accessibles, dans les années quatre-vingt, dans des circonstances et avec une ampleur que nous ne pouvons pas même imaginer aujourd'hui ».

L'analyse politique mérite, elle aussi, toute notre attention : « La politique de "paix", la restitution des territoires sous la pression des États-Unis, excluent cette chance nouvelle qui s'offre à nous. Depuis 1967, les gouvernements successifs d'Israël ont subordonné nos objectifs nationaux à d'étroites urgences politiques, à une politique intérieure stérilisante qui nous liait les mains aussi bien chez nous qu'à l'étranger. »

Après une ultime recommandation qui invite Israël à « agir directement ou indirectement pour reprendre le Sinaï en tant que réserve stratégique, économique et énergétique », Oded Yinon conclut : « La décomposition du Liban en cinq provinces préfigure le sort qui attend le monde arabe tout entier, y compris l'Égypte, la Syrie, l'Irak et toute la péninsule arabe. Au Liban, c'est déjà un fait accompli. La désintégration de la Syrie et de l'Irak en provinces ethniquement ou religieusement homogènes, comme au Liban, est l'objectif prioritaire d'Israël, à long terme, sur son front Est ; à court terme, l'objectif est la dissolution militaire de ces États. La Syrie va se diviser en plusieurs États, suivant les communautés ethniques, de telle sorte que la côte deviendra un État alaouite chi'ite ; la région d'Alep, un État sunnite ; à Damas, un autre État sunnite hostile à son voisin du Nord verra le jour ; les Druzes constitueront leur propre État, qui s'étendra sur notre Golan peut-être, et en tout cas dans le Haurân et en Jordanie du Nord. Cet État garantira la paix et la sécurité dans la région, à long terme : c'est un objectif qui est, dès à présent, à notre portée. »

Selon cette note stratégique, « l'objectif prioritaire d'Israël à long terme » consiste donc à favoriser tous les facteurs de désintégration des États arabes, démantèlement devant déboucher sur la balkanisation de la région. Dix ans avant les massacres, les charniers et autres « terribles cortèges » de Bosnie, cet encouragement prémonitoire à la purification ethnique et religieuse fait littéralement froid dans le dos.

Une nouvelle offensive de l'instabilité constructive voit le jour lors de l'Assemblée générale des Nations unies en septembre 2005. Après avoir déposé quelque 750 amendements au projet de réforme de l'Onu, après avoir puissamment contribué à vider le sommet du Millénaire de ses principaux enjeux, la diplomatie américaine fait avancer ses priorités proche-orientales. Dans le cadre de ce sommet, Washington ne perd pas de vue ses priorités :

– maintenir la pression sur la Syrie, accusée de laisser passer par son territoire nombre d'activistes internationaux en Irak. La mise en accusation de Damas concerne aussi le dossier libanais. Même si la Syrie s'est engagée à collaborer pleinement à l'enquête internationale sur l'assassinat de l'ancien Premier ministre Rafic Hariri, Washington cherche toujours à obtenir le désarmement du Hezbollah, ardemment réclamé par Tel-Aviv ;

– tenter de convaincre la communauté internationale de mettre en accusation l'Iran devant le Conseil de sécurité sur la question nucléaire.

« On détruit le multilatéralisme pour mieux favoriser ses intérêts bilatéraux… selon le meilleur usage de ce que l'on appelle l'instabilité constructive », explique un ambassadeur qui siège au Conseil de sécurité.

Six mois après son arrivée aux affaires, la nouvelle administration américaine du président Barack Obama n'a pas rompu avec cet agenda, même si elle essaie d'imposer un nouveau style. En lançant sa dernière agression contre Gaza juste avant l'entrée en fonction officielle de la nouvelle équipe démocrate, Tel-Aviv poursuivait un triple objectif : une surenchère sécuritaire et militaire entre le Likoud, le parti travailliste et Kadima à la veille des élections législatives israéliennes de février 2009 ; la poursuite des objectifs stratégiques de la doctrine de l'instabilité constructive ; le partage de ces mêmes objectifs avec les nouveaux partenaires américains.

Le 20 janvier 2009, lors de son discours d'investiture, Barack Obama confirme que les deux options principales de la politique américaine aux Proche et Moyen-Orient sont la lutte contre la prolifération nucléaire, particulièrement à l'adresse de l'Iran, et la guerre contre le terrorisme en Afghanistan. Pas un mot sur le conflit israélo-palestinien dont il ne semble pas vouloir faire une priorité. Ayant fait campagne sur un retrait militaire progressif d'Irak afin de consolider le dispositif militaire engagé en Afghanistan, Barack Obama ne rompt pas avec les lignes de force des administrations Bush, même s'il prétend vouloir engager un « dialogue rénové » avec l'Iran et ses partenaires européens. Comme son prédécesseur, il semble dénier au conflit israélo-palestinien sa nature d'épicentre de l'arc des crises proche et moyen-orientales, privilégiant les dossiers irakien, afghan et iranien.

La nomination d'Hillary Clinton comme secrétaire d'État et la reconduction de Robert Gates au Pentagone, avant qu'il prenne la direction de la CIA, confirment la stabilité de l'approche conceptuelle, dans un nouvel habillage. Le Président démocrate cherche cependant à favoriser une réconciliation syro-saoudienne, afin de distendre le partenariat stratégique existant entre Damas et Téhéran. Le prince saoudien Ben Sultan, agent principal de la mise en œuvre de l'instabilité constructive dans la région, étant très malade, le roi Abdallah semble reprendre la main avec le soutien de l'équipe Obama. Au Liban, l'ambassadeur d'Arabie saoudite engagé dans un soutien financier à la coalition du 14 mars[1] est rappelé à Riyad et remplacé par un diplomate proche du roi, plus conciliant à l'encontre du Hezbollah et de l'opposition. Soutenue par la nouvelle administration américaine, cette politique de « désengagement » de l'Arabie saoudite dans l'élection législative libanaise du 7 juin 2009 constituerait un signe supplémentaire du nouveau style Obama, susceptible d'atténuer la

1. L'ambassade d'Arabie saoudite à Beyrouth s'était engagée à financer nombre de billets d'avion pour les Libanais des diasporas australienne, canadienne et africaine, autant de bassins électoraux jugés favorables au « Courant du futur » de Saad Hariri et à la coalition du 14 mars.

confrontation des mondes sunnite/chi'ite pour favoriser *in fine* le lancement du dialogue rénové avec l'Iran, clef d'une atténuation de la crise régionale nucléaire, du désengagement irakien et de la gestion sécuritaire afghane. Si elle indique une inflexion des applications morbides de l'instabilité constructive, cette évolution n'en annonce pas pour autant la fin. Cette approche sera réexaminée après le déclenchement des « révolutions arabes[1] », qui remettront en selle la vieille politique du Quincy[2], notamment un soutien tous azimuts aux Frères musulmans.

Quoiqu'il en soit, et comme n'avait cessé de le répéter l'ancien Premier ministre Ariel Sharon, toujours officiellement dans le coma : le retrait de Gaza d'août 2005 serait « le dernier sacrifice que consentirait Israël », alors que la colonisation de la Cisjordanie allait non seulement se poursuivre, mais s'intensifier. Au lendemain de la dernière razzia israélienne sur Gaza en janvier 2009, le programme était respecté à la lettre. La colonisation s'intensifie comme jamais en Cisjordanie et à Jérusalem-Est. Mais les Palestiniens ne sont pas les seules victimes de cette prorogation de l'instabilité constructive et de son corollaire néo-colonial. Les Arabes chrétiens[3] de plusieurs pays de la région subissent eux aussi de plein fouet les méfaits de cette vision « démocratique » du monde.

1. Voir Conclusion : L'islamisme radical à l'épreuve des « révolutions arabes ».
2. Voir Mythologie 1 : Les mille et une nuits du Quincy.
3. Richard Labévière, *La tuerie d'Ehden ou la malédiction des Arabes chrétiens*, éditions Fayard, Paris, 2009.

C'est la guerre d'Irak, censée en finir avec le terrorisme qui relance le Jihad à travers le monde et assure à Al-Qaïda des perspectives d'avenir qu'elle n'osait envisager. Son rêve, à savoir entraîner les États-Unis en Afghanistan – dans un conflit comparable à celui dans lequel l'URSS s'est enlisée –, Oussama Ben Laden va le réaliser en Irak, au cœur du Proche-Orient. Les réseaux d'Oussama Ben Laden y ont prospéré avant de se délocaliser dans de nombreux pays. En 2003, l'année de l'invasion de l'Irak, on a enregistré le nombre le plus élevé d'opérations terroristes depuis 20 ans. Huit ans plus tard, le même constat demeure.

Directeur de l'Iris, Pascal Boniface explique : « Les Américains ont prôné le modèle du coup de pied dans la fourmilière, y compris par la guerre. Le bilan de celle d'Irak apparaît largement et globalement négatif Le mouvement démocratique doit avant tout être le fruit d'un processus interne[1]. » Diaa Rachwane, chercheur au Centre d'étude stratégique du quotidien *Al-Ahram*, rappelle que partout où des élections se sont tenues dans les pays du « Grand Moyen-Orient », les mouvements islamistes ont progressé de façon phénoménale, du Maroc au Pakistan en passant par l'Égypte, l'Irak mais aussi la Palestine[2].

Enfin, des auteurs très critiques à l'égard de la politique étrangère des États-Unis, comme Noam Chomsky, soulignent que les Américains ne sont pas les derniers à pratiquer

1. « De Jérusalem à Kaboul, la recrudescence des crises », *L'Humanité* du 4 janvier 2006.
2. Entretien avec l'auteur le 8 janvier 2009.

le « terrorisme » à l'échelle internationale. L'historien Jean-Michel Lacroix[1] souligne qu'« on ne saurait oublier que si les États-Unis condamnent – après le 11 septembre 2001 –, le terrorisme d'État, c'est après l'avoir appuyé en Indonésie, au Cambodge, en Iran ou en Afrique du Sud ».

En définitive, la guerre globale contre la terreur et son corollaire diplomatique – le Grand Moyen-Orient – auront sérieusement amplifié la menace qu'ils étaient censés circonscrire, sinon anéantir. Discréditant durablement les fondements mêmes des vieilles démocraties occidentales et leurs capacités à inspirer l'avenir constitutionnel et politique de pays d'autres continents, les réponses aux attentats du 11 septembre 2001 auront aussi passablement contribué à la fabrication du « choc des civilisations[2] », dernier avatar de l'idéologie néo-conservatrice, inspiré de l'essai du politologue américain Samuel Huntington.

---

1. Jean-Michel Lacroix, *Histoire des États-Unis*. éditions des Presses universitaires de France, collection « Quadrige », Paris, 2006.
2. *Le Choc des civilisations* est le titre d'un essai rédigé en 1996 par le politologue Samuel Huntington, professeur à Harvard. Son projet est d'élaborer une nouvelle grille de lecture des relations internationales après la chute du Mur de Berlin, qui s'appuie sur une description géopolitique du monde fondée non plus sur des clivages politiques, mais sur des oppositions culturelles plus floues, qu'il appelle « civilisationnelles », dans lesquelles le substrat religieux tient une place centrale.

MYTHOLOGIE 7

Le « choc des civilisations »

Cette mythologie fait partie des récits qui se multiplièrent après la chute du Mur de Berlin. Elle s'ajoutait à celles de la fin de l'histoire, de la victoire définitive du libéralisme économique et d'un nouvel ordre international.

Au-delà du choc émotionnel, les attentats du 11 Septembre résonnèrent comme un coup de tonnerre idéologique dans la grande nuit de la confusion des temps. Son éclair le plus déchirant apportait enfin la confirmation d'une intuition sauvage : la haine de l'autre clan. On vous l'avait bien dit, on vous avait prévenus ! Et l'on vit fleurir les discours d'historiens, d'anthropologues et de politologues resservant une vieille croyance qui remonte à la tour de Babel : celle de l'incompatibilité des cultures, popularisée par un professeur de Harvard sous le nom de « choc des civilisations. » Autrement dit, le mal vient toujours d'une autre culture et d'un autre continent.

L'idéologie « naturaliste » des civilisations

La première version, parue en 1996, de l'essai de Samuel Huntington – *The Clash of Civilizations and the Remaking of World Order* – reprend la thèse de son article – le choc des civilisations – publié en 1993 par la revue *Foreign Affairs*. L'auteur y propose une nouvelle lecture de l'histoire des relations internationales, sinon de l'histoire universelle après la chute du Mur de Berlin, en s'appuyant non plus sur les réalités économiques et politiques, mais sur les confrontations culturelles qu'il appelle « civilisationnelles », au premier rang desquelles les religions. Pour Huntington, les guerres d'aujourd'hui sont en effet, pour la plupart, des « guerres de religion ».

Le livre comporte quatre parties : un monde divisé en civilisations ; l'équilibre instable des civilisations ; le nouvel ordre des civilisations et les conflits entre civilisations. Ce développement part d'un postulat idéologique lié à la fin de la guerre froide : celui de la fin de l'histoire. La victoire du capitalisme sur le modèle « socialiste » de l'économie planifiée consacre l'avènement d'un « savoir absolu » libéral, néo-libéral, hyper-libéral. Et la seule loi qui vaille désormais pour comprendre l'évolution des sociétés est celle du « enrichissez-vous ! » La lutte de classes est remisée au sous-sol des antiquités pour faire place aux « clivages ethniques et culturels. »

Les grandes reconstructions idéologiques se doivent toujours de fixer un commencement : « pour la première fois dans l'histoire », écrit Huntington, « la politique globale est à la fois multipolaire et multi-civilisationnelle. » À partir de ce constat fondateur, il décrète la fin des idéologies, sinon la fin de l'histoire empruntée à Francis Fukuyama[1], pour constater le retour du sentiment d'appartenance identitaire, que ce soit dans le monde musulman, avec le réveil de l'islam radical, en Asie ou dans les pays d'Europe orientale comme la Pologne, qui a fait sa révolution au nom de la culture et de la religion.

Pour Huntington, ce réveil « identitaire » ne s'exprime plus par le biais de la revendication « nationale » comme aux XIXe et XXe siècles, mais dans le cadre flou d'une appartenance « civilisationnelle ». Cette recomposition accompagne les échanges désormais « mondialisés », aboutissant à une « World Company » plus ou moins globale. Et la catégorie qu'il nomme « civilisation », nouveau moteur de ce qui reste de l'histoire, se réduit à la religion qui en constitue le fondement « moral » et politique.

Pour appuyer sa thèse, Huntington donne des exemples : en 1994, les musulmans de Bosnie défilent dans Sarajevo

1. Francis Fukuyama est professeur d'économie politique à l'Université Johns-Hopkins à Washington. En 1989, il publie un premier article sur le sujet (The End of History ?) dans la revue *The National Interest.* En 1992, il en reprend la thèse dans un livre, *La Fin de l'Histoire et le dernier homme*, Flammarion, 1992. Il y explique que la progression de l'histoire humaine, envisagée comme un combat entre des idéologies, touche à sa fin avec le consensus universel sur la démocratie libérale qui triomphe avec la fin de la guerre froide.

en brandissant les étendards, non pas des démocraties occidentales qui les ont soutenus, mais de l'Arabie saoudite, du Pakistan et de la Turquie, c'est-à-dire ceux de l'islam. Citant, hors de toute cohérence épistémologique, le grand historien Fernand Braudel, il affirme que les progrès historiques liés à celui des technologies n'entraînent pas forcément une occidentalisation du monde. Prenant l'exemple des alliances de revers comme celle de François 1er et de Soliman ou celle du général de Gaulle avec la Chine de Mao, il entend souligner le primat d'intérêts politiques ponctuels sur les déterminismes économiques et stratégiques.

Enfin, il récuse la notion de « civilisation universelle » qu'il appelle « la culture de Davos », la grand'messe rassemblant chaque année dans les montagnes helvétiques les managers de l'économie mondiale qui partagent la même confiance dans les valeurs du libéralisme économique. Pour lui, ces décideurs d'une économie mondialisée « ouverte » supposée générer mécaniquement la démocratie et les droits de l'homme, ne constituent qu'une petite minorité inapte à rassembler et à représenter le village planétaire. La grande masse des hommes continue d'être mue par leurs « valeurs » traditionnelles, familiales, claniques, tribales et religieuses.

Par conséquent, les États qui partagent ces mêmes « valeurs » se rapprochent de plus en plus en nouant des accords et des partenariats économiques, politiques et stratégiques. Toujours en référence aux dernières guerres balkaniques, Huntington souligne que les musulmans de Bosnie étaient financés et approvisionnés en armes et combattants par les pays musulmans – Arabie saoudite, Pakistan, Turquie, Iran – alors que la Serbie orthodoxe s'appuyait sur ses frères orthodoxes comme la Russie. Sa conclusion : les guerres du XXIe siècle ont désormais une dimension essentiellement ethnique et « civilisationnelle ».

Ensuite, il passe en revue les grands groupes humains qui lui paraissent avoir suffisamment de cohésion pour accéder au rang de « civilisations ». Il retient, en premier lieu, la civilisation chinoise avec ses diasporas et cultures connexes comme le Vietnam, la Corée et les Philippines. La société japonaise conserve des caractères spécifiques lui permettant d'être considérée aussi comme une civilisation. La civilisation hindoue ou indienne englobe le sous-continent indien : Inde, Sri Lanka et diaspora indienne, soudées par l'hindouisme. La civilisation islamique du Sénégal à la Nouvelle-Guinée se fonde sur la religion musulmane. Huntington y distingue des sous-ensembles (qu'il appelle « cultures » ou « sous-civilisations ») : les cultures arabe, turque, perse et malaisienne. La civilisation occidentale se compose de trois grands ensembles : l'Europe, l'Amérique du Nord et l'Océanie (Australie et Nouvelle-Zélande), liées par le christianisme. La civilisation latino-américaine, bien qu'elle découle des colonisations européennes, n'en connaît pas moins un développement différent des autres entités occidentales. La civilisation africaine – sans l'Afrique du Nord et la Corne – rassemble les populations animistes. Enfin, la civilisation orthodoxe (Russie, Ukraine, Serbie, Grèce, etc.), trouve sa cohésion par le christianisme orthodoxe.

Par conséquent, les conflits « civilisationnels » se manifestent soit :

– entre deux civilisations, sur leurs frontières : c'est le cas de l'islam au contact des autres civilisations : Bosnie-Herzégovine, Cachemire, Nigeria, Pakistan, etc. ;

– entre civilisations qui cherchent à s'affirmer afin de rejeter la domination de l'Occident ;

– à l'intérieur d'une même civilisation pour la conquête du pouvoir comme les luttes entre islamistes et réformateurs dans le monde islamique ;

– à l'intérieur d'un même pays : ceux déchirés entre plusieurs civilisations : la Turquie, le Mexique, la Russie et l'Australie…

Cette théorie, qui a servi de base idéologique à la guerre globale contre la terreur[1], comporte nombre de curiosités « scientifiques », au premier rang desquelles la notion centrale de « civilisation ». Elle n'est pas un concept à proprement parler, mais une notion ou un référent venu des philosophies idéalistes inspirées de Platon, considérant l'histoire comme une décadence, en ce sens qu'il n'y aurait de vraie civilisation que perdue ou plutôt en perdition. Cette évolution demanderait donc un mouvement de retour, de remontée vers des origines salvatrices à partir desquelles lutter contre le déclin.

Plus précisément, la notion de civilisation telle que Huntington la façonne s'inscrit dans la filiation des travaux de

1. Voir Mythologie 6 : Servitude et grandeur de la guerre globale.

l'historien Arnold Toynbee[1] dont l'œuvre a produit une théorie générale de l'histoire comparée des civilisations. Elle-même est redevable à la philosophie d'Oswald Spengler telle qu'elle est développée dans *Le déclin de l'Occident*. Très influente outre-Atlantique après la Seconde Guerre mondiale, cette école philosophique a beaucoup inspiré la classe universitaire et politique dans ses tentatives d'explication de l'avènement du IIIe Reich et du nazisme. L'ancien secrétaire d'État Henry Kissinger cite souvent Spengler, lui reconnaissant « un regard pertinent sur la croissance et le déclin des civilisations » et soulignant : « Ce qui me fascine surtout, c'était l'idée que toute civilisation forme un système dont les manifestations sont spécifiques. Certaines peuvent ainsi expliquer les fondements de la puissance et de son expression hégémonique. »

Selon Toynbee, la civilisation aurait émergé il y a quelque cinq mille ans avec la naissance des premiers centres urbains ; les villes étant elles-mêmes désignées comme « des agglomérations dont une majorité d'habitants ne se livrent plus aux tâches de subsistance, à la production de vivres et des biens de consommation ». Ce creuset socio-urbain représenterait le cadre où la culture se transformerait en « civilisation ». Par analogie avec la « révolution industrielle », l'historien parle alors de « révolution urbaine ». Cette définition croise à nouveau Spengler, lequel écrivait que la civilisation était par

1. Arnold Joseph Toynbee (1889 – 1975) historien britannique, est l'auteur de 12 volumes sur l'essor et la chute des civilisations, *A Study of History*, parus entre 1934 et 1961. Cet essai d'histoire universelle est basé sur les rythmes de la croissance, l'épanouissement et le déclin.

nature « cyclique », typique des conceptions traditionnelles de l'histoire, le dernier stade de la culture parvenue à maturité s'engageant fatalement sur la pente de la décadence.

Ce qui retient surtout Toynbee, c'est le critère sociogénétique d'une « minorité créatrice ». Son rôle moteur dans la civilisation s'expliquerait par son indépendance de toute obligation productive – agriculture, industrie et commerce – au profit d'une spécialisation dans les fonctions étatiques liées à la survie et à la reproduction sociale. Arnold Toynbee cite ainsi les soldats (fonction guerrière), les administrateurs (fonction gestionnaire et politique) et, par-dessus tout, les prêtres (fonction religieuse). Dans ces conditions, les civilisations surgiraient en réponse aux grands défis de la décadence. C'est dans ces contextes de crise que les « minorités créatrices » trouveraient des solutions pour réorienter la société toute entière. La minorité dominante ne peut construire l'appareil de l'État sans imposer son autorité et exiger la soumission : son action est donc basée sur la force et la puissance. Enfin, Toynbee et son disciple Samuel Huntington réaffirment le rôle structurant des religions, apportant l'élément de cohésion essentiel à la survie de toute civilisation.

Ainsi, en minimisant les facteurs économiques et politiques, la théorie du « choc des civilisations » postule une définition essentialiste des groupes humains, chacun d'eux s'attachant à reproduire son identité propre, de manière autonome, en dépit des autres communautés. Chaque civilisation viserait essentiellement – par sa nature même – sa propre reproduction au détriment du reste de l'humanité, d'une manière quasiment a-historique. Cette théorie soulève nombre d'objections anthropologiques, historiques et politiques.

L'un des grands penseurs de la question des identités et des civilisations est l'historien français Fernand Braudel[1]. Samuel Huntington le cite abondamment, mais – on l'a souligné – en trahissant ses présupposés scientifiques et la rationalité de ses démonstrations pour n'en retenir que des bribes propices à la fabrication de sa machinerie idéologique. L'école historique française des *Annales*, les travaux de l'ethnologue Claude Lévi-Strauss, de même que ceux de l'anthropologie sociale britannique (J.G. Frazer, Bronislaw Malinowski, A.R. Radcliffe-Brown, E.E. Evans-Pritchard) et de l'anthropologie culturelle américaine (L.H. Morgan, Franz Boas, Marvin Harris, Clifford Geertz, Margaret Mead, Ruth Benedict) apportent, eux-aussi, autant de cinglants démentis aux préjugés essentialistes de la théorie du « choc des civilisations ».

Depuis de nombreuses années, les sciences humaines étudient les communautés humaines dans leurs perspectives historiques et leurs capacités à s'ouvrir vers l'extérieur, tant à travers les échanges commerciaux, les métissages sanguins et culturels, qu'à travers les conflits et les guerres. Dans leur ouvrage *Difficile tolérance*, Yves-Charles Zarka et Cynthia Fleury[2] font remarquer que « les premiers théoriciens du "choc des civilisations" ne sont pas forcément ceux que l'on croit, à savoir les partisans de Huntington, mais bien plutôt

1. Fernand Braudel, *Grammaire des civilisations*, éditions Arthaud, Paris, 1963.
2. Yves-Charles Zarka et Cynthia Fleury, *Difficile tolérance*, éditions des Presses universitaires de France, Paris, 2004.

les fondamentalistes des grandes religions qui découpent le monde en “blocs civilisationnels et religieux” concurrents. » L’essayiste Olivier Roy va dans le même sens en soulignant qu’« Oussama Ben Laden est huntingtonien ». Il précise que « la théorie du “choc des civilisations” participe “de la fantasmagorie, mais [que] ça marche, dit-il, parce que ce fantasme est dans la tête des gens en Occident et qu’il est auto-réalisateur. Le 11 Septembre est une belle réussite de ces idées[1]” ».

Négligeant une connaissance minimale des relations internationales, cette théorie est encore plus fantasmagorique lorsqu’elle s’applique au plan géopolitique. La première objection de fond touche au découpage géographique des grandes civilisations proposé par Huntington. Il suffit de faire un peu de terrain dans les grands ensembles tels qu’ils sont découpés pour se rendre compte qu’ils ne sont pas si homogènes et cohérents que le politologue américain le prétend. Songeons seulement à l’Afrique sahélienne ou à l’Asie du Sud-est… Quant à la « civilisation musulmane », nul besoin d’être un islamologue confirmé pour saisir à quel point ses apports – sunnite, chi’ite, chrétien, druze, etc. –, démentent immédiatement le fantasme d’un bloc monolithique « essentiellement » hostile à un Occident tout aussi granitique.

Outre le manque de pertinence du critère géographique et de ses découpages, à tout le moins très approximatifs, le choix de la religion comme facteur déterminant occulte d’autres variables géopolitiques essentielles : les besoins énergétiques,

1. Entretien avec l’auteur le 11 septembre 2002 pour Radio France Internationale (RFI).

le mal-développement, les déséquilibres des échanges Nord-Sud, les infrastructures militaires et stratégiques, les nouvelles technologies, les risques environnementaux, etc. Il n'est pas question ici de les passer en revue, mais l'interpénétration des flux de marchandises, de personnes et d'informations montre quotidiennement les effets d'une certaine mondialisation, qui contredisent la légende du « choc des civilisations ». Et les conflits qui accompagnent ces mutations ne sauraient se réduire, même dans leurs figures les plus régressives – songeons seulement aux guerres balkaniques, au génocide rwandais ou au conflit israélo-palestinien – à leurs dimensions ethno-religieuses.

Les « révolutions arabes » du printemps 2011[1] constituent la réponse la plus récente, sinon la plus cinglante aux rêveries idéologiques du professeur Huntington. Se déroulant au sein du même bloc « civilisationnel », elles placent leurs accélérations historiques, leurs revendications économiques et sociales au cœur même de l'évolution actuelle des relations internationales. En dépit de la hiérarchisation des menaces – l'axe du mal – fabriquée par les néo-conservateurs américains et leurs homologues français, inspirés par la théorie du « choc des civilisations », elles replacent l'avenir de l'Orient compliqué dans l'arc des crises régionales au premier rang desquelles le conflit israélo-palestinien. La centralité de ce conflit de plus de 60 ans est proprement niée. Il s'agit d'une guerre et d'une guerre coloniale. Il s'agit du sort d'un territoire et d'un peuple

1. Voir la conclusion : L'islamisme radical à l'épreuve des « révolutions arabes ».

auquel est refusé le droit à l'auto-détermination. Cela n'a rien à voir avec le « choc des civilisations ».

Le conflit israélo-palestinien n'est pas un « choc des civilisations ».

Cette région du monde n'en finit pas de gérer les séquelles du démantèlement de l'empire Ottoman et de ses tutelles coloniales successives : mandats français et britannique, implantations stratégico-militaires américaines et occupations israéliennes. À partir de la création d'Israël en 1948, et dès lors que cet État fut considéré comme une tête de pont du « monde libre » contre des nations arabes qui avaient fait le choix du camp communiste, la question israélo-arabe – devenue au fil du temps et des conflits, « israélo-palestinienne » –, s'est imposée comme une question politique et géopolitique « totale ». De même que Marcel Mauss parlait de « fait social total », englobant un ensemble de pratiques humaines, la question palestinienne implique l'ensemble des dimensions politiques liées au fait colonial : survie économique, autodétermination, droits humains et politiques.

Dans la longue succession des guerres israélo-arabes s'expriment non seulement des enjeux locaux et régionaux, mais aussi des principes politiques universels non réductibles à telle ou telle « civilisation ». S'y exprime au contraire ce que les relations internationales ont de plus dur et de plus morbide : la guerre et la conquête. Il n'est que de reprendre certains de ses développements pour mesurer la dimension incompressible des facteurs économiques, diplomatico-politiques et stratégiques.

De l'invasion israélienne du Liban de juin 1982 jusqu'à la guerre israélo-libanaise de l'été 2006 en passant par les redéploiements successifs en Cisjordanie et à Gaza, le cabinet militaire israélien diversifie ses méthodes de contre-insurrection urbaine, qui seront mises en œuvre par les troupes américaines engagées en Irak et en Afghanistan. Les mêmes techniques interarmées vainement utilisées contre le Hezbollah en 2006 seront appliquées, tout aussi vainement, contre le Hamas palestinien à Gaza en janvier 2009.

Gaza, hiver 2008/2009 : paradigme de la guerre coloniale

Tzipi Livni, ministre israélien des Affaires étrangères déclare, sur le perron de l'Élysée où elle vient d'être reçue par Nicolas Sarkozy[1] au sixième jour des raids sur Gaza en janvier 2009, que la riposte militaire de l'État hébreu se déploie pour combattre le Hamas et le terrorisme sous les auspices du « monde libre », précisant que Tel-Aviv est ainsi en première ligne pour en défendre les « valeurs fondamentales et civilisationnelles ». L'argument est loin d'être original : il servit à Franco et à ses alliés phalangistes pour justifier leur

1. 1er janvier 2009.

coup d'État et la dictature espagnole (1939-1975), aux ultras de l'Algérie française (1954-1962), aux partisans de la dictature des Colonels grecs (1967-1974), aux régimes militaires d'Amérique latine et aux défenseurs sud-africains du régime d'*Apartheid*.

Vieille rengaine des expéditions coloniales, de la guerre du Vietnam, jusqu'aux opérations menées dernièrement en Irak et en Afghanistan au nom de l'« ingérence démocratique », la défense du monde libre et des valeurs fondamentales de l'Occident aboutit, le plus souvent, aux pires horreurs. Bertrand Badie précise : « D'inspiration néoconservatrice, mais volontiers reprise dans les milieux "libéraux" américains et jusque dans l'entourage de Barack Obama, l'idée navigue, outre-Atlantique, du projet d'une "communauté" à celui d'un "concert de démocraties" incluant le plus clair de l'Europe et de l'Amérique et révélant, au travers du Japon et de l'Australie, une sorte d'Extrême-Occident[1]. » Initialement formalisé par Madeleine Albright, alors secrétaire d'État de William Clinton, ce projet de « club des démocraties » sera repris par l'administration Bush sous la bannière de l'Otan, destinée à devenir une « organisation globale ». Condoleezza Rice a fait de l'« Otan global » une alliance élargie aux nouveaux pays de l'Est, l'une de ses priorités stratégiques, destinée à supplanter l'Organisation des nations unies toujours susceptible d'être bloquée par un véto russe,

1. Bertrand Badie, « La nouvelle Sainte Alliance », *La Croix* du 20 janvier 2009.

chinois ou français. On en verra une nouvelle illustration en Libye au printemps 2011.

La dernière intervention israélienne à Gaza est dans le droit fil de cette conception, qui dénonce toute espèce de résistance – assimilée au terrorisme dès lors qu'elle s'oppose aux « ingérences démocratiques » – et excuse n'importe quelle violence d'État. Cette même conception, poursuit Bertrand Badie, « externalise le processus démocratique au lieu de le faire surgir de la profondeur des sociétés concernées. Elle dote les démocraties du droit de faire la guerre à ceux qui n'en sont pas. Elle habilite les dictatures quand elles servent de stèles à des clients dociles et les dénonce lorsqu'elles contrarient les hégémonies. Elle réintroduit une dualité de droits, l'inégalité dans la souffrance et dans la mort. Elle rend impossible l'universalité et l'inclusion. En fait, elle réinvente la colonisation[1] ».

La colonisation ! À Gaza, comme dans le reste de la Palestine, c'est essentiellement la population civile qui en subit les affres et qui est victime des crimes de l'armée israélienne. Le bilan humain de l'opération « Plomb durci » est qualifié de « très choquant » par John Holmes, le coordinateur humanitaire des Nations unies. Selon les chiffres publiés par les services médicaux palestiniens, l'offensive israélienne a fait 1 330 morts palestiniens dont 437 enfants de moins de 16 ans, 110 femmes et 123 personnes âgées ; et 4 500 blessés, dont nombre resteront handicapés à vie. De son côté, l'armée

1. Bertrand Badie, *op. cit.*

israélienne estime le nombre de morts entre 1 100 et 1 200, dont 250 civils.

Par ailleurs, quelque 5 000 maisons ont été entièrement détruites durant les attaques israéliennes et plus de 22 000 autres ont été endommagées, selon une estimation du Bureau central des statistiques de l'Autorité palestinienne, provoquant « des pertes totalisant 466 millions de dollars. Les infrastructures ont subi des dégâts s'élevant à 150 millions de dollars et les locaux des services à 120 millions[1] ».

Nombre d'armes interdites par les conventions internationales ont été utilisées, à commencer par des bombes à sous-munitions et des bombes au phosphore. « À Gaza, elles ont été utilisées de façon intensive dans des zones extrêmement peuplées », explique Donatella Rovera, chef de mission d'Amnesty International.

Autres armes utilisées contre la population civile : les « fléchettes », de fines aiguilles longues de 4 centimètres qui, après l'explosion en l'air de l'obus, sont projetées sur une surface de 100 mètres de large et 300 mètres de long, chaque obus contenant entre 5 000 et 8 000 fléchettes. Amnesty International s'étonne également que des armes de précision – les bombes larguées par les chasseurs F-16, les missiles tirés par les hélicoptères Apaches, les obus de chars – aient pu faire autant de morts chez les civils palestiniens. « Ont-ils été mal ciblés ? Si c'est par erreur, pourquoi y a-t-il eu autant de cas ? Ou bien l'armée israélienne a-t-elle décidé

1. *Le Carrefour d'Alger* du 2 mars 2009.

sciemment de bombarder les populations ? » se demande Donatella Rovera.

Plusieurs pays ont réclamé l'ouverture d'une enquête internationale sur la conduite de l'armée israélienne. De son côté, Amnesty International a demandé avec insistance au Conseil de sécurité d'adopter urgemment une résolution portant sur la création d'une Commission internationale d'enquête « exhaustive, indépendante et impartiale, afin que les responsables de crimes de guerre et d'autres violations graves du droit international soient poursuivis en justice ». La Cour pénale internationale (CPI) n'aurait-elle pas dû être saisie ? C'est un fait incontestable que les opérations militaires israéliennes aient eu « un caractère sans aucun doute inhumain », qui induit « le spectre de crimes de guerre systématiques », confirme Richard Falk, le rapporteur spécial des Nations unies pour les Territoires palestiniens.

Au-delà des crimes de guerre et crimes contre l'humanité, le tribunal Russel sur la Palestine oriente aussi ses travaux sur les techniques de « génocide blanc » mises en œuvre par l'État israélien à l'encontre du peuple palestinien. À l'automne 2002[1], j'écrivais déjà : « La finalité de cet enfermement/défermement imposé à la population palestinienne consiste à rendre la vie quotidienne proprement insupportable ».

Un de mes amis de Bethléem le dit plus clairement, mais avec beaucoup d'émotion : « Ce qu'ils cherchent avant tout, c'est à nous arracher à notre terre. En effet, plus qu'une simple

1. « Surveiller, punir et faire partir », *Revue d'études palestiniennes*, numéro 85, automne 2002.

militarisation de Gaza et de la Cisjordanie, la politique d'Ariel Sharon poursuit inlassablement la réalisation d'une "utopie disciplinaire" dont les rouages pourront rejeter les populations indésirables soit vers la bande de Gaza, soit vers la Jordanie, soit vers d'autres pays ». Cherchant à comprendre, Gilles Deleuze constatait pour sa part : « Israël n'a jamais caché son but, dès le début : faire le vide dans le territoire palestinien. Et bien mieux, faire comme si le territoire palestinien était vide, destiné depuis toujours aux sionistes. Il s'agissait bien de colonisation, mais pas au sens européen du XIXe siècle : on n'exploiterait pas les habitants, on les ferait partir[1]. »

Dernières nouvelles du front : pas de négociation !

Comme il l'a fait à de nombreuses reprises, Israël régionalise sa riposte dès qu'on s'approche d'une tentative de règlement. En février 2011, l'un des centres de planification opérationnelle du Pentagone se rend compte qu'Israël est en train de regrouper quinze unités blindées et pas moins de six régiments d'infanterie le long de la frontière libanaise. Les plates-formes aériennes et les sous-marins porteurs de l'arme nucléaire sont mis en état d'alerte. L'état-major prépare bel et bien une nouvelle attaque contre le Hezbollah libanais par voie terrestre dans le secteur de la Bekaa-est, le long de la frontière syrienne. Israël spécule sur les mouvements de

1. *Revue d'études palestiniennes*, numéro 59, printemps 1996.

contestation qui s'amplifient dans le monde arabe, espérant entraîner cette fois-ci la Syrie dans un conflit élargi qui justifierait, « mécaniquement » des bombardements sur l'Iran.

On revient ainsi à la vieille option d'attaque de l'Iran, par un système d'opérations graduelles. Celle-ci ciblerait d'abord le Hezbollah, puis le système de défense syrien avant de s'en prendre à la « menace principale ». Symboliquement cette nouvelle opération est baptisée « Bombardements mécaniques. »

Les concepteurs de ce plan mettent en avant, non seulement les mouvements de protestations qui augmentent dans les pays de la région, mais surtout le pacte du 26 février 2010. Ce jour-là à Damas, les présidents Assad et Ahmadinejad, ainsi que Hassan Nasrallah, le secrétaire général du Hezbollah, ont promis de se porter mutuellement assistance si l'un d'eux était attaqué. Détecté par le système américain d'observation satellitaire mais aussi grâce à des fuites de l'état-major israélien, au plus haut niveau, l'opération « Bombardements mécaniques » met en émoi la Maison Blanche et les responsables des services israéliens. Le 5 juin 2011, Meïr Dagan, l'ancien chef du Mossad, explique qu'une telle opération serait « une grave erreur » et qu'il convient de « cibler l'Iran en dernier recours et seulement si on ne peut pas faire autrement ». Ses homologues du service intérieur et du renseignement militaire sont sur la même ligne.

Une fois passée la « certaine colère de la Maison Blanche », les experts proche-orientaux du Pentagone comprennent mieux qu'ils se font instrumentaliser. Les préparatifs de l'opération « Bombardements mécaniques » ont un objectif bien précis : s'assurer du soutien sans faille de Washington lors de la reconnaissance de l'État palestinien par l'Assemblée générale des Nations unies en septembre 2011. Le renoncement à une attaque contre le Hezbollah, la Syrie et l'Iran doit se payer sur le plan diplomatique au prix fort : Washington devrait s'engager à mettre son véto et à gérer, du mieux possible, l'isolement d'Israël. En tuant l'idée d'Alain Juppé, ministre français des Affaires étrangères, de réunir – pendant l'été 2011 à Paris – une conférence de paix avant l'Assemblée générale de l'Onu, Hillary Clinton a commencé à payer. Et pour s'assurer que le président Barack Obama abandonnerait son espoir d'un retour aux frontières de juin 1967, le Premier ministre israélien Nétanyahou s'adresse directement aux députés américains. Le 24 mai 2011, il a droit à 26 *standing ovations* au Capitole où il répète qu'il n'acceptera jamais de négocier sur la base des frontières de juin 1967. Ce mépris de la résolution 242 du Conseil de sécurité des Nations unies n'inquiète pas outre mesure les députés américains qui viennent de cautionner la poursuite de la colonisation. Deux jours après cette édifiante prestation, Ehoud Barak, le ministre israélien de la Défense, signe l'autorisation de la construction de 800 logements supplémentaires dans treize colonies.

Mais le plus surréaliste est de voir un gouvernement israélien répétant qu'il ne peut pas négocier avec une Palestine coupée en deux entre Hamas et Autorité palestienne, et affirmant en même temps sans ciller que la réunification des Palestiniens est un obstacle à la paix. Outre cette déclaration défiant les lois de la pesanteur, Nétanyahou nous ressort le spectre d'Al-Qaïda qui inspirerait désormais une partie du gouvernement palestinien. Au moment du dixième anniversaire des attentats du 11 septembre 2001, on voit, encore une fois Israël identifier la résistance palestinienne au terrorisme d'Al-Qaïda : un comble !

Parallèlement aux « révoltes arabes », la fuite en avant militaire et diplomatique d'Israël continue. Il y a d'abord eu l'exigence de la reconnaissance de l'État d'Israël par l'OLP. Désormais, Tel-Aviv exige des Palestiniens qu'ils reconnaissent un État « juif ». Au-delà de sa dimension théocratique aux lourdes conséquences – on est là plus que jamais dans le « choc des civilisations » –, cette exigence cherche surtout à régler définitivement le sort des réfugiés palestiniens qui seront alors interdits de tout espoir de retour sur leur terre natale. Peut-être un jour prochain, Tel-Aviv aura-t-il l'audace de réclamer la reconnaissance d'un État « Likoud », voire une réhabilitation de l'*Apartheid* et de la purification ethnique ? Il n'est pas anodin que la reconnaissance d'un État palestinien survienne l'année du vingtième anniversaire de la fin de l'*Apartheid*. Mais, hormis un papier de Sébastien Hervieu dans *Le Monde*[1] et une série de reportages sur TV5-Monde, pas un mot, pas une image dans les médias français, ce 17 juin 2011, de Frederik De Klerk lorsqu'il déclara devant le parlement sud-africain : « Ces lois ne s'appliquent plus à partir du 30 juin 1991 ». Il s'agissait des lois ségrégationnistes

1. Sébastien Hervieu, « Il y a vingt ans, la fin de l'Apartheid », *Le Monde* du 2 juillet 2011.

qui réglaient la domination d'une minorité sur une majorité : la loi de 1913 sur la terre, celle de 1966 sur les groupes raciaux et celle de 1984 sur le développement des collectivités noires.

Loin de ces réalités trop crues, la mythologie du « choc des civilisations » raconte une histoire simpliste, omettant le sombre cortège des répressions coloniales et de leurs résurgences contemporaines. L'histoire de la traque des dollars de la terreur ne nous épargne pas non plus sa simplicité régressive. Elle met en scène la dynamique transversale et commune à toutes les « civilisations » : l'argent.

MYTHOLOGIE 8

La traque des dollars de la terreur

La question du financement du terrorisme, véritable serpent de mer qui n'en finit pas de refaire surface, est généralement mal posée. Elle recouvre plusieurs aspects très différents. Le coût des attentats[1] à proprement parler ne dépasse pas quelques milliers ou dizaines de milliers de dollars, tandis que le financement de l'islamisme et des idéologies extrémistes atteint des montants beaucoup plus considérables.

S'agissant du coût des attentats, il n'est pas très élevé : à titre d'exemple, celui des attentats de Djerba, Aden et Bali en 2002, sont respectivement estimés à 20 000, 10 000 et 64 000 dollars. « Le terrorisme n'a pas besoin de grands

---

1. Estimations des coûts des principaux attentats attribués à la nébuleuse Al-Qaïda (en dollars américains) :
   - New York, 26 février 1993 : moins de 20 000 dollars.
   - Nairobi et Dar es-Salaam, 7 août 1998 : 10 000 dollars.
   - New York et Washington, 11 septembre 2001 : entre 400 et 500 000 dollars.
   - Casablanca, 16 mai 2003 : 4 000 dollars.
   - Istanbul, 15 et 20 novembre 2003 : moins de 40 000 dollars.
   - Madrid, 11 mars 2004 : 10 000 dollars.
   - Londres, 5 juillet 2005 : moins de 1 000 dollars.

   Source : I. Warde, *The Price of Fear*, Berkeley, University of California Press, 2007.

moyens. L'AQPA (Al-Qaïda dans la péninsule arabique) a récemment fait savoir, via Internet, que le coût de ses colis piégés d'octobre ne s'élevait qu'à 4 200 dollars, soit à peine plus de 3 000 euros », relève le *New York Times*[1]. L'amont des opérations est autrement plus onéreux. Il concerne le recrutement, la formation et l'entraînement des exécutants ; la mise sur pied de structures d'accueil et de « réseaux dormants », ainsi que toutes les autres procédures nécessaires à l'immersion ou à la clandestinité inhérentes à la préparation avant le passage à l'acte. L'aval touche différents aspects : la protection de la fuite et l'exfiltration des exécutants, l'indemnisation des familles et des proches pour les opérations kamikazes ou celles qui « tournent mal », enfin la sécurisation et la reproduction des structures opérationnelles.

Les flux financiers nécessaires à la propagation des idéologies radicales, de même que ceux qui alimentent les grandes organisations criminelles telles que les cartels de la drogue et les mafias, constituent de fait la face noire de la finance mondialisée, le corollaire structurel de la globalisation de l'économie. Le Fonds monétaire international (FMI) estime ces flux entre 700 et 1 750 milliards d'euros annuels, soit entre 2 % et 5 % du PIB mondial. De telles liquidités menacent l'intégrité du système financier international parce que, selon les experts, 4/5es de ces flux illégaux sont réinvestis dans l'économie légale, selon des procédures et à travers des placements, eux aussi, parfaitement légaux. Si l'attention portée à l'argent

1. 17 décembre 2010.

sale et aux financements du terrorisme n'a jamais été aussi grande, les résultats effectifs de la lutte antiterroriste sur le front financier demeurent dérisoires.

Pourtant, les paradis fiscaux et les places off-shore ont été impliqués – peu ou prou – dans tous les grands scandales financiers et la plupart des attentats terroristes. Les pays responsables – leurs acteurs privés et publics – sont parfaitement identifiés par les services spécialisés. Les outils policiers et judiciaires multilatéraux existent mais sont rarement actionnés, faute de volonté politique suffisante. En cette matière, comme en d'autres, on fait de la « communication », estimant que cela suffit à rassurer l'opinion et à exorciser le mal, sinon la peur.

Mais la peur n'évite pas le danger et, pendant que les États tergiversent ou se perdent dans des questions de procédures, les criminels et les terroristes agissent, investissent et prospèrent. Le jour où une banque ou une société off-shore sont suspectées, leurs structures se transforment aussitôt. Cette plasticité de l'argent noir conditionne toute la question du « financement du terrorisme ». Pour les États et les organisations internationales, la traque des dollars de la terreur relève, le plus souvent, d'un casse-tête parce qu'il s'agit d'intervenir dans des territoires incontrôlés, des « zones grises » d'extra-territorialité ou de non-droit. Cette traque improbable consiste aussi à lutter contre des acteurs dangereux, imaginatifs, équipés des technologies les plus modernes et à l'abri de réseaux insaisissables. La lutte contre le « financement du terrorisme » se heurte à des handicaps structurels majeurs tolérés par la communauté internationale, même si les Nations unies affiche un certain volontarisme.

Dans sa résolution 1368 du 12 septembre 2001, le Conseil de sécurité appelle à redoubler d'efforts pour prévenir et éliminer les actes de terrorisme. Avec la résolution 1373 du 28 septembre 2001, il adopte certaines mesures antiterroristes tout en ne parvenant pas à s'entendre sur une définition universelle du terrorisme. L'Assemblée générale n'y parviendra pas non plus en septembre 2005, les discussions achoppant sur la question de savoir comment distinguer les actes de résistance (luttes contre l'occupation étrangère et la colonisation) des actes terroristes à proprement parler.

L'activisme multilatéral a en tout cas encouragé les États-membres des Nations unies à manifester une certaine solidarité avec les États-Unis dans leur guerre globale contre la terreur. Nombre de Comités locaux chargés de la lutte contre le terrorisme, nombre de structures spécialisées dans la lutte contre le financement du terrorisme ont ainsi été créés, à grand renfort de publicité, sans pour autant déboucher sur une coopération plus efficace. Dix ans après les attaques de New York et de Washington, le bilan de la guerre contre la terreur est des plus contrastés[1]. Sur le plan financier, un millier de comptes ont été bloqués et seulement 120 millions de dollars gelés dont 30 millions aux États-Unis ; autant dire pas grand-chose…

1. Voir Mythologie 6 : Servitude et grandeur de la guerre contre la terreur.

Aujourd'hui, la majorité des juges antiterroristes hésitent même à lancer des procédures sur le front financier, sachant par avance qu'elles ont très peu de chance d'aboutir à des résultats concrets en raison principalement de la pratique du secret bancaire et de l'opacité des places off-shore abritant le blanchiment et le noircissement de l'argent. Confrontés aux difficultés de la lutte « par le haut », contre ces mécanismes de financement, les pouvoirs publics se sont rabattus sur des configurations de ripostes plus modestes, privilégiant la traque des financements « par le bas », trafics endogènes et de petites délinquances comme ceux qui permirent d'organiser les attentats commis en France en 1995, à Madrid en 2004 ou à Londres en 2005.

Financement par le haut

Pour tenter d'y voir plus clair, commençons d'examiner ce que nous appelons le « financement par le haut ». L'émergence d'un secteur bancaire islamique s'est affirmé de manière significative à partir du début des années 1980. Trois raisons principales expliquent le phénomène. La première est liée aux chocs pétroliers successifs et au considérable accroissement des encaissements effectués par les pays producteurs, notamment ceux du Golfe. Ces derniers ont vite compris l'intérêt qu'ils pourraient tirer d'outils bancaires dédiés, optimisant leurs montages et placements financiers, notamment en bons du trésor, dans les grandes sociétés américaines et les fonds de pension.

La deuxième est liée à la révolution islamique d'Iran en 1979 et à ses velléités d'extension dans les pays sunnites traditionnellement alliés à l'Arabie saoudite, jusqu'à ce que la guerre contre l'Irak ne monopolise la totalité des ressources de la jeune république iranienne. Dès le milieu des années 80, l'implantation de filiales des banques islamiques, en majorité saoudiennes, aux Proche et Moyen-Orient, en Asie du sud-est et en Afrique sahélienne, constitue une réponse de Riyad aux tentatives expansionnistes de Téhéran.

La troisième raison nous ramène encore en Arabie saoudite. Deux grandes banques – la Maison de l'argent et A/B – ont été créées pour assurer à la famille régnante les liquidités nécessaires à l'achat de sa stabilité intérieure et à une influence extérieure suffisante qui assure la survie de son régime. Largement financé par l'Arabie saoudite, Moustapha Machour – le « guide » de la Confrérie des Frères musulmans – explique : « Il faut porter le fer de la guerre sainte sur les terrains économiques et financiers aussi, comme l'exigent les textes fondateurs de l'islam. L'obligation sacrée de la propagation de la vraie foi – *da'awa* – peut et doit se faire aussi par l'intermédiaire de l'influence et de la puissance économique. Par conséquent, et c'est également une obligation coranique, les banques islamiques doivent aider nos frères en difficulté, en tout temps et partout où ils se trouvent, selon les moyens les plus appropriés, des plus doux aux plus radicaux, y compris celui de la lutte armée[1]. »

1. Entretien avec l'auteur au Caire le 15 avril 1997.

Partenaire de ses homologues saoudiennes, la banque Al-Taqwa des Frères musulmans, interdite en Égypte en 1983 et redéployée en Suisse et aux Bahamas, a été fondée dans le même esprit. Al-Taqwa – la piété – rebaptisée plus tard *Nada Management Organisation*, du nom de son directeur général Youssef Nada, cadre historique de la Confrérie, constitue l'un des noyaux durs du financement de l'islamisme par le haut. C'est en 1981, dans les coulisses du sommet islamique de Taëf, que Mohammad Ben Fayçal al-Saoud, le frère du prince Turki – chef des services secrets saoudiens – réunit les principaux investisseurs d'Arabie saoudite et des émirats du Golfe pour créer cette grande banque privée. Un an plus tard, le roi Fahd charge son beau-frère Cheikh Saleh Kamel de lancer un autre établissement du même genre, baptisé « La bénédiction ».

Parallèlement au secteur bancaire islamique se développe un maillage serré et complexe d'organisations religieuses charitables et humanitaires. C'est à ce niveau directement opérationnel que l'on trouve une myriade d'ONG sunnites engagées dans les régions et pays en crise, où « les frères en difficulté sont aux prises avec les infidèles », poursuit Moustapha Machour, ajoutant : « Cette mission divine concerne aussi les pays musulmans aux mains des pouvoirs impies qu'il faut châtier. » À titre d'exemple, l'ONG Mercy International, qui a des antennes aux États-Unis, en Suisse, en Albanie, en Tchétchénie, à Singapour... a été impliquée dans la préparation des attentats de Nairobi et Dar es-Salaam.

Le dernier étage du financement « par le haut » consiste en donations et mécénats classiques. On retrouve ici la plupart des grandes familles du Golfe qui nous ramènent évidemment au cœur du secteur bancaire islamique. La Capital Trust Bank de New York (TBN) est emblématique : dirigée par Mohamad Hussein al-Amoudi, elle est suspectée par les enquêteurs du FBI d'avoir effectué des transferts de fonds, venant d'hommes d'affaires du Golfe, à destination d'opérateurs financiers travaillant pour les réseaux Ben Laden par l'intermédiaire de sociétés de courtage. Une sorte d'organisation terroriste cotée en bourse.

Au début des années 1990, à Khartoum, Oussama Ben Laden fonde, en *joint-venture*, avec le pouvoir soudanais alors aux mains des Frères musulmans, Al-Shamal Islamic Bank. Celle-ci est un actionnaire de référence de la Tadamon Bank. Présente sur l'ensemble du territoire soudanais, la Tadamon entretient des relations d'affaires suivies avec nombre d'institutions occidentales, entre autres le Crédit lyonnais de Genève et la Hollandi Bank. La Fayçal Islamic Bank, dirigée par le prince Mohammad Fayçal al-Saoud, fils du roi Saoud, cousin germain du roi Fahd et président de la Maison de l'argent, est l'un des principaux partenaires de la Tadamon. Selon le quotidien *Le Monde*, la Fayçal Islamic Bank est une filiale de la société Islamic Investment Company of the Gulf (Bahreïn) dont la holding n'est autre que la Maison de l'argent… considérée par plusieurs services de renseignement arabes et occidentaux comme l'un des principaux vecteurs du financement saoudien de l'islamisme sunnite[1].

---

1. 29 novembre 2001.

Pour un banquier libanais, « la Tadamon comme la Shamal Bank, n'auraient jamais pu voir le jour sans l'aide de plusieurs institutions saoudiennes et émiratiennes comme la Dubaï Islamic Bank et la Maison de l'argent, mais aussi sans le fabuleux carnet d'adresses de KBM. » Ressortissant saoudien et membre de l'oligarchie financière du royaume, KBM qui a largement contribué à la mise sur pied de ce système dans les années 1980, a défrayé la chronique lors du scandale de la Banque de crédit et de commerce international (BCCI), dont il fut l'un des dirigeants. J'ai longuement évoqué cette affaire dans mon ouvrage *Les dollars de la terreur* en 1998 et dans un article de l'*Atlas de l'islam radical* en 2007.

Ces banques, aux rapports annuels le plus souvent indéchiffrables, gèrent et investissent des fonds considérables sous la rubrique de la *zakat*[1], dont les provenances et les destinations restent, dans la majorité des cas, inconnues. Ces flux financiers participent à l'augmentation des gains économiques informels et aux activités des grandes organisations criminelles en transitant par les circuits financiers et technologiques légaux de la finance internationale. En effet, des bailleurs de fonds aux groupes armés, le financement du terrorisme « par le haut » s'effectue rarement en ligne droite « traçable », empruntant le plus souvent des cheminements parfaitement licites dont les montages ne sont pas criminels en soi. À travers les comptes courants, nous sommes confrontés au « noircissement » de

1. La *zakat* : mot arabe traduit par « aumône ». C'est le troisième des piliers de l'islam, le croyant étant tenu de calculer chaque année lunaire (hégire) ce montant et de le donner aux gens les plus pauvres de sa communauté.

capitaux, qui constituent un « blanchiment à l'envers » : par placements et déplacements successifs, des fonds *a priori* « propres » deviennent progressivement gris, noirs, ou sanglants dans le cas de financements d'opérations terroristes.

Financement par le bas

À cette ingénierie financière des plus sophistiquées, viennent s'ajouter les pratiques financières les plus archaïques, transactions s'effectuant parfois de la main à la main : c'est le financement « par le bas ».

Quêtes et collectes de fonds, délinquances ordinaires, prostitution et trafics en tous genres : on est ici dans les plus vieux métiers du monde. Transferts d'argent par simple appel téléphonique, selon les pratiques ancestrales de l'*Hawala* : une personne dépose chez un agent de change en Inde par exemple, une somme destinée à un correspondant londonien. En échange, il reçoit un numéro de code qu'il transmet au bénéficiaire au Royaume-Uni ; de son côté, le courtier avertit par téléphone son homologue britannique chez qui le correspondant n'a plus qu'à se présenter, muni du code. Dans le négoce de l'or et des pierres précieuses échangées sur les marchés légaux ou parallèles, dans les trafics de matériels informatiques et vidéo à bord des boutres somaliens, les financements « par le bas », bigarrés et polymorphes, ne s'articulent pas selon les logiques cartésiennes de la grande finance internationale.

Les financements « par le bas » fructifient, notamment dans les diasporas. Ce soutien actif des communautés émigrées constituent une part importante du financement de différentes organisations armées. Ces ressources sont réunies hors des zones opérationnelles, dans les territoires voisins, parmi les populations de la même ethnie : Macédoniens pendant la guerre kosovare, Pachtounes en Afghanistan, etc., ou parmi les réfugiés ayant fui les zones de combat, ou encore au sein des diasporas plus lointaines : tamouls en France, kurdes en Allemagne, etc. Les soutiens les plus éloignés sont les plus sûrs.

Hormis les collectes dans et aux abords des mosquées et autres lieux de rassemblement des communautés et des diasporas, se structurent des systèmes de prélèvements dont l'éventail peut fluctuer de l'impôt révolutionnaire au racket pur et simple. Ces pratiques peuvent concerner les activités traditionnelles (commerces de détail, artisanat et services), de même que les rentes de petite et moyenne délinquance (vols, escroqueries à la carte de crédit ou aux systèmes d'aides sociales, attaques à main armée, trafics de véhicules, commerces et usages de faux documents administratifs, prostitution et trafic de stupéfiants). La légitimation de la délinquance par la cause, sorte de « petite guerre en immersion », est codifiée notamment par les préceptes du *Takfir Wal Hijra*, une interprétation radicalisée de la stratégie de non-intégration des Frères musulmans vivant dans les sociétés européennes, professée par Saïd Ramadan dès le début des années 1960. Son livre manifeste *Islamic Law – Its Scope and Equity* est toujours la bible des Frères musulmans vivant « hors des terres d'islam ».

Les différentes techniques de financement par le bas peuvent structurer des économies régionales. On peut penser aux communautés chi'ites libanaises de l'Afrique de l'ouest, aux filières trabendistes[1] (petit commerce informel) algériennes ou aux corporations indiennes des côtes orientales de l'Afrique. D'anciennes routes maritimes entre la Corne de l'Afrique, les ports pakistanais ou indiens et l'Asie du sud-est sont réactivées au cas par cas. En décembre 2002, après le double attentat de Mombasa revendiqué par une « Armée de Palestine » inconnue, les services secrets israéliens installés au Kenya depuis les années 1970, ont orienté leurs recherches vers ces routes affairo-islamistes qui quadrillent l'océan Indien jusqu'aux confins de la mer de Chine. Encouragées par la modernisation des transports et des moyens de communication, les économies informelles favorisent ainsi l'émergence ou la réactivation de « tribus globales », transnationales et transcontinentales.

Les « oublis » de la commission d'enquête

Le financement structurel du terrorisme est une question soigneusement occultée dans le rapport final de la Commission nationale d'enquête sur les attentats du 11 Septembre (22 juillet 2004). Le sujet est abordé, à la marge et de manière

1. Le mot « trabendiste » est né dans l'Ouest algérien. Il signifie « contrebande ».

anecdotique, à travers les descriptions pittoresques de l'Hawala et des trafics d'or et de pierres précieuses. Mais les questions touchant à l'enchevêtrement des intérêts saoudiens et américains impliquant l'establishment politico-financier des deux alliés sont carrément passées sous silence. 25 des quelques 500 pages du rapport demeurent classifiées et n'apparaissent pas dans la version publique. Celles-ci concernent l'Arabie saoudite.

La hantise d'un Ben-Ladengate qui pourrait impliquer des fonctionnaires fédéraux et des responsables du complexe militaro-industriel américain tétanise les officines de Washington. La perspective d'une enquête publique inquiète aussi nombre de milieux d'affaires qui s'opposent encore farouchement à la levée du secret bancaire et à une législation financière destinée au contrôle des places off-shore même si certains progrès ont été enregistrés en la matière pour satisfaire l'opinion publique.

Alain Juillet, chargé de l'intelligence économique au Secrétariat général de la défense national (SGDN) expliquent : « Les juges anti-blanchiment restent démunis parce qu'ils ont le plus grand mal à séparer le bon grain de l'ivraie : différencier et localiser les sources et les montages d'argent criminel dissimulés dans le débit des flux économiques légaux s'avère une tâche titanesque qui requiert des moyens considérables, relevant davantage des outils de veille des différents mécanismes d'intelligence économique que de la panoplie judicaire classique... Beaucoup de ténors s'expriment régulièrement haut et fort, sur la lutte contre le financement du terrorisme, mais en dernière analyse, personne n'a intérêt à casser le jouet ! Raison de plus pour continuer à travailler à l'établissement de règles qui soient les mêmes pour tous[1]. »

Au contraire Loretta Napoleoni, chercheuse italo-américaine qui se présente comme « spécialiste du terrorisme », vise à disculper les intérêts américains et saoudiens pour accabler en priorité le laxisme de la « vieille Europe » et présenter l'Euro comme « la devise préférée des criminels et des terroristes » et « l'Union européenne », comme leur havre financier de prédilection. « Si les pays européens en sont arrivés là, explique Loretta Napoleoni dans ses différentes interventions (2005/2006), c'est parce qu'ils éprouvent les pires difficultés à combattre les crimes politiques. Pour une raison simple : la plupart d'entre eux ont été formés à la suite d'un processus révolutionnaire. » Ce péché originel expliquerait aussi une autre grave défaillance européenne : « Certains pays européens rejettent la politique étrangère américaine, particulièrement celle conduite au Proche-Orient. Ils craignent d'apparaître comme des marionnettes de la Maison Blanche en acceptant d'appliquer des lois aussi dures que celles votées de l'autre côté de l'Atlantique. Plusieurs pays européens critiquent la manière dont les Américains détiennent des prisonniers dans le cadre de la “guerre mondiale contre la terreur”. À la différence des États-Unis, les Européens craignent que certaines décisions prises pour lutter contre le terrorisme menacent les droits de l'homme et la démocratie. »

1. Entretien avec l'auteur le 2 février 2008.

Cette prise de position montre à quel point la question du financement du terrorisme est mise à profit pour servir les intérêts des États-Unis. Quand l'administration américaine produit de nouvelles normes dans le domaine financier, celles-ci sont favorables, évidemment, aux banques américaines et affaiblissent leurs concurrentes européennes.

Plus généralement, les attentats du 11 septembre 2001 remettent à l'ordre du jour l'impérieuse nécessité d'articuler l'analyse économique à tout effort de compréhension de la fabrication du terrorisme. Et ce n'est pas un hasard si cette violence trouve une expression paroxystique au moment même où semblent triompher les politiques néolibérales partout dans le monde.

Le paradigme algérien

L'exemple algérien du financement endogène d'une violence civile qui finit par s'imposer comme un secteur d'activité à part entière, demeure un cas d'école. De 1992 à 1998, les attaques terroristes des GIA, (Groupes islamiques armés) prennent pour cible les symboles de l'État laïque : commissariats de police, casernes de l'armée, écoles et administrations, mais aussi ses infrastructures économiques : exploitations agricoles, cimenteries, réseaux de distribution, sociétés de transport, etc. Cette destruction du tissu socio-économique se double de l'apparition de nouveaux acteurs économiques inféodés aux groupes armés, sinon directement cooptés par leurs émirs, ayant remplacé les traditionnels « caïds de villages », parrains protecteurs et distributeurs de charges et de prébendes.

À l'issue de l'été 1996, lorsqu'il apparaît de plus en plus clairement que les groupes islamiques armés ne parviendront pas à conquérir le pouvoir par la force, l'activisme terroriste se réoriente vers la conquête des pouvoirs locaux et leurs privilèges économiques. Il n'est pas rare de voir d'anciens émirs investir leur trésor de guerre dans des sociétés d'import-export ayant pignon sur le port d'Alger, toujours régenté par les mêmes généraux, naguère en charge des opérations anti–terroristes. Il n'est pas rare non plus de constater que des partenariats d'affaires se nouent entre d'anciens chefs islamistes et des cadres de l'administration, ennemis d'hier devenus associés d'aujourd'hui dans des secteurs jusqu'alors nationalisés en passe de se privatiser.

C'est une illustration parfaite de la théorie des « ennemis complémentaires ». « Cet amalgame ravira les Frères musulmans, inspirateurs et bras armé d'Oussama Ben Laden ou de ses épigones en Irak, qui visent justement à séparer le monde musulman du reste de l'humanité pour mieux le contrôler et s'en approprier les rentes, comme le frère Hassan Tourabi a essayé de le faire au Soudan », note Alain Chouet[1].

Le paradigme algérien est largement transposable, en effet aux évolutions soudanaises et afghanes, ainsi qu'en Haute-Égypte. Cette mutation d'activités terroristes en

1. Revue *Questions internationales*, juillet 2004.

économies criminelles laisse penser que certains vecteurs du financement du terrorisme finissent, peu ou prou, par se fondre dans les grandes constructions classiques du crime organisé (mafias italiennes, albanaises, russes, japonaises, etc.). Avec les dollars de la terreur, le chiffre d'affaires annuel des cartels du crime avoisinerait quelque 750 milliards de dollars. Rappelons que le trafic de stupéfiants génère un résultat de plus de 300 milliards de dollars, la contrefaçon commerciale entre 150 et 350 milliards de dollars et la traite des êtres humains, plus de 17 milliards de dollars. Et, comme le relève le Groupe d'action financière (GAFI) dans sa « Directive à l'attention des institutions financières pour la détection des activités de financement du terrorisme » : « On devrait également admettre que les institutions financières sont probablement incapables de détecter en soi le financement du terrorisme. En effet, le seul cas où une institution financière pourrait clairement identifier le financement comme distinct des autres détournements criminels du système financier, serait celui où un terroriste ou une organisation terroriste connus ouvrirait un compte. »

Terrorisme, secteur économique à part entière

Une fois admise l'improbabilité de la traque des dollars de la terreur, il convient d'examiner comment le comportement des agents économiques est influencé par le nouveau contexte d'insécurité générale. Habituellement sous-estimés, les facteurs politiques et militaires ont puissamment orienté les comportements de consommation, d'investissement et de création d'emplois. On assiste, d'une certaine manière, à la relance keynésienne par le terrorisme.

La première administration Bush a d'abord mené une politique à dominante monétariste. Intervenant dans un contexte économique grippé, les attentats du 11 septembre 2001 ont provoqué un brusque retour à une politique interventionniste, pour éviter de donner une prime aux terroristes par le biais d'une nouvelle récession. La deuxième guerre d'Irak a créé l'opportunité d'une relance : le taux moyen de croissance est de 4,3 % en 2004 et de 4 % en 2005. La hausse substantielle des dépenses militaires y a fortement contribué au détriment des programmes sociaux.

Bien davantage qu'un secteur d'activité isolé du reste, le terrorisme, par ses effets induits, serait-il devenu l'un des moyens modernes de relancer des économies en difficulté ? Peut-on oser une hypothèse qui opère une translation de la proposition léniniste : l'impérialisme stade suprême du capitalisme – à notre champ de réflexion : le terrorisme stade suprême de l'économie mondialisée ? On peut même se demander si le terrorisme qui s'insurge contre notre société d'hyper-consommation et de surabondannce de richesses ne traduit pas la tragique « part maudite » d'un monde globalisé.

L'Arabie saoudite toujours au cœur du système

À force de mener sa guerre globale contre la terreur, l'administration américaine est acculée à remettre en question ses plus solides certitudes. Elle ne peut plus exempter les amis saoudiens de toute responsabilité dans ses déboires proche et moyen-orientaux. Si les financements du terrorisme, par le haut et par le bas, sont difficilement appréhendables et neutralisables, si la traque des dollars de la terreur demeure, en grande partie, impossible parce qu'elle s'attaquerait aux logiques ouvertes et souterraines de l'économie globalisée, elle ne pourra indéfiniment refuser de voir ce qui est là, sous nos yeux.

Certes, les autorités saoudiennes ne manquent aucune occasion de rappeler les efforts qu'elles font pour « éclaircir » la circulation de capitaux. Elles font assaut de déclarations appelant à « blanchir » les flux financiers qui partent de la monarchie. Néanmoins, ces professions de foi ne vont pas jusqu'à remettre en cause le système de redistribution contrôlé par les princes qui constitue le noyau dur des financements suspects.

La mise au jour récente d'une affaire de commissions occultes et rétro-commissions confirme cet incontournable constat : les contrats Al Yamanah 1 et 2, signés en 1985 et 1988 entre l'Arabie saoudite et la Grande-Bretagne ont généré à ce jour au moins 45 milliards de livres (85 milliards de dollars) de revenus pour BAE Systems et ses partenaires, payés pour l'essentiel en cargaisons de pétrole. Ils ont été accompagnés d'une quinzaine de milliards de livres

(28 milliards de dollars) de commissions versées à différents princes. Selon le fonctionnement du système féodal saoudien, ceux-ci en ont redistribué une bonne partie, irriguant l'économie locale. Mais d'après une source autorisée, quelque 2 milliards de livres (3,7 milliards de dollars) ont fuité vers des organisations terroristes et des réseaux de drogue et de prostitution.

Fin 2005, si le Trésor américain rappelle que « Riyad combat activement la menace du terrorisme », il souligne aussi que « les autorités saoudiennes doivent agir davantage pour faire en sorte que l'argent saoudien ne soit pas envoyé à l'étranger afin de promouvoir la haine et l'extrémisme qu'elles tentent d'endiguer sur leur territoire. » Lors d'une audition devant la commission des affaires étrangères du Sénat, un haut fonctionnaire du trésor, Daniel Glaser précise : « De riches donateurs en Arabie saoudite continuent à financer des extrémistes violents à travers le monde, de l'Europe à l'Afrique du nord et de l'Irak à l'Asie du Sud-Est. Nous espérons que l'Arabie saoudite prendra des mesures efficaces contre ces individus pour empêcher leur complicité avec la violence et adresser le message clair que de telles activités ne sont plus tolérées dans et par le royaume ».

Le même haut fonctionnaire se permet une recommandation : « L'Arabie saoudite devrait s'appuyer sur les efforts qu'elle mène sur son territoire pour exercer plus de responsabilités régionalement et accroître ses coopérations bilatérales pour lutter contre le financement du terrorisme. » Enfin, Daniel Glaser rappelle les soupçons pesant sur trois fondations caritatives saoudiennes opérant dans le monde, déjà épinglées auparavant : l'Organisation islamique internationale de secours, l'Association mondiale de la jeunesse musulmane et la Ligue islamique mondiale.

« Les Saoudiens nous ont répondu que les organisations caritatives et ces ONG internationales avaient une interdiction de fait d'envoyer de l'argent à l'étranger. Il n'est pas clair pour nous que cette interdiction *de facto* ait un véritable effet, et cela continue à nous inquiéter profondément », ajoute-t-il. « De plus, cette interdiction ne s'applique pas aux filiales étrangères de ces ONG, de même qu'aux organisations caritatives saoudiennes qui peuvent transférer des fonds de l'une à l'autre à travers le monde sans en rendre compte aux autorités compétentes du royaume », conclut Daniel Glaser en appelant à une plus grande vigilance de Riyad face à des organisations qui, à travers le monde, « relèvent de fait de la responsabilité saoudienne ».

Il faut regretter que Daniel Glaser ait parlé dans le désert. D'autres hauts fonctionnaires du Trésor se sont d'ailleurs faits « copieusement engueuler » pour avoir renduc public le transfert de quelques-uns de leurs dossiers à la justice. Un exemple parmi d'autres : début février 2008, la justice américaine a ouvert une enquête contre Overland Capital, une firme de *private equity* basée à Boston, pour évasion fiscale, selon le *Wall Street Journal*. Cette procédure en cache une autre : Overland gèrerait les comptes d'investisseurs islamiques d'Europe et du Proche-Orient. Les enquêteurs américains estiment que cette société est affiliée à la Maison de l'argent – « DMI (Dar-al-Maal Al-Islami), un trust saoudien très sulfureux basé à

Genève »… Dernièrement, Antoine Sfeir reconnaissait en introduction de sa plaquette « Al-Qaïda menace la France » : « Turki va demander à son frère Mohammed Ben Fayçal de l'aider à financer cette Légion islamique mondiale en fondant une banque. Mais pas n'importe quelle banque, une banque islamiste installée en Occident, en Europe, dans un pays plus blanc : en Suisse, à Genève. C'est ainsi que Mohammad va créer le Dar al-Maal al-Islami, qui va devenir – car l'enseigne trop arabe pourrait choquer Genève – la DMI. Et pour que ce sigle sonne encore mieux : la DMI International. »

C'est bien l'ex-directeur de la CIA qui disait, il y a quelques mois, dans une interview à *La Repubblica* que, paradoxalement, l'ennemi à bombarder aurait dû être les banques offshore, du genre de celles des îles Caïmans et peut-être celles de grandes villes européennes… C'est bien Lénine qui disait aussi, parlant des capitalistes : « On leur vendra la corde pour les pendre. » Ces différentes informations sans appel, accessibles à tous, émanant d'organismes d'État américains pourtant peu suspects d'hostilité à l'égard de l'Arabie saoudite, n'ont été ni diffusées, ni commentées, tant par la presse américaine que par les médias européens. Un silence symptomatique, qui résume toutes les contradictions, sinon les impossibilités de la traque des dollars de la terreur.

Il faudra attendre l'affaire WikiLeaks[1] pour que la presse commence à bouger. L'éditorial du *New York Times* du

1. WikiLeaks est une association à but non lucratif dont le site Web lanceur d'alerte, publie des documents officiels « classifiés » tout en protégeant ses sources. À partir de juillet 2010, les révélations de WikiLeaks sont relayées

17 décembre 2010 : « Neuf ans après les attentats du 11 septembre 2001, des fondations privées d'Arabie saoudite, du Koweït et du Qatar, continuent à alimenter les groupes terroristes, apparemment sans limites. (...) Une dépêche de décembre 2009, adressée par Hillary Clinton à des diplomates américains en poste dans la région, stipule que « les donateurs d'Arabie saoudite constituent la source de financement la plus importante des groupes terroristes sunnites du monde entier. » La secrétaire d'État insiste : persuader les dirigeants saoudiens de traiter le problème comme une « priorité stratégique » est « un défi à long terme ».

Le grand quotidien américain conclut : « La coopération avec le Qatar et le Koweït serait encore plus difficile. Hillary Clinton décrit le premier comme "le pire de la région" pour la lutte antiterroriste. Quand au second, il serait le "point-clé" du transit des fonds terroristes. Le Koweït est le seul État-membre du Conseil de coopération du Golfe qui n'ait pas de loi contre le financement du terrorisme. Les Émirats arabes unis présentent, par ailleurs, selon les télégrammes diplomatiques, un vide juridique qui rend vulnérable ce centre de la finance en pleine expansion, susceptible d'être exploité par les bailleurs de fonds du terrorisme. »

---

par de grands quotidiens nationaux, comme *le New York Times*, *The Guardian*, *Le Monde*, *El País* et *Der Spiegel*. Par la suite d'autres médias ont eu accès aux informations, dans le cadre du Cablegate : *Aftenposten* en Norvège, *20 Minutes* en France, *Die Welt* en Allemagne, *Svenska Dagbladet* en Suède, *Politiken* au Danemark et *De Standaard* en Belgique.

MYTHOLOGIE 9

Une mort à géométrie variable

Dimanche 1er mai 2011 – 21 h 45 (heure de Washington). Un bandeau s'affiche sur les immenses panneaux lumineux de Time Square et les écrans de télévision. Une annonce importante va être faite par Barack Obama. Aussitôt la médiasphère entre en surchauffe. Quelques minutes se passent et, grâce à des fuites sur Twitter, l'incroyable nouvelle tombe : Oussama Ben Laden, l'homme le plus recherché des États-Unis, a été abattu. Trois quarts d'heure plus tard le président des États-Unis apparaît sur les mêmes écrans :

« Ce soir, je suis en mesure d'annoncer aux Américains et au monde que les États-Unis ont mené une opération qui a tué Oussama Ben Laden, le dirigeant d'Al-Qaïda, un terroriste responsable du meurtre de milliers d'innocents. Cela fait presque dix ans qu'un beau jour de septembre a été assombri par la pire attaque de notre histoire. Les images du 11 Septembre sont marquées au fer rouge dans notre mémoire nationale : des avions détournés qui traversent un ciel sans nuage, les tours jumelles qui s'effondrent, de la fumée noire qui s'élève du Pentagone, et l'épave du Vol 93 à Shanksville en Pennsylvanie, où des actes d'héroïsme ont empêché encore davantage de chagrin et de destruction (…).

« Les Américains n'ont pas choisi ce combat. Il est venu vers nous et a commencé avec le massacre insensé de nos compatriotes. Après presque 10 ans de service, de lutte et de sacrifice, nous connaissons bien le coût de la guerre. Mais nous ne tolérerons jamais que notre sécurité soit menacée, et ne resterons pas inertes lorsque nos ressortissants sont tués. Nous respecterons les valeurs qui nous définissent. Et en un soir comme celui-ci, nous pouvons dire aux familles qui ont perdu des êtres chers à cause du terrorisme d'Al-Qaïda : justice est faite. »

Pendant trois jours, le récit américain de l'assaut contre Oussama Ben Laden a passablement varié. Le *New York Times* a fini par raconter que le commando héliporté qui avait pris d'assaut sa demeure n'avait essuyé des tirs adverses qu'au « début de l'opération », provenant d'un seul des gardes présents à ce moment-là dans la propriété fortifiée. Selon ce récit, le tireur isolé qui aurait ouvert le feu sur les hommes du commando, tout en se protégeant derrière une porte, était Abou Ahmed al-Koweiti, le fameux « courrier » de Ben Laden que les Américains s'attendaient à retrouver sur les lieux. C'est en le « filochant » que la CIA aurait réussi à localiser Ben Laden. Al-Koweiti et une femme auraient été tués dans un bâtiment jouxtant la villa où habitait Ben Laden, selon la version du *New York Times*.

Dans le bâtiment principal de trois étages, les forces spéciales de la marine américaine auraient tué aussi l'un des fils de Ben Laden « qui se précipitait vers le commando », poursuit le *New York Times*. Au dernier étage, ils auraient enfin découvert Ben Laden avec une Kalachnikov et un pistolet Makarov à portée de main. Ils l'auraient aussitôt neutralisé en blessant une jeune femme qui se trouvait à ses côtés, vraisemblablement sa dernière épouse.

Ce récit contredit la version servie à la presse le mardi 3 mai par le porte-parole de la Maison Blanche Jay Carney, selon laquelle le commando avait été « pris dans un échange de tirs nourris durant toute l'opération ». La veille, le conseiller antiterroriste de la Présidence, John Brennan, avait prétendu qu'Oussama Ben Laden « se cachait derrière des femmes serrées devant lui pour former un bouclier humain ». Ces différentes versions, qui n'ont cessé d'être retouchées, contrastent singulièrement avec le déroulé de l'opération. Sur la base de données extrêmement précises et détaillées, « les services de renseignement de l'armée américaine avaient pu reconstituer – grandeur nature – la propriété et ses différents bâtiments, permettant ainsi aux membres du commando de simuler et de répéter leur attaque en conditions réelles et à la minute près, un peu comme dans le film *The Dirty Dozen*[1] », explique un officier du renseignement américain.

1. Sorti en 1967, *The Dirty Dozen* (*Les douze salopards*) est un film américain réalisé par Robert Aldrich d'après l'œuvre de E.M. Nathanson. Pendant la Seconde Guerre mondiale, quelque temps avant le débarquement allié, douze

Dimanche 1er mai 2011, 23 heures très précises : deux hélicoptères UH-60 Black Hawk décollent d'une base américaine dans la banlieue de Jalalabad, dernière ville afghane sur la route de Peshawar au Pakistan. Deux autres appareils, des Chinook qui arrivent de Rawalpindi au Nord (la ville abrite le quartier général interarmées pakistanais) font jonction au point CK/20/Sea-Team-6, à 15 minutes de l'objectif : Abbottabad, cité résidentielle de 100 000 habitants nichée dans les contreforts de l'Himalaya à une soixantaine de kilomètres de la capitale du Pakistan. Craignant que la maison ne soit piégée, les Navy Seals ont embarqué avec eux un chien détecteur d'explosifs.

Dans la *situation room* de la Maison Blanche, il est 14 heures et l'équipe gouvernementale resserrée s'apprête à assister à l'assaut en direct. La photo officielle ne montre que 13 personnes : le président Obama, blouson noir et chemise blanche à col ouvert, apparaît particulièrement concentré. Le vice-président Joe Biden égrène un chapelet. Le Secrétaire à la défense Robert Gates paraît absent. Main devant la bouche, Hillary Clinton, la Secrétaire d'État, semble terrorisée ! Depuis son bureau de Langley (Virginie) Léon Panetta, le patron de la CIA, commente les images. Chacun peut avoir en mémoire les ratages passés les plus spectaculaires des forces spéciales américaines : la tentative de récupération des

criminels, tous condamnés à mort ou à perpétuité, se voient proposer une mission suicide en échange d'une amnistie : attaquer un château en France où se sont installés une trentaine de généraux nazis. La mission est simple : en massacrer le plus possible.

otages de l'ambassade américaine de Téhéran en 1980 et la chute d'un Black Hawk sur Bakarah Market à Mogadiscio, qui avait provoqué un rembarquement précipité de l'armada américaine, engagée en Somalie en 1992.

Hormis le chien détecteur d'explosifs, la force se compose de 79 soldats dont 25 Navy Seals chargés de « cibler » Ben Laden. SEAL est l'acronyme de Sea, Air, Land (mer, air, terre), corps d'élite du JSOC (Joint Special Operations Command) qui regroupe les meilleurs éléments des trois armées, de même que des experts du renseignement militaire et des systèmes opérationnels de communication. Engagés sur le territoire pakistanais de manière permanente depuis cinq ans, les Navy Seals (une dizaine d'unités, soit un petit millier d'hommes) ont pour mission initiale de sécuriser les infrastructures nucléaires du pays afin d'éviter qu'elles ne tombent entre des mains irresponsables. Le SEAL/TEAM-6 est le bataillon le plus secret du JSOC. Les experts militaires expliquent qu'il est spécialement entraîné pour les missions « homo » (homicides), les opérations de « liquidations ciblées » en territoires ennemis. Cette unité a participé à la traque de Milosevic, Karadzic et Mladic en ex-Yougoslavie. Elle a été engagée en Somalie, au Yémen, en Afghanistan et en Irak. L'un de ses chefs, Bill McRaven, a participé à la capture de Saddam Hussein en 2004.

Alors qu'ils progressent vers l'objectif, les Seals ne sont pas sûrs à 100 % de l'identité de la cible. Il est 0 h 30 lorsque Léon Panetta informe la Maison Blanche qu'ils « touchent au sol et atteignent l'objectif ». Plusieurs des commandos sont équipés de caméras incrustées dans leur casque lourd. L'un des hommes dispose d'une caméra légère pour les plans larges.

À l'intérieur de la maison vivent 22 personnes, dont trois épouses de Ben Laden et 8 enfants, dont une fillette de 12 ans. La première phase consiste à stabiliser l'engagement des trois unités : la première reste en couverture à proximité des 4 hélicoptères, la deuxième est chargée de « nettoyer le rez-de-chaussée », tandis que la troisième se déploiera dans les étages. Avec la phase 2 s'engage l'action proprement dite : le « courrier » Abou Ahmed Al-Koweiti (qui se trouve bien dans le bâtiment central) tire effectivement un seul coup de feu avant d'être abattu. Au rez-de-chaussée, trois autres personnes sont également tuées : un garde du corps qui est le frère d'Al-Koweiti, une femme non identifiée et l'un des fils de Ben Laden. Simultanément, la troisième unité s'est engagée dans les escaliers pour sécuriser le premier étage avant de se ruer au troisième où elle se trouve face à un « grand barbu » qui bat précipitamment en retraite. Une poursuite s'engage, perturbée par une autre femme qui bondit sur les soldats. Elle est blessée aux jambes. L'obstacle écarté, la troisième équipe fond sur le « grand barbu » qui cherche à se saisir d'une arme. Durant cette dernière séquence, très rapide et plutôt confuse, il est tué de deux balles de gros calibre, dont l'une sous l'œil gauche. Le cadavre est aussitôt fouillé. Plusieurs numéros de téléphone sont cousus dans la doublure de sa tunique. Dans la chambre, plusieurs paquets compacts de billets pakistanais et d'autres devises sont saisis. Le commandant de la troisième équipe communique aussitôt à son état-major : « Geronimo EKIA » (*Enemy Killed in Action*).

« On l'a eu », s'exclame Barack Obama, tandis que sur place l'une des femmes confirme que c'est bien son mari Oussama qui vient d'être tué. Plusieurs clichés sont aussitôt transmis à Langley. Les médecins légistes de l'Agence vérifient qu'il s'agit bien d'Oussama Ben Laden. La phase d'exfiltration peut s'enclencher. Les hommes du Team-6 sont embarqués à bord de leurs machines. L'un des Black Hawk dont la queue aurait heurté le mur d'enceinte de la propriété reste cloué au sol. Un transbordement s'effectue à bord des deux Chinook, tandis que trois hommes placent des charges pour détruire le Black Hawk immobilisé. Selon le Pentagone, cet appareil transformé en « hélicoptère furtif » ne devait pas tomber aux mains de l'armée pakistanaise. Ultime vérification : tout le monde est à bord. Les trois autres appareils s'arrachent du sol tandis que la carcasse en feu du Black Hawk déchire la nuit. Il est 1 h 10 (heure pakistanaise). L'opération a duré exactement 38 minutes.

Les Seals ne ramènent pas seulement la dépouille d'Oussama Ben Laden. La deuxième équipe a raflé une dizaine de caisses de documents dont une centaine de CD-Rom, 5 ordinateurs, plusieurs dizaines de disques durs et de clefs USB. « Un véritable trésor », estime la CIA qui précise que les premières analyses permettent d'affirmer que Ben Laden projetait de faire dérailler des trains aux États-Unis. Une autre partie des documents éclairerait les liens complexes entre les réseaux Al-Qaïda et les services pakistanais…

De retour à sa base afghane, le Team-6 remet le cadavre de Ben Laden aux médecins militaires qui procèdent immédiatement à des prélèvements d'ADN. En moins de 30 minutes, ils peuvent affirmer qu'il « s'agit bien du corps d'Oussama Ben Laden, avec une marge d'incertitude quasi nulle ». D'autres prélèvements sont « empaquetés » et placés à bord d'un avion militaire dont le plan de vol est classifié. Plusieurs sources autorisées indiquent que ce vol « Ekia-Terminal » est à destination d'un aéroport militaire de la région d'Heidelberg en Allemagne. Au QG du Team-6, le reste du corps est lavé, préparé selon le rite musulman et enveloppé dans un linceul avant d'être transporté par hélicoptère à bord du porte-avions Carl-Vinson qui croise en mer d'Oman. Au cours d'une brève cérémonie filmée, la dépouille est immergée « pour éviter tout lieu de pèlerinage », précise-t-on à la Maison Blanche. « Il a été mis à la mer comme un marin mort au combat », précise un officier du bord.

L'opération *Geronimo – Ennemy Killed in Action*, autrement dit « Geronimo, ennemi tué dans l'action », a été saluée par Barack Obama comme une « grande victoire militaire ». Dès qu'il a été rendu public, ce nom de code a provoqué une pluie de protestations. Le Mouvement indien américain (American Indian Mouvement) a immédiatement réagi par la voix de Charles Eagle Rock, son porte-parole qui a demandé à la Maison Blanche et au Pentagone de présenter des excuses. Jeff Houser, chef tribal de Fort Hill, exprimant une réaction largement partagée par les communautés amérindiennes a déclaré : « En ce moment, nos enfants, dans tout le pays, sont abasourdis de voir et d'entendre que l'une des figures les plus révérées par leurs pères, leurs traditions et leur peuple est associée au sort d'un terroriste responsable de la mort de milliers d'Américains innocents. » Si le grand guerrier apache Go Khla Yeh, dit Geronimo vivait aujourd'hui et combattait pour l'indépendance de son peuple, on l'appelerait un *Freedom Fighter*, un « combattant de la liberté ». S'il menait encore aujourd'hui la lutte contre le Mexique et les États-Unis, il bénéficierait certainement de la solidarité des peuples du monde, de l'attention des médias internationaux et, probablement, du soutien d'une majorité des États-membres des Nations unies[1].

Renvoyant à l'idéologie du western, cette mythologie dans la mythologie veut s'inscrire dans une dynamique de reconquête de la confiance du pays – *America is back* –, sinon de l'opinion internationale, en faisant appel une nouvelle fois au passé génocidaire de la Conquête de l'Ouest. Cette tentative d'exorciser un passé qui ne passe pas, dit la permanence de l'idéologie des colons, de leurs descendants et d'autres populations exogènes, y compris les afro-américains dont est issu le président Barack Obama. Cet inconscient omniprésent aux États-Unis continue à légitimer la destruction des peuples premiers d'Amérique du Nord comme l'un des actes fondateurs de « la première démocratie du monde ».

Sur le plan strictement opérationnel, la réalité de la « grande victoire militaire » est presque aussi glorieuse que le massacre

1. Voir le mensuel *Afrique-Asie* de juin 2011 : « Ben Laden, la fin d'une créature occidentale ».

de Wounded Knee[1]. Considérer la traque et l'exécution d'un homme malade par les services de renseignement et l'armée les plus puissants du monde comme un grand fait d'armes est, pour le moins très exagéré, comme aurait dit Mark Twain…

Quant à proclamer, dans le même registre hollywoodien, « justice est faite », c'est pour le moins déplacé. Le message, bien-sûr, s'adresse aux familles des victimes du World Trade Center et de l'avion qui s'est écrasé à Shanksville en Pennsylvanie. Il s'adresse aussi à chaque citoyen américain dont l'orgueil national a été blessé de voir la terre de la nation violée par une bande de malfaiteurs improbables. Et peut-être enfin à tous les techniciens (fonctionnaires, militaires et politiques), acteurs à quelque niveau que ce soit de la défense et de la sécurité du territoire national, qui ont collectivement failli, aveuglés par un complexe de supériorité similaire à celui qui explique, en partie, le désastre de Pearl Harbor[2].

Quoiqu'il en soit, était-il raisonnable d'invoquer la justice à ce moment-là ? Et ce n'est pas parce que la peine capitale a encore cours dans de nombreux États du pays que cela justifie d'assimiler l'exécution d'un criminel à un acte de justice. C'est l'un des grands paradoxes des États-Unis de délivrer au monde entier des sermons sur les droits de l'homme, tout

1. Le massacre de Wounded Knee est une opération militaire qui s'est déroulée aux États-Unis, dans le Dakota du Sud, le 29 décembre 1890. Environ 200 Amérindiens de la tribu Lakota Miniconjou (dont plusieurs dizaines de femmes et des enfants) ont été exécutés par la soldatesque américaine. Le terme de « massacre » a été employé par le général Nelson A. Miles dans une lettre du 13 mars 1917, adressée au Commissaire aux affaires indiennes.
2. Voir Mythologie 4 : Le syndrome de Pearl Harbor.

en les violant régulièrement à l'intérieur comme à l'extérieur de leurs frontières. Au passage, on rappellera seulement que Washington n'a pas encore ratifié le traité fondateur de la Cour pénale internationale (CPI) pourtant invoquée à tout bout de champ dès qu'il est question de se débarrasser de dictateurs gênants pour les intérêts américains dans le monde. Contrairement à ce qu'il avait annoncé, le président Obama n'a pas fermé la prison de Guántanamo, qui détient des « combattants illégaux », une curiosité non identifiée du droit international, et où la torture a été amplement pratiquée.

La blessure collective du 11 Septembre peut-elle justifier ces contradictions ? La question reste ouverte. Mais il est assez choquant de voir des responsables politiques étrangers reprendre à leur compte les éléments du langage américain ayant accompagné la mort d'Oussama Ben Laden. Quelques heures seulement après l'annonce confirmée de la mort, le Premier ministre français François Fillon et le président Nicolas Sarkozy répètent – mot pour mot –, que « justice est faite ! » Que le pouvoir exécutif de la République française n'ait pas jugé nécessaire de marquer une différence en dit long sur l'état de sa dépendance idéologique et culturelle…

Mais au-delà de ces dérapages, il en va de l'idée même de « justice internationale » et de « justice tout court » que la France et les démocraties occidentales s'efforcent de diffuser dans le monde. Le débat n'est pas de pure morale et ne se borne pas à savoir s'il était juste et bien de tuer ainsi Oussama Ben Laden. Cette opération militaire spéciale ayant atteint les résultats que l'on connaît, comment devait-on la qualifier ? Devait-on en faire le paradigme d'une « justice globale » ?

Cette mort à géométrie variable pose encore bien d'autres questions sur d'autres plans tout aussi importants, puisqu'ils concernent des opérations militaires toujours en cours. Et là aussi, le mythe produit ses ressources inépuisables. Ainsi en est-il du thème rebattu du « double jeu pakistanais ». Un modèle du genre figure dans le numéro spécial du *Nouvel Observateur* consacré au « monde après Ben Laden[1] ». Sous le titre « Le double jeu pakistanais », souligné d'une question : « La mort de Ben Laden va-t-elle marquer la fin de la tolérance des Américains pour les petits arrangements des Pakistanais avec les terroristes ? », on suit une véritable épopée écrite à la première personne, mêlant le reportage de terrain, l'interview et les témoignages de « cheikhs sympathisants d'Al-Qaïda. » On découvre que : « La duplicité du Pakistan n'a plus de secret pour l'administration Obama : lors de sa dernière visite à Islamabad, Hillary Clinton s'était étonnée que les services secrets pakistanais n'aient pas réussi à localiser Ben Laden. Pourquoi dans ces conditions, la patronne de la diplomatie américaine a-t-elle éprouvé le besoin de remercier le Pakistan pour sa coopération qui « a contribué à nous conduire à Ben Laden et au complexe dans lequel il se cachait ? » Le *Nouvel Observateur* dévoile des secrets de Polichinelle bien éventés : les administrations américaines successives ont toujours été parfaitement informées de la posture pakistanaise, conforme

1. *Le Nouvel Observateur* du 5 mai 2011.

à la géopolitique régionale, puisqu'« Islamabad a toujours vendu aux Américains Al-Qaïda par appartements depuis le 12 septembre 2001, sans perdre la propriété de la maison[1] ».

Héritage de la guerre froide, Islamabad s'est doté de l'arme nucléaire grâce aux Américains, pour faire face à l'Inde, puissance nucléaire soutenue par Moscou, dans la confrontation qui dure depuis 1947 pour le contrôle du Cachemire. L'effet cargo des relations internationales a fait que le Pakistan a été l'un des premiers pays à se ranger aux côtés des États-Unis dans leur guerre globale contre la terreur. Cette évidence n'a jamais été incompatible avec le soutien apporté par l'oligarchie militaire pakistanaise pachtoune aux chefs tribaux de la même ethnie engagés en Afghanistan et au Cachemire. Les États-Unis se sont toujours accommodés de cette dualité et en ont beaucoup joué durant la guerre d'Afghanistan contre les Soviétiques (1979 – 1989) et même après, comme ils ont toujours tiré profit du pacte du Quincy tout en sachant très bien que l'Arabie saoudite finançait, armait et hébergeait les partisans d'Oussama Ben Laden[2].

Le « double jeu du Pakistan » est une histoire cornecul de services secrets qui ressurgit régulièrement depuis plus de 30 ans. Un dossier autrement plus intéressant est celui de la question pachtoune dont l'avenir conditionne la diagonale du fou : Afghanistan, Pakistan, Inde, Cachemire. « La question

---

1. Entretien de l'auteur avec l'un des responsables de la DGSE, le 11 novembre 2003.
2. Voir Mythologie 1 : Les mille et une nuits du Quincy et Mythologie 8 : La traque des dollars de la terreur.

pachtoune, de part et d'autre de la ligne Durand[1], empoisonne les relations entre les deux États voisins et constitue en même temps le terrain fertile des réseaux terroristes de déstabilisation. Cette zone sismique est active depuis deux siècles et demi, depuis la création de l'Afghanistan ; et la seule manière de couper l'herbe sous le pied, aussi bien des Taliban ordinaires que de ceux qui restent partisans d'Al-Qaïda, serait d'aider les deux États concernés à trouver un *modus operandi* de la frontière et un *modus vivendi* assez flexible des tribus de part et d'autre », explique l'anthropologue Georges Lefeuvre[2].

Il aura fallu près de dix ans pour admettre que les Taliban pachtounes, ceux qui mènent une guerre de reconquête en Afghanistan, se distinguent foncièrement de ceux du mollah Omar ayant accordé l'hospitalité à Ben Laden et ses partisans[3] sur la frontière afghano-pakistanaise. Maintenant que Ben Laden est mort, on a vite fait de réduire la survivance d'Al-Qaïda au « double jeu pakistanais » pour laisser les mains libres à Hamid Karzaï autorisé désormais à négocier avec des Taliban pachtoune une issue politique dont on annonce qu'elle sera démocratique…

De fait, et au-delà du double jeu d'Islamabad, Washington vient consciemment d'offrir un très beau cadeau aux

1. La ligne Durand est le nom donné à la frontière entre l'Afghanistan et le Pakistan, établie le 12 novembre 1893 par un accord entre l'émir Abdur Rahman Khan et sir Mortimer Durand pour l'Empire britannique. Elle divise artificiellement des tribus pachtounes qui partagent la même langue et la même organisation sociale.
2. Georges Lefeuvre, « Al-Qaïda consolidée en Afghanistan », *Le Monde* du 17 mai 2011.
3. Voir Mythologie 2 : Oussama ou l'ennemi public numéro 1.

autorités pakistanaises : le blanchiment politique des Taliban et leur participation au régime de Kaboul. L'hypothèque Ben Laden levée, les Taliban et les tribus pachtounes – implantées dans la grande région transfrontalière pakistano-afghane – redeviennent fréquentables. Bien que n'ayant plus de liens opérationnels avec les Taliban, Oussama Ben Laden et son parrainage du Mollah Omar, empêchaient l'émergence politique des introuvables « Taliban modérés » susceptibles de « stabiliser » l'Afghanistan. Washington, Londres, Berlin et Paris cherchaient ainsi depuis longtemps cette catégorie de « Taliban fréquentables » afin de pouvoir accélérer leur retrait militaire, sinon une exfiltration définitive du bourbier afghan. Avec la mort de Ben Laden, c'est chose faite et, soudainement l'équation afghane change alors que le Pakistan réaffirme qu'il n'abandonnera jamais sa profondeur stratégique transfrontalière pachtoune. L'Afghanistan future sera, bel et bien, sous tutelle pakistanaise.

Ainsi Alain Juppé le ministre français des Affaires étrangères n'a pas attendu que la dépouille de Ben Laden disparaisse dans la mer pour envisager un retrait anticipé d'Afghanistan. « Les Américains y réfléchissent aussi », a-t-il précisé à propos d'un désengagement complet avant 2014. La disparition du chef d'Al-Qaïda redonne des couleurs électorales à Barack Obama qui avait annoncé son intention d'accélérer le calendrier fixé par l'Otan : le transfert de la responsabilité des opérations aux troupes afghanes fin 2014, à l'issue d'un processus entamé dès ce printemps 2011. Le président américain vient d'annoncer le retour d'une première partie des

100 000 militaires américains. De nombreux pays de l'Otan, pour des raisons budgétaires et confrontés à leurs opinions publiques de plus en plus sceptiques, suivront vraisemblablement l'exemple des Pays-Bas, qui ont rembarqué leurs troupes l'année dernière. Le Canada a déjà enclenché le processus de retrait. La Pologne va suivre et la France aussi dès 2012.

En attendant, Washington négocie avec Kaboul le maintien de ses plateformes militaires sur le sol afghan après 2014. Les experts du Pentagone continuent à penser que ces points d'appui afghan sont vitaux pour des opérations de projection en Asie centrale, aux marges de la Chine.

Quoiqu'il en soit, l'opération « Geronimo » et ses maladresses ne vont sans doute pas diminuer les menaces jihadistes, et encore moins déjouer les théories du complot qui contribueront à transformer Oussama Ben Laden en figure christique de la mouvance terroriste. Sa mort soulève toutes les interrogations concernant la survie possible d'Al-Qaïda. Les services de renseignement du monde entier travaillent désormais sur l'avenir et la reconfiguration de la menace. À trop avoir assimilé l'idéologie antiterroriste américaine et les fondamentaux de la guerre globale contre la terreur, ne risque-t-on pas de continuer à trop « al-Qaïdiser » la menace ?

Comme le dit d'ailleurs Jean-Louis Bruguière : « La mort de Ben Laden n'aura qu'un impact limité sur l'évolution de la menace terroriste. Certes, les pays occidentaux, et la France en particulier, peuvent redouter des actions de représailles qui seront davantage le fait d'organisations autonomes, comme l'AQMI, que d'Al-Qaïda. Cette dernière a perdu depuis

2001 la majeure partie de ses capacités opérationnelles avec la neutralisation de ses principaux lieutenants. Cantonnés dans la zone pakistano-afghane, ses membres n'ont plus la même capacité de mouvement et l'organisation est en déclin. Sous réserve de l'exploitation de la documentation saisie par les Américains dans le repère de Ben Laden à Abbottabad, Al-Qaïda ne représente plus pour l'Amérique et les pays occidentaux la même menace. La destruction de son sanctuaire afghan et la chute du régime du Mollah Omar qui le soutenait ont eu pour conséquence d'émietter la menace islamiste sur tous les continents au travers de multiples organisations, réseaux et cellules. Ces dernières n'obéissent plus à un commandement centralisé et ont leur propre agenda (...) Est-ce à dire pour autant que toute menace a disparu ? Certainement pas. La menace perdure sous une forme différente[1] ».

Outre la reconfiguration de menaces, il s'agit aussi d'examiner les moyens de riposte. Sur ce plan, il existe une grande confusion entre la lutte antiterroriste et les stratégies, à moyen et long termes, du contre-terrorisme.

1. Jean-Louis Bruguière, « Al-Qaïda survivra-t-elle à la mort d'Oussama Ben Laden ? », *Le Figaro* du 12 mai 2011.

MYTHOLOGIE 10

Nouvelles menaces/nouvelles ripostes

À travers le bilan de la « guerre globale contre la terreur[1] », à travers l'aggravation des incompréhensions entre Orient et Occident que cette guerre a pu causer, à travers la traque improbable des dollars de la terreur et après l'annonce officielle de la mort d'Oussama Ben Laden, on a pu se rendre compte à quel point la réponse à apporter au terrorisme est complexe et éphémère. La problématique des ripostes pertinentes implique mécaniquement celle de la menace toujours déjà là, mais dans des formes changeantes.

Cette mythologie double présente des caractéristiques moins imaginaires que les précédentes parce que contrairement à celles-ci, ses différentes figures ont pour fonction d'anticiper le temps. Elles s'affirment à travers des mélanges d'idéologies et de rationalités censés accompagner l'invention de postures opérationnelles. Ces dernières, fournissant autant de moyens de riposte, ne se cantonnent pas au domaine du symbolique et s'évaluent à l'aune des résultats obtenus. Et là,

1. Voir Mythologie 6 : Servitude et grandeur de la guerre globale.

les choses se compliquent parce que le seul résultat qui vaille consiste justement à tout faire pour qu'il ne se passe rien et que l'on n'en parle pas… L'examen de ce processus qui consiste à identifier et anticiper les menaces pour les empêcher de se réaliser passe immanquablement par les récits des hommes de l'art.

Ils ont pris l'habitude de différencier les moyens de la lutte antiterroriste de ceux du contre-terrorisme. Les premiers recouvrent la panoplie des outils de police et de justice – variant d'un pays à l'autre – et auxquels la décision politique a recours dès qu'une menace est clairement identifiée, avant, pendant ou après le passage à l'acte. Ceux du contre-terrorisme s'apparentent à toutes les actions à mettre en œuvre en amont de la menace, pour tenter de remonter à ses causes les plus profondes : économiques, sociales, culturelles, politiques et diplomatiques. La première catégorie nécessite l'acquisition d'un renseignement immédiatement opérationnel au plan tactique, alors que la deuxième fait appel à un renseignement plus large, qu'une tradition française a qualifié de « renseignement de sécurité », traditionnellement placé sous la responsabilité des services extérieurs. Sur ce plan stratégique sont aussi sollicités les différents outils de la coopération régionale et internationale.

Le contexte français que l'on peut appréhender à travers une triple spécificité – post-coloniale, laïque et multilatérale[1] – reste « globalement satisfaisant », selon la plupart

1. Le siège permanent de la France au Conseil de sécurité des Nations unies l'engage à respecter certaines obligations en matière de participation aux opérations de maintien de la paix de l'Onu.

des responsables de la communauté française du renseignement[1]. Le traitement judiciaire du terrorisme en particulier, grâce à une législation spécifique régulièrement actualisée, est relativement efficace puisqu'il permet notamment d'interpeller les suspects avant le passage à l'acte. La France est d'ailleurs épargnée par les attentats depuis 1996. Ce système, qui respecte *grosso modo* la Constitution et ses obligations en matière de droits de l'homme, de libertés civiles et politiques, reste un modèle du genre qui inspire nombre de pays étrangers.

Le *Livre blanc* du gouvernement face au terrorisme, adopté début 2006, a rassemblé la plupart des acteurs publics concernés pour mettre en œuvre une méthode interministérielle qui s'est révélée plutôt efficace. Celle-ci a intégré les dimensions militaires de la lutte antiterroriste en précisant bien que, contrairement à la GWOT, la France ne menait pas une « guerre globale » et que le recours à la force devait s'effectuer contre des ennemis parfaitement identifiés, et non de manière diffuse contre des populations ou des cultures. L'idée du *Livre blanc* était de mettre les responsables politiques en mesure d'agir tant dans la gestion et le règlement des conflits, qu'à travers des modes de coopération bilatérale et (ou) multilatérale. Malheureusement, ces travaux n'ont pas débouché jusqu'à présent sur des propositions réellement concrètes, opérationnelles et intégrées. Quels sont les outils à améliorer ou à adapter ? Quatre chantiers peuvent être identifiés.

1. Entretiens avec plusieurs anciens responsables des différents services français réalisés par l'auteur depuis une vingtaine d'années.

Quatre chantiers opérationnels

1) Une véritable communauté du renseignement

Depuis de nombreuses années les praticiens réclament la création d'une véritable « Direction » d'ensemble. Le concept de « Conseil national de sécurité » (CNS), maintes fois évoqué, paraît tout à fait adapté, avec la mise sur pied d'un véritable plan du renseignement. Les *Livres blancs* successifs se sont attaqués à cette problématique en essayant de définir précisément tâches, statuts et procédures. En la matière, il s'agit d'identifier et de se concentrer sur les véritables menaces et non de disperser des moyens forcément limités. Le regroupement de la DST et des RG a permis de fabriquer un outil cohérent de renseignement intérieur, ce qui est primordial pour la lutte antiterroriste. Par ailleurs, il reste à créer un pôle d'évaluation de la menace terroriste face au « trop plein » d'informations qui affluent, de plus en plus en temps réel. Chargée de cette tâche, l'Uclat[1] devrait être repensée, peut-être en s'inspirant du modèle britannique, tout en restant rattachée au ministère de l'Intérieur, estiment plusieurs cadres de la communauté française du renseignement.

2) Une meilleure appréhension des causes du terrorisme

C'est la démarche inverse de celle dite du *profiling*, préconisé notamment par Marc Sageman, ancien officier de la CIA au Pakistan. Celle-ci, qui devait permettre de repérer

1. Uclat : Unité de coordination antiterroriste.

des terroristes potentiels parmi des groupes d'individus répertoriés, s'est avérée un échec total. Les causes exogènes du terrorisme renvoient principalement à l'arc des crises proche-orientales, au premier rang desquelles le conflit israélo-palestinien, mais aussi au théâtre afghano-pakistanais et à la péninsule arabique. Le bouleversement irakien avec ses prolongements dans les pays voisins dont la Jordanie et la Syrie ravive la vieille confrontation des mondes sunnites/chi'ites. Les poseurs de bombes sont toujours des poseurs de questions ; des questions qui peuvent mêler des revendications économiques, politiques, sociales et culturelles dans des contextes spécifiques qu'il faut absolument connaître bien au-delà des seules données du « renseignement d'environnement », spécialité du renseignement militaire. Il s'agit de comprendre pourquoi des délinquants « ordinaires » peuvent basculer dans le terrorisme. L'exemple emblématique est l'affaire de Clichy-sous-Bois de décembre 2005. Les armes et les explosifs saisis venaient, pour l'essentiel, des Balkans. Or les filières d'approvisionnement du « milieu » ont essentiellement leurs sources dans cette région où elles abondent.

L'étude de ces causes variées relève parallèlement des outils gouvernementaux de lutte antiterroriste et des recherches des experts et des universitaires qui travaillent sur le long terme. Ces derniers ont souvent accès à des zones sensibles que ne peuvent atteindre les services spécialisés officiels. Certains disposent d'un savoir malheureusement sous-utilisé. Un besoin de cohérence et de définition de priorités s'impose à l'ensemble des institutions concernées. La recherche d'une meilleure coordination de quatre instituts nationaux (IHEDN, Inhes, Chear, Irsem)[1], disposant de nombreux relais dans la société civile, a fait l'objet d'un examen approfondi par un groupe de travail *ad hoc* animé par le criminologue Alain Bauer.

3) Un travail de sensibilisation pour entreprendre la « bataille des idées »

Le travail de sensibilisation sur la dangerosité des idéologies criminogènes touchant notamment au prosélytisme religieux mené en milieu carcéral doit être poursuivi. Les pays occidentaux comme ceux du monde arabo-musulman sont confrontés aux mêmes besoins. Comment dissuader les jeunes générations d'adhérer aux idéologies extrémistes ? Comment les convaincre que le terrorisme est contraire à une religion dont elles ont souvent une vision très simpliste, sinon réduite à des aspirations manichéennes ? Certains pays sont très avancés en la matière comme, par exemple, la république de Singapour. Après avoir interpellé en 2001 une trentaine de jeunes musulmans recrutés par l'organisation régionale Jama'a Islamyia et qui projetaient des attentats kamikazes, les autorités ont mis sur pied un programme de réhabilitation et de sensibilisation générale. Ce programme s'effectue encore aujourd'hui avec la participation des responsables religieux du pays, particulièrement attentif à la préservation

1. IHEDN : Institut des hautes études de défense nationale.
Inhes : Institut national des hautes études de sécurité.
Chear : Centre des hautes études de l'armement.
Irsem : Institut de recherche stratégique de l'école militaire.

de son unité nationale. La Grande-Bretagne, traumatisée par les attentats, tentatives et projets d'attaques terroristes des dernières années, a créé une commission dite de « déradicalisation ». Supervisée par le ministère de l'Intérieur, elle associe des experts nationaux et étrangers. Un nombre croissant de pays musulmans et notamment du Golfe a déclaré vouloir « reprendre les choses en main », même si trop souvent cette volonté demeure de pur affichage.

Certains se sont même dits prêts à mettre à disposition des religieux pour prêcher la « déradicalisation » dans les pays occidentaux, ces derniers manquant souvent d'imams qualifiés. C'est une question récurrente sur laquelle le consensus est loin d'être établi. En tout état de cause, il ne suffit plus aujourd'hui de refuser des visas, d'expulser ou de poursuivre en justice les religieux qui incitent à la violence. Les responsables musulmans dans leur ensemble, notamment ceux du CFCM[1], pourraient s'engager plus activement sur ce front et devraient pouvoir faire comprendre que la laïcité ne consiste pas à lutter contre la pratique de l'islam.

Comment par ailleurs affaiblir, à défaut de la stopper, la propagande mobilisatrice des porte-parole médiatisés se revendiquant d'Al-Qaïda ? Comment empêcher Internet de diffuser les technologies terroristes, les encouragements au passage à l'acte, ou les vidéos des exécutions capitales d'otages ? Comment responsabiliser les *providers* d'Internet

1. CFCM : Conseil français du culte musulman.

autrement que par une convention *ad hoc* sur l'interdiction de l'incitation à la haine et à la violence ? Comment agir sur ces différents moyens de communication ? Seule une coopération et une coordination internationales pourraient apporter des réponses pertinentes à ces efforts indispensables.

4) Une coopération internationale rénovée

Sur le plan du renseignement, même si la coopération continue de progresser, l'exercice n'arrive que laborieusement à sortir d'un format strictement bilatéral. En Europe, même si ces relations bilatérales restent, comme partout ailleurs, privilégiées au plan opérationnel, l'ensemble des services de renseignement de l'Union européenne – plus la Suisse et la Norvège – échangent, en principe, en permanence des informations et se réunissent régulièrement au sein d'un « Groupe antiterroriste » dédié. Celui-ci s'efforce de développer des relations suivies avec un nombre croissant d'homologues non-européens, notamment au Maghreb. Cette même communauté entretient des relations permanentes avec le Centre de situation du Conseil de l'Union européenne à Bruxelles, chargé des évaluations de la menace. La communauté européenne du renseignement intérieur estime cependant qu'il est tout à fait prématuré de se lancer dans la création d'un service européen unique, comme l'a déjà proposé à plusieurs reprises la Commission.

Sur le plan judiciaire, de nombreux textes ont été adoptés par l'Union européenne et les Nations unies. D'autres sont en chantier ou restent encore à être adoptés, ne serait-ce que pour ajuster l'arsenal international aux évolutions de la menace. Beaucoup reste à faire au plan européen pour rapprocher les législations en vigueur. Quid d'un « FBI » européen qui pourrait se développer à partir d'Europol[1] ? Plusieurs pays l'envisagent à condition que le renseignement demeure national et que cette entité « reste à sa place », sans intervenir dans les affaires intérieures des États-membres.

Au-delà des déclarations incantatoires et indépendamment du fait que l'Onu ne soit pas parvenue à édicter une définition universelle de terrorisme, l'Organisation et ses agences spécialisées dans la promotion de l'éducation et des droits de l'homme ont un rôle central à jouer. Les réunions spécialisées du G8 constituent aussi des forums importants de sensibilisation, chacun des membres pouvant intervenir sur sa propre zone géographique d'influence.

Pour compléter ces contours institutionnels, nous avons interrogé l'un des principaux décideurs de la communauté française du renseignement : le préfet Bernard Squarcini, chef de la nouvelle Direction centrale du renseignement intérieur (DCRI)[2].

---

1. Europol : European Police Office est un office de police criminelle intergouvernemental chargé de faciliter l'échange de renseignements entre polices nationales en matière de stupéfiants, de terrorisme, de criminalité internationale et de pédophilie au sein de l'Union européenne. La convention portant sa création a été signée et ratifiée par tous les États-membres de l'Union européenne. Europol exerce l'ensemble de ses missions depuis le 1er juillet 1999.
2. Entretien avec l'auteur le 15 décembre 2008. Il a été partiellement publié par la revue *Défense* de janvier – février 2009 (numéro 137).

Trois questions à Bernard Squarcini

Issue de la fusion de la Direction de la surveillance du territoire (DST) et de la Direction centrale des renseignements généraux (DCRG), la nouvelle DCRI est, désormais, placée au cœur du dispositif français. Comment et pourquoi un tel « recentrage » ?

Il faut remonter à 2004. Nous restions prioritairement confrontés à la menace islamiste tout en mesurant que nous étions en train de vivre sur des acquis, donc de perdre du terrain. En matière de terrorisme islamiste, notre pays dispose d'expertises et de compétences réelles. Suite aux attentats de 1995, en moins de trois mois, les différents services ont assuré une neutralisation complète des réseaux sur l'ensemble du territoire avec, successivement le démantèlement du réseau de Chasse-sur-Rhône, et la protection de la raffinerie de Feyzin, la neutralisation de la cellule Kelkal[1] et des réseaux lillois. Tout cela s'est fait dans la chaleur de l'action et grâce à un travail de long investissement sur les milieux islamistes radicaux.

Avec les attentats de 1986, la création de structures spécialisées au sein du ministère de l'Intérieur et du ministère de la Justice (Uclat, 14e section du parquet et la mise en place des systèmes juridiques antiterroristes préventifs) a répondu à

1. Le 29 septembre 1995, Khaled Kelkal était abattu par les gendarmes du GIGN, à Vaugneray, dans la banlieue lyonnaise après plusieurs jours de traque. Kelkal était l'un des principaux suspects de la vague d'attentats de 1995, en relation avec le réseau dit « de Chasse-sur-Rhône », démantelé quelques jours plus tard.

un impératif catégorique : se donner les moyens d'agir avant le passage à l'acte. Parallèlement, la police judiciaire était de plus en plus accaparée par le terrorisme domestique (Corses, Basques, Bretons...) par ailleurs, la nécessité de coopérations internationales plus réactives et plus fluides a placé la DST et les RG en première ligne dans la lutte contre le terrorisme islamiste, en liaison constante avec le parquet. Très tôt, notre pays a compris le danger d'internationalisation et de fragmentation de la menace islamiste. Par exemple, pour reprendre l'affaire du gang de Roubaix (1996), nous n'étions plus seulement confrontés à des terroristes des GIA algériens utilisant des méthodes du droit commun, mais à des Français de souche convertis à l'islam radical et à des immigrés maghrébins de la deuxième génération, certains étant allés combattre en Bosnie, en Tchétchénie, en Irak, ou en Afghanistan. Les connexions de cette mouvance avec d'autres pays (Royaume-Uni, États-Unis, Canada, etc.) ont permis aux services français d'appréhender et de mesurer le développement de ce phénomène, sans pour autant toujours parvenir à convaincre leurs partenaires de l'urgence d'une action concomitante.

Ensuite, et c'est la troisième phase : la France, s'est dotée d'une politique de « sécurité globale », résultat de la réflexion engagée dès 1995. Le *modus operandi* terroriste a changé de nature. Le phénomène des convertis – prêts à basculer dans le jihad – a pris de l'ampleur : on a constaté un développement du prosélytisme salafiste dans certains tissus associatifs et le milieu carcéral notamment. Les frontières entre menace intérieure et extérieure se sont estompées. Les terroristes, eux, ne s'arrêtent pas aux frontières. La protection de nos ressortissants et la défense de nos intérêts, que ce soit en France ou à l'étranger, sont un impératif national.

Cela signifie pour nous, d'abord un devoir d'évaluation, de prévention, mais aussi de préparation, de protection et de précaution. Il est évident que 20 ans après la mise en œuvre des premières mesures de lutte antiterroriste, il convenait de réajuster le dispositif et de l'optimiser (...).

Cette nécessité trouve sa pleine reconnaissance en 2007-2008, faisant du renseignement (connaissance et anticipation de la menace) l'une des priorités du nouveau *Livre Blanc sur la Défense et la Sécurité*. Il fallait rattraper quatre années perdues, d'une part en optimisant les moyens existants et d'autre part en intégrant le fait avéré qu'il n'y a plus de différence épistémologique entre menace extérieure et menace intérieure. En ciblant aussi bien le territoire national que les intérêts et citoyens français à l'étranger, l'islamisme radical constituait le symptôme majeur de cette réalité nouvelle. À réalité nouvelle, réponses et moyens nouveaux.

Il a donc fallu rapprocher deux cultures différentes et complémentaires forgées au sein de la DST et des RG pour n'en faire plus qu'une, afin de disposer d'un service de renseignement intérieur cohérent, professionnel, réactif, sinon pro-actif. La réforme est entrée en application en décembre 2008.

Plus concrètement : quelle est la mission ?

Le décret du ministre de l'Intérieur en date du 27 juin 2008 relatif aux missions et à l'organisation de la DCRI, les définit ainsi : « La DCRI a compétence pour lutter, sur le territoire de la République contre toutes les activités susceptibles de constituer une atteinte aux intérêts fondamentaux de la Nation. À ce titre, elle est chargée de prévenir les activités inspirées, engagées ou soutenues par des puissances ou des organisations étrangères, de nature à menacer la sécurité du pays, et concourt à leur répression ; elle participe à la prévention et à la répression des actes terroristes ou visant à porter atteinte à l'autorité de l'État, au secret de la Défense nationale ou au patrimoine économique du pays ; elle contribue à la surveillance des individus, groupes, organisations et à l'analyse des phénomènes de société susceptibles, par leur caractère radical, leur inspiration ou leurs modes d'action, de porter atteinte à la sécurité nationale. »

Autrement dit, on peut décliner le cœur de mission de sept manières : 1) le contre-espionnage ; 2) la protection du patrimoine économique ; 3) le contre-terrorisme ; 4) la protection du secret ; 5) le suivi des individus, groupes et organisations susceptibles de menacer la sécurité nationale ; 6) la protection des systèmes de communication et d'information ; 7) le cyberterrorisme et les nouvelles menaces.

Certaines de ces missions sont directement transférées de l'ancienne Direction des RG. D'autres tâches plus traditionnelles des RG – comme par exemple les crises urbaines – ont été déléguées à la Direction Centrale de la Sécurité Publique. En tout état de cause, on a tiré un trait sur une grande partie des anciennes tâches traditionnellement dévolues aux RG pour resserrer moyens et procédures sur le cœur de nos missions, pour reprendre la main et – si je puis dire – garder un coup d'avance en matière de lutte antiterroriste. En effet, c'est là que réside la clef de l'excellence. J'insiste : il s'agit pour nous d'optimiser l'ensemble de nos personnels, de nos moyens et savoir-faire pour garder un coup d'avance.

Méthode de travail et moyens ?

La méthode ? Travailler en amont, autant que faire se peut… pour anticiper, anticiper, anticiper… L'antiterrorisme qui marche relève de l'équation des trains qui arrivent à l'heure. Ce n'est pas toujours très médiatique et il faut pouvoir l'expliquer à la représentation nationale et à nos concitoyens.

Ainsi, les services doivent justifier l'emploi des fonds publics, tout en assumant leurs choix et leurs priorités. L'essentiel de la démarche repose sur une forte capacité initiale d'analyse, soutenue par nos échanges avec les autres services français et nos homologues étrangers. Elle conduit à la définition d'une stratégie ciblée qui mettra en œuvre les moyens humains et d'importantes ressources techniques. Le renseignement comme capacité d'anticipation de la menace, reconnu et élevé au niveau d'une priorité nationale en matière de défense et de sécurité par le *Livre blanc* constitue une première dans l'histoire de notre pays. Il convient de répéter que cette décision n'a pas seulement valeur de spécificité administrative mais qu'elle constitue un gain opérationnel considérable, quantitatif et qualitatif.

La DCRI a hérité de la compétence judiciaire de la DST et travaille en liaison étroite avec le parquet antiterroriste, dont l'existence depuis 1986 est une originalité française qui n'a pas peu contribué à son efficacité. Le cadre procédural actuel est bien adapté mais il reste des ajustements à généraliser au niveau européen : mandat d'arrêt européen, création d'équipes communes d'enquête (initiative de l'Espagne lors de sa présidence de l'Union européenne), etc. On se souvient des difficultés que nous avons eues pour obtenir le transfert en France de Rachid Ramda[1] détenu en Angleterre. Dix ans plus tard, lorsque toutes les difficultés furent aplanies, ce personnage ne nous servait plus à grand-chose...

Du point de vue des moyens budgétaires et des effectifs, l'ensemble des services français ont vu leurs dotations renforcées, qu'ils dépendent du ministère de l'Intérieur, de celui de la Défense ou de celui des Finances. La préparation des arbitrages, en la matière, s'effectue à la présidence de la République, auprès du Coordinateur central du Renseignement dont la fonction a été créée.

La DCRI réunit quelques 3 300 fonctionnaires, recrutés par concours externe ou contrat et par mutation interne au sein de la police. Une mobilité professionnelle au sein de l'ensemble des services de renseignement est garantie.

On constate, d'autre part, un développement actuel de sociétés de renseignement privées (SRP), souvent liées au marché de l'intelligence économique et faisant fréquemment

1. Rachid Ramda a été le trésorier des attentats islamistes commis en France en 1995.

appel à des agents quittant les services d'État. De nombreux dérapages ont été constatés et il convient d'encadrer ce phénomène, au moins par la définition d'un code de bonne conduite pour les anciens fonctionnaires. Mais il peut y avoir un bon usage de ces officines, à la condition que les cahiers des charges soient rigoureusement maîtrisés.

En passant par Karachi…

Après avoir entendu Bernard Squarcini, on peut comprendre que les nouvelles menaces dans leur dimension classique soient relativement maîtrisées. Mais comme le répète souvent Alain Chouet[1], « antiterrorisme et contre-terrorisme ne sont pas des sciences exactes. Le fait de ne pas en parler confirme leur relative efficacité. Ceci dit, cette réussite n'est jamais acquise et ne maîtrise pas toujours l'irrépressible part du réel, d'un réel qui a plus d'un tour dans son grand sac et dont on peut difficilement prévoir toutes les ruses, épuiser toute la richesse et la créativité ».

La hantise de tous les services de sécurité du monde concerne de fait l'acte isolé, « celui d'un dérangé », poursuit Alain Chouet, « qui se sent appelé, par des forces mystérieuses, à agir et qui va confectionner, tout seul à l'aide du petit chimiste illustré qu'il aura trouvé sur Internet, sa bombe qu'il déposera où elle est susceptible de faire le plus

1. Entretien avec l'auteur le 23 mai 2011.

de victimes possible ». Drame de la solitude, quête identitaire extrême, mimétisme télévisuel ou contamination multimédias ? Le secret de l'intention est – ici – le plus difficilement décelable.

En définitive, Alain Chouet a raison : la lutte antiterroriste comme les méthodes du contre-terrorisme ne relèvent pas de la science exacte. En dépit des meilleurs outils et d'un bon cadrage institutionnel, tout continue à dépendre des hommes. La confrontation entre Jean-Louis Bruguière et son successeur Marc Trévidic concernant l'affaire de Karachi, qui a coûté la vie à 11 techniciens français de la DCN[1], en est l'illustration. Le jeune juge, « qui veut tuer le père » disent ses confrères, reprend très imprudemment à son compte la thèse qui établit un lien direct entre la cause de l'attentat et un système de commissions et de rétrocommissions qui aurait mal tourné.

Selon le premier juge instructeur[2], ce lien n'existe pas. Vraisemblablement, les commanditaires de l'attentat ne visaient pas directement la France, mais plutôt la marine pakistanaise sur laquelle Pervez Musharraf, le président de l'époque, s'appuyait pour affaiblir l'Isi, les services secrets de l'armée pakistanaise, principal appui des Taliban et de différents groupes islamistes pakistano-afghans.

---

1. DCN : Direction des constructions navales.
L'attentat-suicide du 8 mai 2002 a lieu à Karachi et tue 14 personnes dont 11 Français. Depuis juin 2009, la justice française étudie le lien entre cet événement et la vente de sous-marins français au Pakistan, après avoir d'abord privilégié la piste islamiste. La justice pakistanaise avait également privilégié la piste islamiste, et avait condamné à mort les principaux suspects, avant de les acquitter en appel.
2. Nombreux entretiens avec l'auteur depuis mai 2002.

« Il n'y a aucune démonstration d'un lien entre les rétro-commissions et l'attentat. Si on n'arrive à rien dans ce dossier, ce ne sera pas la faute de Bruguière. Les premières victimes de cette agitation, ce sont les parties civiles », estime aujourd'hui Jean-Louis Bruguière[1]. La suite lui donnera peut-être raison et l'on verra alors que des considérations politiques pakistano-pakistanaises ont été la cause principale d'un attentat commis dans le contexte d'un échange commercial qui, par ailleurs, a effectivement donné lieu au versement de rétro-commissions.

Assécher le terreau du terrorisme

Ce petit détour par l'affaire Karachi éclaire la dimension toujours très politique de la lutte contre le terrorisme.

Ainsi, lorsqu'il prononce son discours à la tribune de l'Assemblée générale des Nations unies[2] – qui a été déplacée à la mi-novembre en raison des attentats du 11 Septembre –, le ministre français des Affaires étrangères Hubert Védrine, prend soin de commencer par un hommage aux victimes américaines. Il commente ensuite la réponse militaire américaine alors en cours, conformément à deux résolutions du Conseil de sécurité avant de délivrer un message politique qui indisposera, non seulement l'administration Bush, mais aussi tous ceux qui expliquent le terrorisme comme la manifestation naturelle du mal inhérent à la nature humaine.

1. « La guerre des juges », *Le Monde* du 17 mai 2011.
2. New York, le 10 novembre 2001.

Ce message mérite que l'on s'y arrête car il nous rappelle que le terrorisme est un symptôme de l'état réel du monde : « Nous ne gagnerons durablement la lutte contre toutes les formes de terrorisme que si nous sommes capables de les priver de leur terreau, de leur retirer les prétextes dont elles se nourrissent fallacieusement, de les éradiquer au sens propre du terme. Cela suppose ni plus, ni moins que de changer notre monde. Et que l'on ne dise pas que cela serait donner raison aux terroristes ! En effet, ni mon pays, ni l'Europe, ni les Nations unies, c'est-à-dire nous tous, n'avons attendu le 11 Septembre pour découvrir, pour dénoncer et pour commencer de traiter les plaies du monde. Mais aussi combien de bonnes intentions restées sans lendemain, combien de résolutions inappliquées, d'annonces non concrétisées et qui nourrissent aujourd'hui rancœurs et antagonismes ! Il ne sert à rien de se scandaliser de la thèse du "choc des civilisations" ou de la nier ; en revanche, il faut de toutes nos forces lutter contre un tel risque, qui n'est pas totalement imaginaire, et contre ceux qui espèrent en faire une réalité. Et ce devrait être d'abord pour nous tous une impérieuse raison supplémentaire pour trouver une solution aux crises régionales, avant tout au Proche-Orient : La France ne cesse de demander, depuis 1982, la création d'un État palestinien. »

Ces paroles, qui réveillent brutalement l'Assemblée générale, rappellent de la manière la plus claire que l'une des voies du contre-terrorisme passe par le règlement des conflits « mettant en cause la paix et la sécurité internationales ». Ces chemins sont ceux de la diplomatie et de l'action politique. Le propos d'Hubert Védrine remettait sur la table la carte de la géopolitique des menaces s'ordonnant autour de l'arc des crises proche-orientales, au premier rang desquelles le conflit israélo-palestinien, ses volets libanais et syriens, ses arrières-cours irakiennes, afghanes et iraniennes.

Aujourd'hui, cette géopolitique de la menace reste pertinente même si de nouveaux dangers sont aussi à prendre en compte. Dans les années qui viennent, il se pourrait que ceux-ci supplantent en intensité les menaces terroristes *stricto sensu*. En effet, les centres d'analyse stratégique les plus pertinents n'ont pas attendu la tragédie japonaise du 11 mars 2011 pour estimer que les catastrophes naturelles et leurs conséquences technologiques et humaines, pourraient s'imposer comme les risques majeurs de demain. En France, cette « culture des risques » est très en retard par rapport aux réflexions et travaux engagés dans les pays nordiques, notamment. Ce sont les sapeurs-pompiers et les experts de la sécurité civile qui nous réveillent de notre sommeil dogmatique.

Le colonel Denis Musson nous dit : « Notre leitmotiv, et depuis longtemps, est que ce type d'événement aboutit toujours à une crise majeure de "sécurité civile". À cet égard, Xynthia[1] est typique : l'événement d'abord océanographique

1. La tempête Xynthia est une dépression météorologique majeure qui a balayé plusieurs pays européens entre le 26 février et le 1er mars 2010, causant un épisode de vents violents. Le système, en provenance des régions subtropicales mais de type frontal, a principalement touché l'Espagne (Îles Canaries, Galice, Asturies et Pays basque), le Portugal, la France (Aquitaine, Poitou-

devient immanquablement un problème de sécurité civile. Au Japon, on passe d'une catastrophe naturelle au risque nucléaire donc technologique, à un défi de sécurité civile. La sécurité civile nécessite toujours une gestion globalisée. Il s'agit de trouver les bons formats[1]. » Et il ne suffit pas de procéder à une simple vérification du dispositif de chaque centrale française pour évacuer la question du risque nucléaire.

Au-delà de cette évolution de la menace vers des crises environnementales majeures et donc de sécurité civile, les héritiers d'Al-Qaïda n'ont pas tous désarmés. On nous dit même que la France reste en première ligne…

Charentes, Pays de la Loire, Bretagne et Normandie), la Belgique, le Luxembourg, l'Allemagne et dans une moindre mesure, le Royaume-Uni, la Scandinavie et les pays bordant la mer Baltique. Son passage a causé la mort de 59 personnes et de nombreux dégâts matériels. En France, la conjonction de vents violents et de fortes marées a donné lieu à une onde de tempête qui a occasionné d'importantes inondations dans certaines régions littorales, principalement en Charente-Maritime, en Vendée et dans les Côtes-d'Armor. La tempête Xynthia est considérée comme l'une des plus violentes et des plus meurtrières depuis les deux tempêtes de décembre 1999.

1. Entretien avec l'auteur. Voir le magazine *Sapeurs-pompiers de France* d'avril 2011 (numéro 1033).

MYTHOLOGIE 11

La France en première ligne…

Parmi les documents – 15 caisses d'archives, cinq ordinateurs et dix disques durs – saisis dans la maison pakistanaise où Ben Laden a été tué[1], se trouve – selon les services secrets américains – un carnet de notes manuscrites daté de février 2010. Celui-ci contiendrait des éléments techniques pour la préparation d'un sabotage destiné à faire dérailler un train sur un pont, soit le jour de Noël, soit le jour de l'An, soit le jour du discours sur l'état de l'Union, soit à l'occasion du 10e anniversaire des attentats du 11 septembre 2001… « Il est clair que survivait un certain niveau d'organisation opérationnelle », déclare un porte-parole du Département de la sécurité intérieure, « mais nous n'avons pas d'information récente confirmant la préparation effective ciblant des infrastructures américaines de transport et aucune information précise concernant des lieux et des objectifs possibles ou des cibles particulières. »

1. Voir Mythologie 9 : La mort à géométrie variable.

Malgré ces éléments, cette relativisation d'une menace ciblant les États-Unis, d'autres officiels américains continuent, aujourd'hui encore, d'affirmer que les documents saisis dans la résidence d'Abbottabad indiquent qu'Oussama Ben Laden continuait d'exercer son autorité sur ses « réseaux ». Cité par le *New York Times*[1], un haut fonctionnaire du Pentagone affirme que « Ben Laden n'était pas seulement une figure de proue. Il continuait de conspirer, de planifier, de proposer des idées de cible et de communiquer ces idées à d'autres grands responsables d'Al-Qaïda ». Ces différentes déclarations visent à justifier l'opération « Geronimo », mais aussi à maintenir la pression sur l'opinion en rappelant que la menace n'a pas disparu. En dernier lieu, elles cherchent à susciter un gain politique durable pour l'administration Obama, qui a pris l'initiative de l'opération. « Dans la logique américaine, c'est de bonne guerre et n'importe quel pouvoir exécutif agirait de même en de telles circonstances », précise un ancien responsable du contre-terrorisme français, « par contre il est plus curieux de voir nos propres autorités emboîter le pas de Washington en s'appropriant complaisamment l'argumentation de l'administration américaine. »

Presque simultanément, le ministre de l'Intérieur Claude Guéant déclare que « la France craint des représailles » et Bernard Squarcini affirme que « notre pays est la cible numéro deux d'Al-Qaïda[2] ». Développant des éléments de langage qui ont été calés avec la présidence de la République,

1. 5 mai 2011.
2. *Le Monde* du 7 mai 2011.

le patron de la DCRI s'explique : « Depuis un moment, les communiqués de Ben Laden, de Zawahiri et d'AQMI (Al-Qaïda au Maghreb islamique) nous ciblent. On les prend en compte. Les Américains sont la cible numéro un et la France est la cible numéro deux d'Al-Qaïda. Et avec la mort de Ben Laden, il y a un risque de surenchère. Nous sommes en Vigipirate rouge[1], ce qui est assez stabilisant et confortable, mais il convient de renforcer les mesures à l'étranger pour sécuriser les ambassades, les sites français, les escales d'Air France en Afrique, etc. Pour les adorateurs de Ben Laden, sa mort peut déclencher soit l'abattement, soit la galvanisation et le désir de vengeance. »

Comme toujours la mythologie mélange le réel, le vraisemblable et l'intentionnel. Bernard Squarcini, dont personne ne discute la compétence, d'ajouter : « Mais la menace principale pour la France est AQMI. Il y a une proximité géographique, une histoire coloniale passée et il y a ces allées et venues et ces liens familiaux entre des gens en France et d'autres dans les pays du Maghreb et du Sahel. Il y a aussi une progression qualitative d'AQMI et la France est en tête des pays menacés. Cela se confirme avec la tentative d'attentat contre notre ambassade à Nouakchott (Mauritanie) : 1,7 tonne d'explosifs. Manifestement, ils ont un peu la haine… Depuis qu'elle a fait allégeance à Al-Qaïda, AQMI a décuplé ses activités. »

1. Le plan Vigipirate est un dispositif de sécurité français destiné à prévenir les menaces ou à réagir face aux actions et menaces terroristes. Créé en 1978 sous la présidence de Valéry Giscard d'Estaing alors que l'Europe connaissait une vague d'attentats, ce plan a été actualisé à trois reprises, en juillet 1995, juin 2000 et mars 2003. Il a été déployé pour la première fois en 1991.

Et pour être sûr que le message passe bien, le patron de la DCRI déclare, le même jour, à *Libération*[1] : « La menace reste très élevée, comme le pic que nous avions eu au mois de septembre. Nous sommes à un grand niveau de vigilance. D'autant plus que nous avons eu l'attentat de Marrakech[2] – la mission que nous y avons envoyée a permis de rapporter deux portraits-robots établis par les Marocains. Par ailleurs, avant la mort de Ben Laden, il y a eu une série de communiqués visant la France et le président Sarkozy, qui démontrent que nous sommes très ciblés depuis plusieurs mois. Quant à la suite directe de l'opération de neutralisation de Ben Laden, ce sont les Américains qui sont visés en premier. La France, elle, reste directement menacée par AQMI, qui a prêté allégeance à Al-Qaïda. AQMI, qui a un bon savoir-faire, s'est renforcée quantitativement et qualitativement. »

Là encore, le mythe prive l'objet dont il s'empare de toute histoire et de toute géographie. Il convient de revenir à l'espace et au temps pour voir qu'AQMI n'est pas, contrairement à son nom, une petite Al-Qaïda délocalisée au Sahel ou le « pilier maghrébin » des réseaux Ben Laden. Sa nature fluctue entre terrorisme et grande criminalité avant que l'organisation ne se spécialise dans la prise d'otages, devenue une activité économique à part entière. Sa filiation est essentiellement algérienne et renvoie à la très mauvaise relation entre Paris et Alger.

1. 6 mai 2011.
2. Le 28 avril 2011, un attentat à la bombe a fait 14 morts dont plusieurs Français en plein centre de Marrakech au Maroc.

AQMI : entre terrorisme et criminalité

Depuis 10 ans, le Sahel est devenu l'ultime sanctuaire des islamistes algériens qui ont ensanglanté leur pays de 1988 à 1998, avant que le président Bouteflika n'amorce sa politique de « réconciliation nationale ». À partir de la fin des années 1990 – conséquence de la politique de réconciliation et des opérations militaires de répression – les groupes islamistes opèrent un repli au sud et se redéploient dans plusieurs pays sahéliens, principalement au Niger, au Mali et en Mauritanie. Du début des années 2000 jusqu'à aujourd'hui, ils se spécialisent dans les prises d'otages crapuleuses. C'est au moyen de messages vidéo qu'ils cherchent à médiatiser leurs exigences. Retour sur une chronologie sanglante. Il faut remonter le fil des événements.

26 avril 2011 : AQMI diffuse une vidéo dans laquelle quatre otages français, prisonniers depuis septembre 2010, demandent à Nicolas Sarkozy de retirer les troupes françaises d'Afghanistan. En coulisses, AQMI exige une rançon de 90 millions d'euros. C'est à Arlit, un site d'extraction d'uranium dans le nord du Niger, que sept personnes travaillant pour Satom et Areva, ont été enlevées le 16 septembre 2010.

À la jonction des trois frontières Algérie/Niger/Mali – le 24 février 2010 – trois otages sont libérés : un Togolais, un Malgache et la Française Françoise Larribe qui était malade. AQMI empoche plusieurs millions de dollars prélevés sur les fonds secrets des services extérieurs français. Areva met aussi la main à la poche.

8 janvier 2011 : Antoine de Léocour et Vincent Delory sont enlevés dans un restaurant, en plein cœur de Niamey avant d'être tués au cours d'une tentative militaire franco-nigérienne de récupération.

Avril 2010 : l'humanitaire Michel Germaneau est enlevé au Niger près de la frontière algérienne. Une vidéo du 24 juillet 2010 annonce son exécution suite à un raid franco-mauritanien au cours duquel six membres d'AQMI sont tués.

25 février 2010 : suite à l'intervention du président malien qui accepte d'échanger quatre membres d'AQMI, l'humanitaire français Pierre Camatte – otage depuis novembre 2009 – est libéré.

22 janvier 2009 : le Britannique Edwin Dyer est capturé par des Touareg près de Tombouctou avec deux Suisses et une Allemande. Revendu à AQMI, il est exécuté le 3 juin 2009. L'Algérien Abou Zeid est accusé par les autorités maliennes d'avoir dirigé l'opération.

Février 2003 : c'est au groupe de Mokhtar Ben Mokhtar qu'est attribué l'enlèvement de 32 touristes allemands, autrichiens et suisses, dans le sud algérien. En mai, 17 d'entre eux sont libérés par l'armée algérienne. Les 15 autres attendront août 2003 et le versement d'une rançon de plusieurs millions d'euros.

Entre 2007 et 2008, embuscades, attentats-suicide et enlèvements se multiplient en Algérie. Le 24 janvier 2007, Abdelmalek Droukdal, le chef du GSPC – Groupe Salafiste pour la prédication et le combat – proclame la création d'AQMI, Al-Qaïda au Maghreb islamique. Depuis plus de quatre ans, AQMI cherche à étendre son action à l'ensemble de la zone sahélienne, un espace improbable, incontrôlé et incontrôlable.

Le Sahel s'étend sur environ 7 000 kilomètres d'ouest en est avec des largeurs variant de 600 à un millier de kilomètres. Il relie la façade Atlantique de l'Afrique à celle de l'océan Indien et constitue une transition plate et vide entre le désert et la savane, comme l'indique l'origine du mot Sahel qui – en arabe – signifie « plaine ». Dans cette région victime d'une sécheresse structurelle depuis plus de 30 ans, on trouve deux sortes de sociétés : les nomades comme les Maures ou les Peuls et les pasteurs-éleveurs. Il faut ajouter les Touareg fuyant le Sahara : depuis leur création, les États de la région tentent de les sédentariser par la force.

La cohérence physique de la sous-région sahélienne a facilité la colonisation française cherchant à joindre Dakar à Djibouti. Ce rêve inter-océanique se heurta à l'axe britannique voulant relier l'Égypte à l'Afrique du Sud. La partie orientale – le Soudan actuel – passa sous contrôle britannique mais la plus grande partie du Sahel fut administrée par Paris avec l'accord tacite de Londres dont la devise était : « Laissons le coq gaulois se faire les ergots dans le sable. »

Compte tenu de ce passé colonial, qu'est-ce que cela donne aujourd'hui en matière de frontières étatiques et politiques ? Les États sahéliens sont au nombre d'une dizaine. Leurs frontières procèdent des rivalités entre puissances coloniales – France, Angleterre, Italie – dont les différentes administrations ont souvent modifié les découpages. Lors des indépendances des années 1960, ces lignes artificielles sont devenues des réalités internationales quasiment intangibles, génératrices de multiples tensions. Aujourd'hui ces États partagent les mêmes caractéristiques : plus ou moins faillis économiquement, leur fragilité politique génère des coups d'État à répétition.

Ainsi, le Sahel d'aujourd'hui est un enchevêtrement de conflits séparatistes et islamistes mais aussi de rivalités classiques entre États, ainsi que de crises liées à une criminalité organisée et spécialisée dans le trafic de drogue et le kidnapping. La géopolitique s'organise principalement autour des rivalités Algérie/Libye, Algérie/France et France/États-Unis.

Le Sahel a connu à l'époque moderne une succession de micro-empires, comme celui des Toucouleurs, le califat de Sokoto, celui de Rabab, ou encore celui de Ouaddai. La conquête française mit un terme à ces embryons d'États, installant une administration coloniale fondée sur deux structures : l'Afrique occidentale française et, dans une moindre mesure, l'Afrique équatoriale française. Lors des indépendances, ces entités se fragmentent et donnent naissance à cinq États sahéliens francophones. La partie orientale du Sahel passe sous contrôle britannique et se reconfigure dans le Soudan indépendant en 1957, quant à l'Érythrée, ex-colonie italienne, elle devient indépendante en 1983 après une longue guerre contre l'Éthiopie, qui l'avait annexée en 1945.

Obéissant à une logique d'exploration qui partait de comptoirs côtiers, les puissances européennes ont tracé au Sahel des frontières perpendiculaires à la côte, alors que les communautés ethniques, culturelles ou religieuses s'y répartissent plutôt en strates parallèles à la mer. Obstacles à la consolidation de solidarités stato-nationales, ces distorsions vont faire le jeu des forces centrifuges dont – AQMI – et accentuer l'impuissance des pays de la région qualifiés d'« États faillis ». « À la faiblesse des États s'ajoute donc un manque d'homogénéité et des connivences transfrontalières peu propices à l'édification de solidarités nationales, ce qui constitue autant de facteurs de conflits. La résultante de ces handicaps cumulés, aggravés par diverses formes de pratiques prédatrices postcoloniales s'analyse en l'évolution progressive de la région vers une « situation de zone grise » instable, laissée à l'abandon par des États défaillants, livrée aux affrontements civils et militaires locaux ou régionaux, concédée de fait au banditisme, aux trafics et à la violence politique », explique Alain Chouet[1].

AQMI, combien de divisions ? Pas plus de 500 fusils... filiation directe de la décennie sanglante algérienne successivement dominée par le Front islamique du salut (Fis), l'Armée islamique du salut (AIS) et les GIA constitués d'« Afghans », des Algériens partis se battre contre les Soviétiques en Afghanistan et de retour au pays à partir du début des années 1990. En 1998, Hassan Hattab, ancien cadre des GIA fonde le GSPC (Groupe salafiste pour la prédication et le combat). Entre 1998 et 2003, le GSPC fédère la quasi-totalité des islamistes algériens, progressivement repoussés vers le sud, au

1. Alain Chouet, « Qui veut faire du Sahel le nouvel Afghanistan ? », Revue *Défense*, numéro 149 (janvier – février 2011).

Niger, au Mali et en Mauritanie. La première grande scission intervient en 2003 à propos de la guerre d'Irak. Le GSPC se divise entre l'aile « localiste », des vétérans dont la priorité est le renversement du gouvernement d'Alger, et l'aile « internationaliste », rassemblant les activistes les plus jeunes prônant un jihad global. Cette jeune génération menée par Abdelmalek Droukdal prend la direction du GSPC en septembre 2003. Le 11 septembre 2006, Droukdal proclame l'allégeance du GSPC à Al-Qaïda, mais très vite des conflits d'intérêts purement pécuniaires opposent les deux groupes opérant au Sahel.

Historiquement, les réseaux jihadistes du Sahara étaient sous le contrôle incontesté de Mokhtar Ben Mokhtar, un ancien Afghan qui règne sur les trafics de cigarettes, d'essence, d'armes et de migrants illégaux. Ces « petits commerçants » vont se heurter à une *katiba* (unité) plus petite et plus à l'Est : celle d'Abou Zeid. Frustré de ne pas être un ancien d'Afghanistan, Abou Zeid cherche à augmenter son prestige en ciblant des intérêts occidentaux. Il rêve de s'imposer comme le seul émir du Sahel en supplantant Droukdal et Ben Mokhtar. Cette rivalité explique l'émergence d'un nouvel acteur sous les ordres d'Abou Zeid, à savoir Abou Abdlekrim qui détient une partie des otages d'Areva et qui a surtout la particularité d'être malien. Abou Zeid comme d'autres chefs d'AQMI se sont mariés avec des femmes touareg. Cette « africanisation » d'AQMI est confirmée par l'arrivée récente d'activistes de Mauritanie et du Nigéria, notamment des écoles coraniques de Kano que les experts ont rebaptisé « la

Karachi des sables ». Ses centaines d'écoles coraniques, financées par de généreux donateurs saoudiens, forment nombre de *Almajiraï*, ces commerçants prédicateurs qui navigent dans toute la totalité du Sahel depuis le XIVe siècle.

Pour comprendre les motivations et les logiques de ces différents acteurs, il faut encore revenir à la géographie et répéter que le Sahel est un véritable eldorado pour toutes les contrebandes. Allant du trafic des migrants clandestins estimé entre 80 et 120 000 par an, à celui des armes légères – avec environ 8 millions de pièces circulant en Afrique de l'Ouest dont plus de 100 000 kalachnikovs pour le seul Sahel –, il faut ajouter le trafic de cigarettes et de voitures volées en provenance d'Allemagne, d'Italie et d'Espagne.

À ces flux criminels anciens, s'ajoute aujourd'hui une sorte d'échangeur mondialisé des routes de la drogue : la cocaïne arrive de Colombie, du Venezuela et du Pérou par les ports du Cap-Vert, de Guinée-Bissau, du Sénégal et du Nigeria. L'héroïne vient de l'Asie – d'Afghanistan et du Triangle d'or – et transite par la Corne de l'Afrique. La confluence de ces deux segments se fait précisément au Sahel avant de remonter vers le Maghreb en direction de l'Europe occidentale.

Mais le Sahel qui regorge surtout de minerais stratégiques, se trouve à la charnière de deux pôles importants d'hydrocarbures, au nord les réserves algériennes et au sud les sites offshore du Nigeria et du Golfe de Guinée. Un projet algérien d'oléoduc veut relier ces deux zones. C'est le vrai nœud d'une « géopolitique des tubes » qui pourrait expliquer pourquoi et comment les États riverains – en première ligne l'Algérie –, s'efforcent de canaliser la violence d'AQMI pour évincer du Sahel tout obstacle à une hégémonie sans partage.

Le « grand jeu » des puissances

Dans un contexte où l'Union africaine dominée par l'Algérie, le Nigeria et l'Afrique du Sud, est hostile aux présences militaires occidentales, la France redéploie sa présence militaire. Le dispositif français s'appuie sur deux bases interarmées – Libreville et Djibouti –, deux bases allégées – Tchad et Côte-d'Ivoire – et un dispositif complémentaire au Sénégal et au Cap-Vert. S'y ajoutent des échelons de forces spéciales à Bamako, Ouagadougou, Attar, Tombouctou et Gao. Les États-Unis ont installé une base d'observation à Tamanrasset dans le grand sud algérien. Aujourd'hui son activité s'est réduite à des activités d'écoutes et à l'engagement irrégulier de deux drones d'observation. Alger qui, dans un premier temps, a favorisé cette implantation pour tirer partie de la concurrence franco-américaine en matière de ventes d'armements, contrôle strictement son activité qu'elle tient toutefois à préserver pour des raisons d'affichage en matière de coopération régionale et internationale.

Dans ces circonstances, les ripostes les plus efficaces ne peuvent venir que des États de la région. Mais les pays traversés par AQMI entretiennent des attitudes relativement ambiguës avec cette organisation. Le Niger et la Mauritanie seraient les mieux disposés à lutter contre AQMI, mais la faiblesse de leurs dispositifs de défense les rend largement impuissants. Le Mali, pour sa part, acteur pourtant essentiel est nettement plus réticent. Le président Amadou Toumani Touré n'a pas vraiment envie de se lancer dans une grande offensive contre AQMI tant que celle-ci ne porte pas directement atteinte à ses intérêts, d'autant qu'il considère les territoires du nord du pays comme n'ayant pas suffisamment de valeur pour qu'il y risque ses forces armées donc son pouvoir. Cette zone est en crise récurrente depuis la grande révolte touareg du milieu des années 1990. Des opérations de l'armée malienne dans le nord risqueraient de remettre en cause la dernière et fragile trêve conclue en 2006 et qui s'était, justement, traduite par le retrait des unités de l'armée malienne.

« Les deux grandes puissances régionales, l'Algérie et la Libye pratiquent pour leur part autant qu'elles le peuvent le cantonnement d'AQMI au territoire sahélien », explique Louis Gautier, « elles luttent contre l'organisation sur leur propre sol, mais pas au-delà. Surtout, elles veillent à ne pas voir la France prendre d'initiatives sur le terrain. Enfin, les politiques de coopérations régionales, entre l'Algérie et le Maroc, restent bloquées par la non-résolution de la question du Sahara occidental[1] ».

Quant aux conséquences du déclenchement de l'opération franco-britannique en Libye sur l'évolution du théâtre sahélien, Paris n'est pas très à l'aise. « Nous constatons une certaine libéralisation du marché des armes en territoire libyen »,

1. Louis Gautier : « AQMI : un problème régional ». Numéro 4 : Fondation Jean-Jaurès/Orion – Observatoire de la défense. 10 janvier 2011.

explique encore Bernard Squarcini, « AQMI peut donc être intéressé à double titre : d'une part récupérer du matériel prêt à l'emploi, d'autre part combattre le Guide libyen. Ils sont notamment à la recherche d'armes comme le missile sol-air SAM-7. C'est une crainte, mais nous n'avons pas de confirmation[1] ». L'embarras du patron de la DCRI est d'autant plus compréhensible que depuis le début de l'opération « Harmattan », lancée par la France le 19 mars 2011 « pour protéger la population libyenne contre les attaques des forces du colonel Kadhafi », Paris livre des armes à la rébellion par trois pistes à travers le désert du nord du Niger – ce faisant, la France viole la résolution 1970 des Nations unies.

Sous le titre « Trafic élyséen », *Le Canard enchaîné* écrit : « C'est le général Benoît Puga, chef d'état-major particulier de Sarko, qui a supervisé les livraisons clandestines d'armes aux insurgés libyens. Comme *Le Canard* s'était fait un plaisir de le raconter, dans son édition du 4 mai 2011, des camions prêtés par le gouvernement nigérien transportaient cette quincaillerie mortelle vers Benghazi. Pourtant l'Otan s'interdit en principe, de fournir des armes aux rebelles. Lors d'une visite à Niamey en avril dernier, le général Puga avait mis au point ce trafic « élyséen » avec le président Issoufou. Mais sans prévoir que, chemin faisant, des armes disparaîtraient à travers le désert et tomberaient entre les mains de quelques groupes plus ou moins terroristes[2]. »

1. *Le Monde* du 7 mai 2011.
2. *Le Canard enchaîné* du 25 mai 2011.

Quelle que soit l'issue de la rébellion libyenne, AQMI dont les activistes étaient pourchassés par les services du colonel Kadhafi, n'ont pas – *a priori* – de cadeau à faire au Guide. Cette ancienne rivalité ne signifie pas pour autant que son intérêt est de faire jonction avec le Conseil national de transition libyen (CNT). AQMI a-t-il avantage à voir un nouvel État fort allié aux pays occidentaux, émerger et s'imposer aux marches de son terrain de jeu ? Rien n'est moins sûr d'autant que ses visées crapuleuses s'accommodent très mal d'un quelconque programme politique même si ses communiqués s'inspirent de la rhétorique d'Al-Qaïda. Si ceux-ci réclament le retrait des troupes françaises d'Afghanistan, ils ne revendiquent pas la formation future d'un émirat, d'un califat ou de toute autre entité islamique dans la zone sahélienne.

Le blanchiment jihadiste de ces activités mafieuses n'a pas échappé aux services français chargés de négocier la libération des quatre otages encore détenus par AQMI. Dans la majorité des cas, les prises d'otages se terminent par le versement d'une rançon même si les États concernés ne peuvent l'avouer et, encore moins, préciser le montant des sommes versées, ce qui ne ferait qu'encourager ces entreprises criminelles. En l'occurrence, la somme demandée, dit-on, s'élève à 90 millions d'euros. La négociation en cours grâce à des intermédiaires maliens, s'efforce de faire baisser les prix et d'assurer la libération de plusieurs membres d'AQMI emprisonnés au Mali et en Mauritanie. Sur les plans militaire et politique, comme sur celui des ressources énergétiques, les intérêts français et algériens sont – ici – clairement contradictoires.

Le dernier attentat commis le 28 avril 2011 à Marrakech renforce ce constat. Survenu en plein cœur de la devanture touristique du Maroc, l'explosion a ravagé le café *Argana*, un établissement de la place Djema'a el-Fnah, haut lieu de la vieille ville très prisé par les visiteurs étrangers. Le bilan officiel du ministère marocain de l'Intérieur a fait état de 17 morts, dont 11 étrangers et de 23 blessés. 8 Français figurent parmi les victimes. Dépêchés sur place, « les services français penchaient pour la piste de l'islamisme radical, version AQMI[1]. »

Le 6 mai, les autorités marocaines confirment détenir le principal exécutant de l'attentat. L'homme « a fait allégeance à Al-Qaïda et se considère comme appartenant à Al-Qaïda », indique Khalid Naciri, ministre marocain de la Communication et porte-parole du gouvernement. « A-t-il été adoubé par Al-Qaïda ? Je ne peux pas vous le dire pour l'instant. Fait-il partie de la maison mère ou de la filiale AQMI ? », s'est encore interrogé le ministre. Quant à Taieb Cherkaoui, le ministre de l'Intérieur marocain, il indique que le suspect a séjourné en Libye avant d'en être expulsé en 2008. L'homme – « d'origine algérienne », précise une source proche de l'enquête – avait auparavant vécu au Portugal dont il a été également expulsé en 2004. Il aurait appris sur internet à fabriquer des explosifs et il a utilisé un téléphone portable pour activer les deux bombes de 6 et 9 kilos, indique la même source. Il les avait déposées dans

1. *Le Figaro* du 29 avril 2011.

deux sacs sur la terrasse du café et les a actionnées juste après sa sortie du café *Argana*.

Deux autres suspects, également d'origine algérienne, ont été arrêtés le 5 mai à Safi à 350 kilomètres au sud de Casablanca, selon un officier des services marocains affirmant qu'ils avaient des « antécédents » et étaient connus pour avoir participé au recrutement de combattants pour l'Irak. Associés à l'enquête, les services français tirent un double constat : « sans être organiquement affiliés à AQMI, ces activistes algériens ciblaient des touristes français. En frappant le cœur de l'industrie touristique marocaine, ils cherchaient vraisemblablement aussi à déstabiliser le processus de réformes constitutionnelles annoncées par le roi Mohamed VI, destiné à répondre aux revendications des « printemps arabes ». On retrouve ici la vieille animosité algéro-marocaine, fondée non seulement sur la question du Sahara occidental qui oppose les deux pays depuis 1976, mais aussi sur un profond différend vis-à-vis de l'ancienne puissance coloniale. L'argument est récurrent dans la rhétorique des islamistes algériens : le Maroc et sa population sont jugés traîtres à la cause de l'islam parce que trop francophiles et ouverts aux valeurs occidentales. »

Nous constatons que ce « grand jeu » sahélien relève moins d'une résurgence locale d'Al-Qaïda que des différends politiques opposant Alger et Paris, Alger et les autres pays de la région. Une fois encore, au-delà d'un traitement sécuritaire et militaire à courte vue, il s'agirait plutôt d'avoir la sagesse de revenir à un traitement politique de la crise.

Refonder la relation franco-algérienne

Loin d'Al-Qaïda, de ses survivances, sinon de ses imitations sahélo-sahariennes, cette crise ramène en effet, à toutes les vicissitudes de la relation franco-algérienne. Depuis les Accords d'Évian[1], la relation bilatérale, plombée par la mémoire de la tragédie coloniale, ne s'est jamais stabilisée. En mars 2003, un voyage du président Jacques Chirac devait consolider le processus diplomatique devant aboutir à la signature d'un traité de partenariat franco-algérien comparable à celui de l'Élysée du 22 janvier 1963, acte fondateur de la coopération franco-allemande.

La signature de l'acte fondateur de la coopération franco-algérienne n'a jamais eu lieu. Que s'est-il passé ? « Malheureusement, les ultras des deux pays ont gagné », déplore Redha Malek[2], le premier porte-paroles du GPRA[3], « et

1. Les accords d'Évian sont le résultat de négociations entre les représentants de la France et du Front de libération nationale (FLN) durant la guerre d'Algérie. Ils sont signés le 18 mars 1962 à Évian-les-Bains et se traduisent immédiatement par un cessez-le-feu applicable sur tout le territoire algérien. Ils furent approuvés, lors du référendum du 8 avril 1962, par 90 % des votants de France métropolitaine, les électeurs des départements d'Algérie étant exclus du scrutin. Ces accords mettent fin à huit années d'une guerre qui n'en portait pas encore le nom et pour laquelle la France a déployé environ 400 000 hommes et durant laquelle de 250 000 à 400 000 Algériens sont tués (plus d'un million selon le FLN). Pour la France, on décompte 28 500 morts du côté des militaires, 30 000 à 90 000 harkis, 4 000 à 6 000 chez les civils « européens », et environ 65 000 blessés.
2. Entretien avec l'auteur le 3 mars 2005.
3. GPRA : Gouvernement provisoire de la République algérienne, le GPRA fut le bras politique du FLN. Redha Malek (né le 21 décembre 1931 à Batna) est un homme politique, membre de la délégation FLN pendant les Accords

voilà plusieurs mois que nous vivons certainement l'une des phases les plus détériorées de l'histoire de la relation bilatérale depuis la signature des Accords d'Évian. » Une accumulation de faux pas, de malentendus, sinon d'erreurs… Il y a d'abord le fameux article d'une loi du 23 février 2005 soulignant les « dimensions positives » de la colonisation. Suivront l'annonce de l'inauguration à Fréjus dans le sud de la France, d'un monument à la gloire des partisans de l'OAS, la déclassification sélective et incohérente de pièces concernant l'assassinat des moines de Tibhirine, la gestion ahurissante du dossier du diplomate Hasseni, l'indemnisation retardée des victimes des essais nucléaires du Sahara et, pour couronner le tout, l'inscription de l'Algérie sur une liste internationale de « pays à risque pour les transports aériens ».

Les « ultras », selon Redha Malek, qui ont fait de la mémoire coloniale leur fonds de commerce politique n'attendaient que cela pour jeter de l'huile sur le feu. Nouveau regain de tensions lorsque Bernard Kouchner, le ministre français des Affaires étrangères, fait pression sur le Mali pour obtenir la libération d'un otage français détenu par AQMI contre la libération de plusieurs de ses activistes, par ailleurs réclamés par l'Algérie. Et comme si cela ne suffisait pas, l'étonnant *French Doctor* en rajoute, déclarant à un hebdomadaire parisien que la relation franco-algérienne ne pourra s'améliorer

d'Évian, il a été Premier ministre de l'Algérie du 21 août 1993 au 11 avril 1994. Il a été chef du parti de l'Alliance nationale républicaine (ANR), et a écrit plusieurs livres sur l'histoire du conflit. Il est l'un des fervents défenseurs de la séparation entre le pouvoir politique et religieux. Il a été ambassadeur d'Algérie en France entre 1965 et 1970.

qu'après le départ de la génération actuellement au pouvoir à Alger… De la grande diplomatie ! Le gourou du devoir d'ingérence aurait mieux fait de tourner sa langue sept fois dans sa bouche avant de lâcher une telle énormité à l'encontre d'un pays dont la lutte pour l'indépendance constitue l'un des fondements intangibles et historiques. Comme ce fut le cas pour six autres capitales arabes qui ont fini par le déclarer *persona non grata*, Bernard Kouchner aurait dû s'abstenir de faire escale à Alger. S'ajoutait à cette liste désastreuse la nomination à Alger d'un ambassadeur de France ne s'intéressant guère aux Algériens, gaffeur et bien peu « diplomate » quand il ne cachait pas qu'il eût souhaité être nommé au Canada.

Quel gâchis, mais que faire ? Dès mai 2009, Abdelaziz Bouteflika martelait, sans être entendu, à l'adresse de ses interlocuteurs français, « il faut que nous trouvions ensemble une voie originale ». Nous répétons avec quelques membres de l'Association France-Algérie[1] qu'il s'agit d'abord de reconnaître une évidence : l'histoire est l'affaire des historiens et qu'elle ne saurait être réécrite par quelque législateur que ce soit. Il aurait été opportun, en la matière, de relancer différentes formes de coopérations scientifiques, universitaires et culturelles. « L'ouverture d'un tel chantier aurait la vertu

1. L'Association France-Algérie a été fondée le 20 juin 1963 par des personnalités françaises réunies à l'initiative du Général de Gaulle autour d'Edmond Michelet, ancien Garde des Sceaux. Elles avaient en commun la conviction profonde que l'accession de l'Algérie à l'Indépendance en juillet 1962 pouvait établir entre les deux États et les deux peuples une ère nouvelle de relations faites d'estime et d'amitié.

primaire de calmer les ardeurs des ultras des deux bords », estimait encore Redha Malek.

En son temps, l'ambassadeur Daniel Bernard, « ami authentique de l'Algérie et des Algériens » comme il aimait à se définir résumait ainsi la situation : « les intérêts français au Sahel se trouveront toujours menacés tant que la relation franco-algérienne ne sera pas correctement refondée[1] ». Il m'expliquait aussi la nécessité de constituer « un cercle de sages », algériens et français, « unis par les épreuves de l'histoire, de l'amitié et par l'amour de leur pays. » Cette instance, ajoutait-il, « informelle, restreinte et non médiatisée, pourrait intervenir dès qu'un blocage grave mettrait en péril la relation, dès que les diplomates professionnels, contraints par leurs instructions respectives, entraîneraient cette relation dans l'impasse ».

La mise en œuvre du projet de feu l'ambassadeur Bernard pourrait apporter une première pierre à « la voie originale » souhaitée par le président Bouteflika. Mais ne devrait-elle pas se fonder sur un préalable, sinon identique, du moins équivalent à celui que le président Chirac posa en mémoire de la rafle du Vel'd'Hiv ? Il s'agirait alors moins de proclamer un pardon mercantile – version Berlusconi dans l'espoir d'improbables contrats libyens –, un pardon kantien et métaphysique, que de récuser clairement et publiquement le fait colonial comme figure politique.

1. Entretien avec l'auteur le 10 mars 2003.

N'en déplaise aux admirateurs et protecteurs de l'une des dernières entreprises coloniales en acte sur la terre de Palestine, la refondation d'une relation franco-algérienne assainie et durable passe sans doute par un acte politique fort de déconstruction du fait colonial, de ses modes de gouvernement, d'occupation et de répression – alors que les pardons à répétition, formulés à propos de tout et de rien, et qui peuvent remonter le cours de l'histoire jusqu'à l'âge de la pierre taillée ne portent pas à conséquence. En définitive, ces pardons sont dénués de toute réelle critique touchant le contenu même des tragédies historiques.

En attendant 2012…

La mythologie se réactive à l'approche de l'échéance de l'élection présidentielle de 2012. Les protagonistes de la mort programmée d'Oussama Ben Laden ont clairement intégré le calendrier électoral américain[1]. Il n'en sera pas autrement pour la France et le fait d'annoncer, comme a pu le faire le patron de la DCRI, que « notre pays reste en première ligne » n'exclut pas quelque tentation d'instrumentalisation.

Dernière nouvelle du front : le 10 mai 2011, soit neuf jours après la mort d'Oussama Ben Laden, sept personnes sont interpellées lors d'une opération de la DCRI appuyée par

1. Voir Mythologie 9 : Une mort à géométrie variable.

le Raid[1], dans les villes de Garges-lès-Gonesse (Val d'Oise), Stains (Seine-Saint-Denis) et Paris. En tout, six suspects sont placés en garde à vue, dont un homme d'origine indienne – présenté comme le « cerveau du groupe » – arrêté à l'aéroport de Roissy en provenance d'Algérie. Largement médiatisée, cette opération fait directement écho aux déclarations du patron de la DCRI aux quotidiens *Libération* et *Le Monde* des 6 et 7 mai 2011.

Toute médiatisation d'opération antiterroriste relève rarement du hasard ou de l'innocence d'autant que la confidentialité, voire le « secret défense » sont régulièrement brandis comme gage d'efficacité de la lutte antiterroriste. Il est curieux de voir les gardiens de ces mêmes règles les transgresser allègrement. Si parfois cette médiatisation peut pousser les terroristes à la faute, elle peut servir aussi des échéances politiques comme celle d'une élection présidentielle.

Ici le mythe peut en servir un autre : celui de la gouvernance. Pour l'opinion publique, gouverner doit être synonyme d'efficacité : le Smic plafonne ou augmente parce que le gouvernement l'a décidé. Une menace terroriste érigée comme priorité nationale relève du même mécanisme. La fonction du mythe est de produire un effet immédiat. Peu importe si l'information telle qu'elle a été médiatisée se révèle

1. Le Raid est une unité d'élite de la police nationale française. Son nom fait référence au mot « raid » désignant un assaut militaire, mais a pris par rétro-acronymie le sens de « Recherche, Assistance, Intervention, Dissuasion ». Fondé en 1985, par Robert Broussard et Ange Mancini notamment, l'unité participe sur l'ensemble du territoire national à la lutte contre toutes les formes de criminalité et de grand banditisme.

ultérieurement fausse, son effet est plus fort que toutes les explications qui pourront tôt ou tard la démentir.

Le mythe se diffuse comme une parole innocente : non parce qu'elle serait chargée d'une intention politique cachée – son efficacité s'estomperait aussitôt – mais parce qu'elle revendique une évidence naturelle. Unanimement partagée dans un contexte politique qui place la sécurité au premier rang de la préoccupation des Français, l'annonce selon laquelle notre pays reste en première ligne face à la menace terroriste, devient non seulement une évidence, mais une priorité du Président-candidat.

CONCLUSION

L'islamisme radical à l'épreuve des « révolutions arabes »

ou les « révolutions arabes » à l'épreuve de l'islamisme radical ou d'autres charlatans...

« Il ne faut pas renvoyer le discours à la lointaine présence de son origine ; il faut le traiter maintenant dans le jeu de son instance actuelle[1]. » C'est toute la difficulté du « printemps » ou de la « révolution arabe », de ses corollaires méthodologiques – « contagion » et « effet domino » – et de ses leçons métaphysiques immédiates – droits de l'homme et démocratie –, qui enthousiasment tant la presse occidentale.

Et pourtant, cette soudaine accélération de l'histoire n'est due à aucune espèce de rupture, ni au brusque surgissement d'un impératif besoin de liberté prenant les mêmes rédactions au dépourvu. Au démantèlement de l'empire ottoman, qui avait vu fleurir nombre de démocraties parlementaires dans le monde arabo-musulman, succédaient des régimes

1. Michel Foucault à propos de l'archéologie des sciences. Entretien avec l'auteur le 12 juin 1982.

autoritaires d'autant plus durcis que la guerre froide s'était chargée de les mettre en ordre de bataille. Après la défaite arabe de juin 1967, cet ordre se recomposait à la faveur de contestations théologico-politiques et sociales. Et la chute du Mur ne fit qu'amplifier cette évolution certes liée aussi à des changements profonds.

À partir des années 1980, une « transition démographique » laissait progressivement place à des sociétés d'individus moins déterminés par leurs liens d'appartenance à la famille, au clan et à la communauté que par leur adhésion aux représentations des chaînes de télévision satellitaires et des réseaux numériques. Les attentats du 11 septembre 2001 et leurs conséquences en Irak, en Afghanistan et ailleurs finirent de fragiliser les découpages géopolitiques de la décolonisation et les re-découpages des grandes compagnies pétrolières. Les deux plans de riposte de l'administration américaine : la « Guerre globale contre la terreur » et le projet du « Grand Moyen-Orient » arrivaient à point nommé pour moderniser des logiques néo-coloniales moins opérantes. Et les populations des « terres sans peuple » se mettaient à défier les injures du temps, prétexte à l'invention orientaliste de « la rue arabe », espèce d'espace indifférencié, ponctuel et improbable. Les Arabes entraient dans l'histoire !

Que n'a-t-on dit et écrit au nom de la rue arabe ! On l'invoquait lors des grandes conférences internationales pour en occulter aussitôt les dynamiques sociales, politiques et culturelles. En février 1983, je me souviens avoir assisté au déclenchement d'une « révolte du pain », qui, partie de l'oasis de Douz – la porte du Sahara – devait enflammer l'ensemble de la Tunisie en moins de 48 heures. Même si le Premier ministre de l'époque Mohamed Mzali[1] eut la sagesse d'abroger immédiatement les hausses du prix de la semoule, l'année suivante et plus récemment en 2000, d'autres émeutes furent réprimées dans le sang. L'ordre régnait à nouveau dans la « rue arabe » sans émouvoir le moins du monde les rédactions et les chancelleries occidentales.

Impensé de l'Orient compliqué, la « rue arabe » a fonctionné comme obstacle épistémologique aveuglant et déformant comme les mirages de Tintin et Milou perdus dans le désert, empêchant – surtout – ce simple constat historique : récurrentes, les émeutes arabes duraient et perduraient depuis plus d'une trentaine d'années sans que nos chers médias ne s'y intéressent beaucoup… Alors que s'est-il passé ? Dans quelle instance nouvelle nous débattons-nous aujourd'hui depuis le basculement tunisien ?

Le 17 décembre 2010, Mohamed Bouazizi, un jeune marchand ambulant diplômé de l'université, s'immole par le feu devant le siège du gouvernorat de Sidi Bouzid, ville agricole de 40 000 habitants de la région de Sfax. Sa sœur Leïla explique : « Ce jour-là, les agents municipaux lui avaient

1. Mohamed Mzali est nommé Premier ministre le 23 avril 1980. Fragilisé par la révolte du pain qui fait plusieurs morts, il cherche à gagner l'appui des Frères musulmans dans la course pour la succession du président Bourguiba. Proche de l'Arabie saoudite et des pays du Golfe, il annule un décret de loi interdisant le port du hijab dans les écoles publiques et parvient à obtenir du président l'amnistie des leaders du Mouvement de la tendance islamique (futur Ennahda). Le 8 juillet 1986, Mohamed Mzali est limogé. Il décède à Paris le 23 juin 2010.

confisqué son outil de travail et l'un d'eux l'avait giflé. Il s'est alors rendu à la municipalité, puis au gouvernorat pour se plaindre, mais ici, il n'y a personne pour nous écouter. Ils marchent à la corruption et ne travaillent que pour leurs intérêts. » Symptomatique d'un profond malaise social, ce geste de désespoir cristallise une double réalité statistique : la déshérence d'une jeunesse éduquée sans perspective, alliée à l'aggravation des disparités sociales entre l'establishment économique lié au pouvoir et la majorité des classes populaires.

Souvent membres de l'UGTT[1] traditionnellement alliée au pouvoir, les pères de cette jeunesse humiliée rejoignent eux aussi la contestation. Mais, alors que la révolte gronde et pour la première fois depuis 50 ans, l'armée tunisienne n'assume pas sa fonction répressive traditionnelle. Alors en « mission d'étude » aux États-Unis, le chef d'état-major de l'armée, le général Rachid Ammar rentre précipitamment à Tunis. Non seulement il donne l'ordre à ses troupes de rester l'arme au pied, mais il fait donner la chasse aux nervis du président Zine el-Abidine Ben Ali.

Kamel Morjane, le ministre des Affaires étrangères, n'est pas étranger à cette posture inédite de l'armée. Repéré par les Américains[2] comme un homme intègre non lié au clan affairiste des

1. L'Union générale tunisienne du travail (UGTT) est la principale centrale syndicale de Tunisie. Fondée en 1946 par Farhat Hached, elle regroupe les travailleurs manuels et intellectuels ainsi que les retraités. Ceux-ci sont répartis en 24 unions régionales, 19 fédérations et 21 syndicats généraux. Farhat Hached a été assassiné en 1952 par des policiers français dissimulés derrière un pavillon de complaisance : la « Main Rouge ».
2. Selon plusieurs télégrammes diplomatiques publiés par WikiLeaks, cet ancien haut fonctionnaire international, qui a été l'adjoint de Sergio Vieira de Mello

Trabelsi[1], il a été ministre de la Défense et conserve l'estime de la plupart des officiers de l'état-major. C'est sans doute aussi grâce à lui que, pour la première fois en un demi-siècle, l'armée refuse de sauver le pouvoir. Parallèlement, le général Ammar obtient de ses partenaires américains les garanties nécessaires à l'avenir des forces armées. Les experts du Pentagone lui conseillent de rester en retrait de la scène et d'organiser une transition destinée à remettre le pouvoir aux civils.

Comme l'explique Alain Chouet, « ce n'est pas le peuple qui a chassé Ben Ali mais l'armée[2]. » Et la presse de s'émerveiller de ne pas avoir vu de « barbus » dans les manifestations. Bien présents, les Frères musulmans[3] tunisiens qui occupent les terrains sociaux, de la santé et de l'éducation depuis de nombreuses

au Haut commissariat aux réfugiés des Nations unies (HCR), a toujours fait l'unanimité dans la gestion des crises internationales auxquelles il a participé. Le président Ben Ali le nomme ministre de la Défense en 2005. Le 14 janvier 2010, il hérite du portefeuille des Affaires étrangères.

1. Leïla Ben Ali, née Leïla Trabelsi le 14 octobre 1956 à Tunis, est la seconde épouse du président Ben Ali et, par conséquent, première dame de Tunisie. Elle est à l'origine d'une généralisation de la corruption dans son pays, dont les principaux bénéficiaires sont les membres de sa propre famille – les Trabelsi –, qualifiée par les services de l'ambassade américaine en Tunisie de « clan quasi-mafieux ».
2. Entretien avec l'auteur le 25 mai 2011. Voir *Au cœur des services spéciaux : la menace islamiste, fausses pistes et vrais dangers. Entretiens avec Jean Guisnel*, éditions La Découverte, Paris, septembre 2011.
3. Les Frères musulmans tunisiens se regroupent au sein du mouvement Ennahda ou Hezb Ennahda (le Parti de la Renaissance), anciennement appelé Mouvement de la tendance islamique de 1981 à 1989. Ses dirigeants sont des universitaires : Rached Ghannouchi, Abdelfattah Mourou et Hassen Ghodbani (juristes) et Salah Karker (économiste). Longtemps interdit, il a été légalisé le 1er mars 2011 par le nouveau gouvernement d'union nationale instauré après le départ du président Zine el-Abidine Ben Ali.

années n'avaient pas besoin de monter en première ligne jugeant plus sage d'attendre leur heure. Les élections générales qui devaient avoir lieu en juillet 2011 ont été retardées. Leur tenue est annoncée pour octobre 2011. En attendant, le champ politique continue de se morceler avec quelque 80 partis et formations politiques, tandis que les Frères musulmans sont crédités de 25 à 30 % des suffrages. L'avenir dira si leur participation à un futur gouvernement permettra l'instauration d'une démocratie tunisienne à l'instar d'un « modèle turc » dont on nous rebat les oreilles dès qu'il est question des « révolutions arabes ».

Méfions-nous : comme ne cesse de le répéter Didier Billion, le directeur-adjoint de l'Institut de recherches internationales et stratégiques (Iris) : « Le modèle turc n'existe pas ! » Sa modernité correspond à une situation dialectique très spécifique entre les restes du laïcisme kémaliste, un miracle économique impressionnant qui a fait de la Turquie la 16e économie mondiale et le pragmatisme de l'AKP[1]. Ces néo-Frères musulmans ont su habilement jouer d'une conjoncture régionale et internationale favorable au rôle d'Ankara aux Proche et Moyen-Orient comme en Asie centrale. Mais la messe n'est pas dite en ce qui concerne l'évolution de ce régime « démocratique ».

1. Le Parti pour la justice et le développement ou AKP (*Adalet ve Kalkınma Partisi*) est un parti islamo-conservateur, au pouvoir en Turquie depuis 2002. Son président Recep Tayyip Erdoğan, l'ancien maire d'Istanbul, est depuis le 14 mars 2003 le Premier ministre de son pays. Son nom est souvent abrégé en AK Parti, ce qui signifie Parti blanc. Fondé le 14 août 2001, il est issu de la scission du Refah Partisi, « Parti du bien-être », de Necmettin Erbakan, qui a également donné naissance au Saadet Partisi, « Parti de la félicité ».

La séquence égyptienne qui aboutira au départ du président Hosni Moubarak entretient de nombreuses analogies avec la « révolution » tunisienne. Mais au pays du Grand Nil, les enjeux géopolitiques sont d'une toute autre ampleur : avec les monarchies du Golfe et la Jordanie, l'Égypte reste l'un des principaux points d'appui des intérêts américains aux Proche et Moyen-Orient. Depuis la signature des accords de Camp David avec Israël par le président Anouar al-Sadate à la fin des années 1970, Le Caire reçoit annuellement de Washington quelque 3 milliards de dollars d'aide civilo-militaire, presqu'autant que Tel-Aviv. Depuis 1981, les intérêts américains reposent sur cette « paix froide » dont le président Moubarak était le garant avant que tout ne bascule début janvier 2011. Là encore, le positionnement de l'armée va supplanter la « rue arabe » et ses émotions populaires.

Le 4 février 2011, Barack Obama déclare : « Je pense que le président Moubarak tient à son pays. La principale question qu'il devrait se poser maintenant est celle de savoir comment laisser derrière lui un héritage qui permette à l'Égypte de surmonter cette période de transformation. Et j'espère qu'il prendra la bonne décision. » Le 10 février la Maison Blanche remet le couvert pour qu'Hosni Moubarak s'en aille alors qu'il a seulement transmis le pouvoir à son vice-président Omar Souleimane[1]. Le lendemain, le Raïs plie bagage.

1. Communiqué de la Maison Blanche du 10 février 2011 : « Les Égyptiens ont reçu l'assurance qu'il y aurait une transition du pouvoir, mais il n'est pas encore acquis que celle-ci soit immédiate, significative et suffisante. »

Depuis plusieurs semaines, Robert Gates, le secrétaire d'État américain, multipliait les conférences téléphoniques avec le chef de l'armée égyptienne – le maréchal Mohamed Hussein Tantaoui et ses adjoints –, pour qu'ils ré-aménagent le système. Instauré en 1981 au lendemain de l'assassinat de Sadate, celui-ci reposait sur le transfert par la présidence de l'essentiel des subventions américaines à l'armée, devenue le principal opérateur économique du pays. Mais au fil du temps, Hosni Moubarak est devenu ingérable, « transférant » de moins en moins pour arroser de plus en plus une clientèle gérée par son fils, qu'il prétendait imposer pour lui succéder.

Issu des forces aériennes, Hosni Moubarak garde néanmoins de solides appuis dans son arme d'origine et au sein des services secrets. À la faveur des événements de janvier 2011, une vieille cicatrice de la Grande Muette égyptienne s'ouvre à nouveau : héritières des plus brillants faits d'armes de la guerre de 1973 contre Israël, l'infanterie et l'artillerie n'adhèrent pas totalement à la paix froide de Camp David, dont l'aviation et les services se sont fait les champions. Alors que l'armée de terre parvient à canaliser l'émotion populaire au périmètre de la place Tahrir, trois Phantom II survolent le centre du Caire en rase-motte. Depuis quand assure-t-on le maintien de l'ordre avec des avions de chasse ?

Le message est encore plus clair lorsque, deux jours plus tard, un commando de l'armée de terre riposte en sabotant l'oléoduc qui alimente Israël en gaz à des prix défiant toute concurrence. L'enjeu est clairement l'avenir de la répartition de la rente américaine. Comme en Tunisie, il faudra gérer un pays en faillite et inventer un nouveau partage du gâteau entre les différentes armées et, sans doute, en donnant leur part aux Frères musulmans qui demeurent la seule force politique structurante du pays.

Inappropriées, les terminologies « effet domino », « tâche d'huile » ou « contagion » troublent la compréhension de ces dynamiques militaires tunisiennes et égyptiennes qui vont aussi produire un effet de condensation dans la Libye voisine. Là encore, la « rue arabe » n'est pas à l'origine d'une révolte armée qui part de Cyrénaïque, la région de Benghazi à l'est du pays, frontalière de l'Égypte. En quelques jours, on y voit des centaines de civils armés de lance-roquettes et de canons sans recul B-7 et B-10 tomber du ciel. D'où vient ce matériel de guerre dans une province issue d'un découpage colonial et dont les tribus n'ont jamais accepté la tutelle de la Tripolitaine et du Fezzan ? Selon les meilleurs experts, très logiquement d'Égypte, où l'establishment militaire convoite l'eldorado pétrolier frontalier libyen depuis le renversement du roi Farouk.

Selon les mêmes sources, les services égyptiens sont bien à l'origine de l'armement de la subversion islamiste de Cyrénaïque et des tribus du Djebel Akhdar. Le potlatch géopolitique géré par Washington a parfaitement fonctionné : en compensation du largage de Moubarak et d'une reconduction de la paix froide avec Israël, l'armée égyptienne pourra enfin accéder au pétrole libyen. Et Bernard-Henri Lévy comprendra peut-être un jour que les Montesquieu du Conseil national de transition (CNT) ne sont pas arrivés là nécessairement pour réinventer la démocratie[1]. En regardant de plus près les composantes du CNT, on découvre que le « Comité libyen pour la défense de la démocratie et des droits de l'homme » siège à Londres et Washington, que l'« Union des monarchistes » est au Caire et que le « Front national pour la sauvegarde de la Libye » est installé en Arabie saoudite. Enfin, depuis le début du soulèvement « spontané » de Cyrénaïque, les Frères musulmans d'Égypte apportent financements et assistance aux populations « civiles » en danger.

Dans l'arrière-cour de l'Arabie saoudite, le Pentagone et ses alliés historiques vont gérer aussi des émotions populaires et tribales qui, là encore, ne constituent pas une nouveauté. Le Yémen est confronté à trois problèmes récurrents : la réunification du pays sous la tutelle du Nord ne prend pas[2], d'autant que les nordistes ont fait main basse sur les richesses, notamment le très juteux marché du qat[3] ; depuis le début des années 2000, la rébellion zaïdite – minorité chi'ite de la province de Sa'dah (Nord-Ouest) – cause des milliers de morts et plusieurs centaines de milliers de déplacés. Depuis le 4 novembre 2009, Riyad intervient militairement contre la

1. Bruno Jeanmart et Richard Labévière, *Bernard-Henri Lévy ou la règle du Je*, éditions Le Temps des cerises, Paris, novembre 2007.
2. Du 21 mai au 7 juillet 1994, le Yémen du Sud a vainement tenté de faire sécession sous le nom de « République démocratique du Yémen », avant de retomber sous le contrôle du gouvernement de Sanaa.
3. Le qat est un arbuste de la famille des Célastracées, originaire d'Afrique orientale, mais dont la culture s'est également étendue à la péninsule arabique, connue surtout pour son usage par les populations de ces régions qui en mâchent longuement les feuilles pour leur effet stimulant et euphorisant comparable à celui de l'amphétamine.

rébellion ; enfin, le président Ali Abdullah Saleh – au pouvoir depuis 1972 – et qui canalise les aides américaines depuis qu'il a rejoint la guerre globale contre la terreur, veut que son fils lui succède. Depuis l'Arabie saoudite où il se fait soigner, le président Saleh et ses partisans agitent l'épouvantail Al-Qaïda, accusant les jihadistes d'avoir fait jonction avec les Sudistes pour déstabiliser le pays. Dans tous les cas de figure, les tribus qui veulent s'emparer du pouvoir à Sana'a n'installeront sans doute pas une démocratie parlementaire modèle aux portes d'une Arabie saoudite allergique à cette perspective, confrontée elle-même à une succession des plus problématiques.

L'avenir incertain de la famille Saoud explique, en grande partie, son intervention armée à Bahreïn, mettant brutalement fin à l'un des « printemps arabes » qui, lui, n'a pas défrayé la chronique ni l'émotion de Bernard-Henri Lévy. Peuplé à 75 % de Chi'ites, ce petit émirat sans gaz ni pétrole, relié à l'Arabie saoudite par un pont de 20 kilomètres, « le pont de l'amitié », est pourtant stratégique. En effet, la révolte populaire chi'ite a été soutenue, semble-t-il, par des Pasdarans iraniens et quelques éléments du Hezbollah libanais. Ces tribulations bahreïnies s'inscrivent sur l'axe de confrontation Riyad/Téhéran, sur lequel il convient de replacer le développement des émeutes syriennes.

La Syrie est loin de la Tunisie et de l'Égypte, même si leurs mouvements soixante-huitards y font écho par l'intermédiaire des télévisions satellitaires et autres réseaux numériques. L'origine de la crise se situa à Deraa, au sud du pays, à quatre kilomètres de la frontière jordanienne sur la route qui mène à Amman et en Arabie saoudite. Transfrontalières, les tribus sunnites n'y ont jamais accepté la tutelle de Damas, et ce lieu de passage obligé de la subversion islamiste a toujours été une tête de pont des Frères musulmans jordaniens soutenus par Riyad. Dans le contexte des événements de Bahreïn, l'Arabie saoudite ne pouvait certainement pas se venger directement sur l'Iran, ni sur le Hezbollah libanais. En revanche, la monarchie pétrolière n'allait pas se priver d'une si belle opportunité pour s'en prendre indirectement au régime de Damas, le maillon faible de l'« axe du mal »– Iran, Syrie, Hezbollah, Hamas – en favorisant quelques désordres frontaliers.

Fragile Syrie pourquoi ? Parce que sa société se compose de plusieurs communautés : 40 % de minorités (chrétiens latins ou orthodoxes), musulmans dissidents (chi'ites, druzes, ismaéliens), musulmans orthodoxes mais non arabes (Kurdes), ne souhaitent pas se retrouver face à un pouvoir islamique sunnite. Durement réprimés, les révoltes de Deraa vont s'étendre à d'autres régions frontalières et portuaires du pays (Lattaquié, Bdama, Jisr al-Choughour) et aux villes de Homs et Hama, lieux emblématiques de la révolte armée des Frères musulmans syriens écrasée militairement par Hafez al-Assad en 1982. Au sortir des mosquées après la prière du vendredi, le slogan « les Alaouites dans la tombe, les Chrétiens à Beyrouth » ne laisse pas non plus augurer de l'installation future d'une démocratie modèle.

Malgré le nombre des victimes de la répression qui ne cesse de s'amplifier, on aurait pu espérer que le président Bachar al-Assad parvienne à fédérer les forces progressistes du pays en leur concédant les ouvertures politiques et la libéralisation économique auxquelles elles aspirent[1]. Avec l'intervention de l'armée syrienne au Liban en 1976, s'installait durablement une *pax syriana*, sinon une « syrianisation » du Liban, cautionnée par les puissances occidentales. Aujourd'hui, le risque grandit d'assister à une « libanisation » de la Syrie, avec à la clef, un élargissement d'une *fitna* (guerre interne au monde arabo-musulman) généralisée entre le pôle alaouite/chi'ite et les communautés sunnites de la région. Ce scénario catastrophe qui causerait certainement des centaines de milliers de victimes ne semble pas fatal, à l'heure où ces lignes sont écrites et pourrait évoluer vers une « algérianisation » du processus, à savoir une répression gérée à huis clos. L'histoire en décidera.

En Algérie, la contestation perdure depuis la mort de Boumédiène[2]. La décennie sanglante (1988-1998) qui a mis le pouvoir militaire aux prises, successivement avec le Front islamique du salut (FIS), les Groupes islamiques armés (GIA), le GSPC (Groupe salafiste pour la prédication et le combat) et, aujourd'hui AQMI (Al-Qaïda au Maghreb islamique)[3] a

1. Talal el-Atrache et Richard Labévière, *Quand la Syrie s'éveillera…*, éditions Perrin, Paris, janvier 2011.
2. Suite à un coup d'État militaire, Mohamed ben Brahim Boukharouba, dit Houari Boumédiène (1932-1978) est devenu le deuxième président de la République algérienne démocratique et populaire le 19 juin 1965. Il est resté au pouvoir jusqu'au 27 décembre 1978 tout en gardant son portefeuille de ministre de la Défense. Durant la totalité de son mandat présidentiel, il a été président du Front de libération nationale (FLN). Il fut secrétaire général du mouvement des non-alignés de 1973 à 1976.
3. Voir Mythologie 11 : La France en première ligne.

fait plusieurs centaines de milliers de morts sans beaucoup émouvoir la communauté internationale. Au nom de la patrie en danger, du « complot ourdi par l'étranger » et de la lutte contre le terrorisme, le pouvoir des généraux de l'armée a pu éradiquer, non seulement des factions islamistes en perpétuelle recomposition, mais aussi toute espèce de formations politiques et sociales susceptibles de présenter une quelconque alternative crédible.

Aujourd'hui, qui détient le pouvoir à Alger ? Très malade, le président Abdelaziz Bouteflika incarne, lui aussi, une clientèle servant d'habillage à un système arc-bouté sur la gestion des rentes pétrolières et gazières. Les bénéficiaires de ce système ne sont pas près d'y renoncer. Un multipartisme de façade en assure régulièrement la reproduction. Depuis toutes ces années se sont succédées nombres d'explosions sociales fortement teintées de revendications politiques, appelant à l'instauration d'un véritable multipartisme. Depuis toutes ces années une répression à huis clos empêche toute espèce d'ouverture et de véritable changement sans susciter l'émotion de la dite communauté internationale.

La monarchie chérifienne voisine a tenté d'anticiper son « printemps » en annonçant quelques réformes constitutionnelles. Le roi Mohammed VI a demandé aux Marocains d'approuver ses propositions lors du référendum du 1er juillet dernier. Cette formalité accomplie suffira-t-elle à stabiliser l'avenir d'une véritable monarchie constitutionnelle ? La jeunesse du Mouvement du 20 février a répondu d'ores et déjà par la négative : « Nous étions dans une monarchie absolue, maintenant, nous sommes dans une monarchie absolue légalisée », proteste Najib Chaouki, l'un des chefs du mouvement : « Nous voulons un roi qui règne, mais ne gouverne pas, or tous les grands pouvoirs restent entre ses mains. Nous allons continuer la lutte, car cette constitution ne répond pas du tout à nos revendications[1]. »

En Jordanie, le roi Abdallah II[2] est confronté aux mêmes impératifs que son homologue chérifien. Des trois monarchies jordanienne, marocaine et saoudienne, la dernière est sans doute la plus fragile parce que la moins légitime. La moins légitime, mais la plus protégée depuis le pacte du Quincy scellé entre le président Roosevelt et le roi Ibn Séoud le 13 février 1945. Cette alliance d'airain qui cède aux compagnies pétrolières américaines les gisements d'hydrocarbures les plus importants du monde contre la protection militaire et politique de la famille des Saoud, a été reconduite en 2005 pour 60 ans. En deçà et au-delà des soubresauts de la « rue arabe », le Pacte du Quincy avec l'aide des Frères musulmans continue à orienter – comme on l'a vu –, la gestion des armées, des pouvoirs et des « printemps » aux Proche et Moyen-Orient.

Comme la « révolution » de mai 1968 a pu tourner à la contre-révolution néo-libérale, mondiale et globale, les « révolutions » arabes pourraient, tout aussi bien, générer des contre-révolutions post-mondialisation se caractérisant

1. *Le Monde* des 19 et 20 juin 2011.
2. Abdallah II est né le 30 janvier 1962 à Amman. Il est le roi de Jordanie depuis le 7 février 1999, date à laquelle il a succédé à son père, le roi Hussein. Il est membre de la famille des Hachémites. Pour les musulmans, il est le 43e descendant du prophète Mahomet.

par une purification ethnico-religieuse et un hyper-libéralisme généralisés. Entre de faux insurgés et de vrais parvenus, au milieu d'une jeunesse impatiente de gérer son avenir, les frontières tiendront-elles sans insulter le cours de l'histoire ? Évoquant Mai 1968, Régis Debray écrit : « Ce que l'individu gagnait en liberté, le citoyen n'allait-il pas bientôt le perdre en fraternité ? Derrière une Love Parade ouverte à tous les exclus, des *free parties* sans interdits, se faufilaient, sans mot dire, le trader, l'insatiable show-biz et le tout-à-l'égo[1] ».

L'instance actuelle dans laquelle nous nous débattons n'est pas joyeuse : cette folie qu'on sent venir s'installe subrepticement avec foi et lois, mais sans territoire, indépendamment de cadre stato-national et en dehors de la moindre survivance d'outils régulateurs. Mais les moralistes de la presse la plus sérieuse nous disent que c'est bien ! Et à part quelques indignés, nous les croyons !

En Tunisie, en Égypte, en Libye, au Yémen, en Syrie, en Algérie, au Maroc, en Jordanie et dans les monarchies pétrolières, sans parler de l'Afghanistan et du Pakistan, partout les États-Unis continuent derrière la scène de jouer la carte des Frères musulmans comme ils l'ont toujours fait depuis la signature du Pacte du Quincy[2]. Depuis quinze ans, les rapports de l'International Crisis Group, de la Rand Corporation et des grands *think-tanks* américains recommandent aux diplomaties

1. Régis Debray, *Modeste contribution aux discours et cérémonies officielles du dixième anniversaire*, éditions Maspéro, Paris, 1978.
2. Voir Mythologie 1 : Les mille et une nuits du Quincy.

du monde entier de s'entendre et de faire affaire avec les Frères musulmans. Cette insistance est bien compréhensible, car elle vise la pérennité des intérêts énergétiques et stratégiques de l'hyper-puissance : à nous, Européens, Français et autres Papous d'accepter et de collaborer à cette marchandisation du monde et ses contre-révolutions post-mondialisation, qui risquent d'emporter ce qui reste de liberté, de souveraineté et de justice sociale.

Quoiqu'il en soit, il est encore un peu tôt – au regard des calendriers électoraux des « révolutions arabes » – pour savoir si l'islamisme radical est soluble dans la démocratie ou plutôt la « démocrature » post-mondialisation. En Afghanistan, au Pakistan, au Yémen, au Maghreb, au Sahel, voire en Europe, différentes formations sectaires continueront de se revendiquer d'Al-Qaïda. Leur degré de nuisance dépendra de la plus ou moins forte présence des Frères musulmans dans les nouveaux pouvoirs exécutifs qui émergeront dans le monde arabo-islamique.

Oussama Ben Laden et Al-Qaïda, secrets de famille de l'Amérique[1], de l'Arabie saoudite et des Frères musulmans, ressurgiront selon les besoins tant qu'un vrai partage des ressources énergétiques, tant qu'un vrai partage du pouvoir politique et tant qu'une réelle décolonisation n'auront pas prévalu dans les pays des Proche et Moyen-Orient.

Damas, le 11 août 2011

---

1. Arundhati Roy, *Ben Laden, secret de famille de l'Amérique*, éditions Gallimard, Paris, décembre 2001.

Bibliographie très sélective

Barthes Roland, *Mythologies*, éditions du Seuil, 1956.

Baudrillard Jean, *La guerre du Golfe n'a pas eu lieu*, éditions Galilée, 1991.

Bauer Alain et Raufer Xavier, *La guerre ne fait que commencer*, éditions JC Lattès, 2002.

Burgat François, *L'islamisme à l'heure d'Al-Qaïda*, éditions La Découverte, 2010.

Chouet Alain, *La sagesse de l'espion*, L'œil neuf éditions, 2010.

Chouet Alain, *Au cœur des services spéciaux : la menace terroriste, fausses pistes et vrais dangers* (entretiens avec Jean Guisnel), éditions La Découverte, 2011.

Corm Georges, *Orient-Occident, la fracture imaginaire*, éditions La Découverte, 2002.

Clastres Pierre, *La société contre l'État*, éditions de Minuit, 1974.

Daguzan Jean-François, *Terrorisme(s). Abrégé d'une violence qui dure*, CNRS-éditions, 2006.

Debray Régis, *Modeste contribution aux discours et cérémonies officielles du dixième anniversaire*, éditions Maspéro, 1978.

Domont Frédéric et Charara Walid, *Le Hezbollah, un mouvement islamo-nationaliste*, éditions Fayard, 2004.

Debieuvre Luc, *A Safer World ?*, South Street Press/Garnet Publishing, 2006.

Desportes Vincent, *Le piège américain – Pourquoi les États-Unis peuvent perdre les guerres d'aujourd'hui ?*, éditions Economica, 2011.

Duvignaud Jean, *L'anomie – Hérésie et subversion*, éditions Anthropos, 1973.

Guisnel Jean, *La citadelle endormie. Faillite de l'espionnage américain*, éditions Fayard, 2002.
Huyghe François-Bernard, *La scène terroriste. Cahiers de médiologie* (numéro 13), éditions Gallimard, 2002.
Huyghe François-Bernard, *La Quatrième guerre mondiale – Faire mourir et faire croire*, éditions du Rocher, 2004.
Huyghe François-Bernard, *Terrorismes, violence et propagande,* éditions Gallimard, 2011.
Jenkins Brian, *International Terrorism. A New Mode of Conflict,* Crescent Publications, Los Angeles, 1975.
Joxe Alain, *L'Amérique mercenaire*, éditions Stock, 1992.
Lamballe Alain, *Insurrections et terrorisme en Asie du Sud*, éditions ES-Stratégies, 2008.
Marchal Roland (sous la direction de), Fariba Adelkhah et de Sari Hanafi, *Dubaï, cité globale*, CNRS-éditions, 2001.
Notin Jean-Christophe, *La guerre de l'ombre des Français en Afghanistan*, éditions Fayard, 2011.
Stourdzé Yves, *Organisation et anti-organisation*, éditions Mame, 1973.
Sun Tzu, *L'art de la guerre*, éditions Flammarion, 1972.
Terrorisme islamiste et mondialisation. Groupe d'étude Terrorisme/Contre-terrorisme. Rapport final (19 décembre 2007). Institut des hautes études de défense nationale (IHEDN).

Table des matières